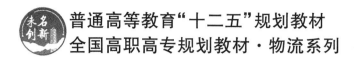

普通高等教育"十二五"规划教材

全国高职高专规划教材·物流系列

物流管理基础与实践

主　编　李　超　宋利伟

副主编　闫　葳　李漓翔

参　编　贾卫兰　王　雪

内容简介

"物流管理基础与实践"是物流管理专业学生行业通用能力培养课程。本书结合我国物流行业的发展现状和高职教学改革，贯彻行动领域课程开发理念，将"任务驱动"作为教学模式改革的重要切入点，按照物流职业岗位对知识、技能、素养的要求，结合物流职业资格认证要求，融合职业岗位标准，以物流行业主要工作业务选取教学内容、组织岗位实践，分"物流行业认知、物流系统的主要业务、企业物流活动、物流综合管理、物流发展趋势"五个项目，阐述物流业务运作中的基础理论，强化组织管理、操作规程等基本技能，为培养高端技能型专门人才打下坚实的基础。

本书是校企共同开发的一本教材，适合作为高职高专物流管理、电子商务、市场营销等专业教学用书，也可作为物流和相关企业从业人员入职培训教材。

图书在版编目(CIP)数据

物流管理基础与实践/李超，宋利伟主编.—北京：北京大学出版社，2012.9
（全国高职高专规划教材·物流系列）
ISBN 978-7-301-21242-4

Ⅰ.①物… Ⅱ.①李…②宋… Ⅲ.①物流—物资管理—高等职业教育—教材 Ⅳ.①F252

中国版本图书馆 CIP 数据核字（2012）第 216724 号

书　　　名：	物流管理基础与实践
著作责任者：	李　超　宋利伟　主编
策 划 编 辑：	温丹丹
责 任 编 辑：	温丹丹
标 准 书 号：	ISBN 978-7-301-21242-4/F·3339
出 版 发 行：	北京大学出版社
地　　　址：	北京市海淀区成府路 205 号　100871
网　　　址：	http://www.pup.cn
电子信箱：	zyjy@pup.cn
电　　　话：	邮购部 62752015　发行部 62750672　编辑部 62765126　出版部 62754962
印 刷 者：	三河市北燕印装有限公司
经 销 者：	新华书店
	787 毫米×1092 毫米　16 开本　15.25 印张　365 千字
	2012 年 9 月第 1 版　2015 年 6 月第 2 次印刷
定　　　价：	33.00 元

未经许可，不得以任何方式复制或抄袭本书之部分或全部内容。
版权所有，侵权必究
举报电话：(010)62752024　电子信箱：fd@pup.pku.edu.cn

前　言

"物流管理基础与实践"是高职高专物流管理专业学生行业通用能力培养课程，在整个现代物流管理专业的课程体系中起着重要的先导性作用，承担着培养学生职业兴趣和职业认同感的任务。

本书的编写旨在积极落实教高〔2006〕16号文件《教育部关于全面提高高等职业教育教学质量的若干意见》、教职成〔2011〕12号《教育部关于推进高等职业教育改革创新引领职业教育科学发展的若干意见》等文件精神，依据物流职业岗位对专业知识和技能的需要，结合我国物流行业的发展现状和高职教学改革，贯彻行动领域课程开发理念，将"任务驱动"作为教学模式改革的重要切入点，选取教学内容、组织岗位实践，以培养高职高专高端技能型专门人才。

本书以培养学生职业道德、职业精神、职业可持续发展为基本目标，以物流职业岗位技能需求为核心，融合职业岗位标准，按照职业岗位对知识、技能、职业素养的要求，分"物流行业认知、物流系统的主要业务、企业物流活动、物流综合管理、物流发展趋势"五个项目，阐述物流业务运作中的基础理论，强化组织管理、操作规程等基本技能。结合物流职业资格认证要求，以学生为主体、以物流行业主要工作业务为教学内容进行教材的编写，强化学生职业能力的培养，以体现应用性、技术性与实用性相结合的特色。

本书由李超、宋利伟任主编，闫葳、李漓翔任副主编，贾卫兰、王雪参编。在编写过程中，编者参阅和引用了大量相关教材、专著、期刊和网络等文献，特别是物流职业资格证书考试等资料，在此我们对所有著作者表示最诚挚的谢意！同时，衷心感谢河北省邮政速递物流有限公司石家庄市分公司等单位的大力支持！

由于编者水平有限，书中如有不足之处，敬请使用本书的读者批评指正，以便修订时改进。

编　者
2012年8月

教材编审委员会

主　任
杨京楼　石家庄信息工程职业学院副院长、教授
顾剑明　河北中储物流中心党委书记、高级物流师
高旭欣　石家庄市邮政速递物流公司开发区经理
刘存柱　河北交通职业技术学院副教授

副主任
吕向敏　石家庄信息工程职业学院教学科研部部长、教授
李　红　石家庄信息工程职业学院物流信息系教授
尹素爱　石家庄信息工程职业学院物流信息系副教授

委　员
田亚伟　河北中储物流中心经理助理
勾景秀　石家庄信息工程职业学院管理系副教授
高　军　河北国际集装箱物流有限公司总经理
王　晖　河北中储物流中心人力资源部经理

目 录

项目一 物流行业认知 ·· 1
 任务一 感知物流 ·· 1
 任务二 明确物流管理的含义 ·································· 9
 任务三 设立物流组织机构 ····································· 15

项目二 物流系统的主要业务 ·· 25
 任务一 包装 ··· 25
 任务二 装卸搬运 ··· 37
 任务三 运输 ··· 49
 任务四 仓储 ··· 64
 任务五 流通加工 ··· 76
 任务六 信息管理 ··· 85
 任务七 配送 ·· 103

项目三 企业物流活动 ·· 127
 任务一 感知企业物流 ·· 127
 任务二 组织企业供应物流 ··································· 131
 任务三 组织企业生产物流 ··································· 139
 任务四 组织企业销售物流 ··································· 145
 任务五 组织企业回收物流和废弃物流 ···················· 153

项目四 物流综合管理 ·· 164
 任务一 执行物流标准 ·· 164
 任务二 控制物流成本 ·· 175
 任务三 考评物流绩效 ·· 181
 任务四 提升物流服务 ·· 185

项目五 物流发展趋势 ·· 196
 任务一 第 N 方物流 ·· 196
 任务二 国际物流 ·· 202
 任务三 电子商务物流 ·· 214
 任务四 冷链物流 ·· 226
 任务五 城市物流 ·· 229

参考文献 ·· 236

项目一　物流行业认知

任务一　感知物流

【知识目标】
1. 了解物流的产生历程；
2. 明确物流的含义；
3. 掌握物流的功能及其效用；
4. 熟悉物流的分类及现代物流业的发展特征。

【能力目标】
1. 能够处理好商流、物流、信息流、资金流之间的关系；
2. 能够根据业务的性质对物流活动进行分类。

【任务描述】
刘畅是一名物流管理专业的大一学生，通过专业认知教育，她对物流行业充满了强烈的职业兴趣，对物流专业知识的学习充满了强烈的求知欲，进而规划了自己的职业生涯：加强理论知识的学习，强化专业技能训练。毕业后，经过两到三年的历练，上升到业务经理岗位。现在刘畅应该从哪儿开始认识物流呢？

【任务分析】
作为一名刚刚进入大学的学生来说，要想成为未来物流行业的优秀员工或职业经理，就应该从现在开始，从学习物流管理基础与实践开始，熟悉物流行业的构成和分类，掌握物流的各项功能，熟悉各种物流管理活动，为后续的专业课学习打下良好的基础，以求在未来的物流职场上大显身手。

【任务实施】

步骤一：初识物流

人类社会自从有了经济活动就有了物流，只是当时没有引起人们足够的认识，进而对其进行规范化的定义。20世纪30年代，美国最先提出"物流（physical distribution）"的概念，简称"PD"，即货物配送，日本人50年代译为"物的流通"，后又进一步将其简称为"物流"。1979年中国物资经济学会派代表参加在日本举行的第三届国际物流会议，回国后首次引进了"物流"的概念。

"PD"演变为Logistics（其原意为后勤），是第二次世界大战中，美国军队在运输武器、弹药和粮食等给养时成功地运用了"物流"技术，并开创了物流的先河，而美军后勤保障的英文名称为Logistics。第二次世界大战后，世界各地将"Logistics"替代"PD"，同时，把Logistics一词转用于工业、农业、商业、交通运输各种物资流通中，这时英文用词已经变化而其翻译没有变化，物流已不是单纯考虑从生产者到消费者的货物配送问题，还要考虑从供应商到生产者对原材料的采购，以及生产者本身在产品制造过程中的运输、保管和信息等各个方面。于是，有人便提出物流一体化问题，把物流称为综合物流。

（一）物流的定义

关于物流的定义，目前国内外专家学者尚没有一个统一的表述，往往各有侧重，有的偏重物流系统组成，有的强调物流功能要素。比较普遍认同的是美国"物流管理协会"（2004年已更名为"供应链管理协会"）2001年的定义：物流是供应链运作中，以满足客户需要为目的，对货物、服务和相关信息在产出地和销售地之间实现高效率和低成本流动和储存而进行的计划、执行和控制的过程。物流一般包括运输、保管、装卸、包装、流通加工和信息管理。

《国家标准物流术语GB/T18354—2006》将物流定义为：将物品从供应地向接收地的实体流动过程。根据实际需要，将运输、储存、装卸、搬运、包装、流通加工、配送、信息处理等基本功能实施有机结合。

（二）物流的内涵

（1）物流是物品物质实体的流动。即物流是一种满足社会需求的活动，是一种经济活动，不带有经济性质的物质实体流动，如河水、空气等自然运动，不属于物流的研究对象。

（2）物流包括运输、搬运、装卸、存储、保管、流通加工和信息处理等基本功能。

（3）物流是一种创造价值的活动。物流活动通过使物品空间位置的移动（运输）、时间位置的移动（存储）以及形状性质的变化（流通加工），解决了物品生产和消费在时间和空间上的矛盾，从而为物品的使用价值的最后实现创造条件，物流活动就像物资的生产一样能够创造出新的价值。

（4）物流是一种服务性活动。物流活动在规定的时间，将适当数量、适当价格的产品，在适当的地点提供给顾客，并不断满足客户需求，其核心是服务。

 知识链接

供应链与供应链管理

供应链（Supply Chain）是生产及流通过程中，为了将产品或服务交付给最终用户，由上游与下游企业共同建立的网链状组织。它最早来源于彼得·德鲁克提出的"经济链"，而后经由迈克尔·波特发展成为"价值链"，最终日渐演变为"供应链"。一条完整的供应链应包括供应商（原材料供应商或零配件供应商）、制造商（加工厂或装配厂）、分销商（代理商或批发商）、零售商（大卖场、百货商店、超市、专卖店、便利店和杂货店）以及消费者。

供应链是围绕核心企业，通过对信息流、物流、资金流的控制，从采购原材料开始，制成中间产品以及最终产品，最后由销售网络把产品送到消费者手中，将供应商、制造商、分销商、零售商，直到最终用户连成一个整体的功能网链结构。它不仅是一条连接供应商与用户的物流链、信息链、资金链，而且是一条增值链，物料在供应链上因加工、包装、运输等过程而增加其价值，给相关企业带来收益。

供应链管理（Supply Chain Management，SCM），是对供应链涉及的全部活动进行计划、组织、协调与控制。供应链管理的目标是在满足客户需要的前提下，对整个供应链（从供货商、制造商、分销商到消费者）的各个环节进行综合管理。例如，从采购、物料管理、生产、配送、营销到消费者的整个供应链的货物流、信息流和资金流，把物流与库存成本降到最小，以获取竞争优势。

（三）物流的功能与效用

一般认为，供应链上有"四大流"，即商流、物流、资金流和信息流，如图1-1所示。

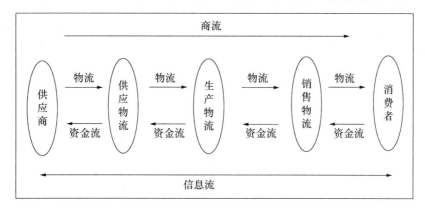

图1-1　商流、物流、资金流和信息流关系图

"四大流"中，"商流"是"物"在由供应者向需求者转移时物资社会实体的流动，解决交易中商品所有权由卖方向买方的转移。"资金流"是指交易中买方向卖方支付货款。"信息流"指为促成交易的顺利进行，买卖双方的信息交换过程。而"物流"在整个供应链中解决了"物"的转移问题，是指交易中卖方将完好的商品实体交割给买方。物流业是融合运输业、仓储业、货代业和信息业等的复合型服务产业，是国民经济的重要组成部分，涉及领域广，吸纳就业人数多，促进生产、拉动消费作用大，在促进产业结构调整、转变经济发展方式和增强国民经济竞争力等方面发挥着重要作用（国务院《物流业调整和振兴规划》）。

1. 物流的功能

物流由一系列相关活动组成，这些活动主要包括运输、存储、装卸搬运、包装、流通加工、配送和信息处理七个方面，它们称为物流的七大功能要素。

（1）运输功能

运输是指利用设备和工具，将物品从一个地点向另一个地点运送的物流活动。物流部门通过运输解决物品在生产地和需求地之间的空间距离问题，从而创造物品的空间价值，实现其使用价值。其中包括集货、分配、搬运、中转、装入、卸下、分散等一系列操作。对运输活动的管理要求选择经济便捷的运输方式（车、船、飞机、管道）和运输路线，以实现安全、迅速、准时和经济的目的。

（2）储存功能

储存是指保护、管理、储藏物品。其目的是克服物品的生产与消费在时间上的差异，发挥"蓄水池"和"调节阀"的作用，在物流系统中起着包括运输整合、物品组合、防范偶发事件及物流过程平稳等一系列附加值的作用，创造时间价值。

（3）装卸搬运功能

装卸是指在指定地点以人力或机械装入物品或卸下；搬运是指在同一场所内，对物品进行水平移动为主的物流作业。装卸搬运对物品的运输、储存、流通加工和包装等环节起衔接作用。在物流活动的全过程中，对装卸搬运的管理，主要体现在对装卸搬运方式、装卸搬运机械设备的合理配置与使用以及装卸搬运合理化等方面，尽可能减少装卸搬运次数，以节约物流费用。

（4）包装功能

包装是指在流通过程中为保护物品、方便储运、促进销售，按一定技术方法而采用的容器、材料及辅助物等的总体名称。包装包括工业包装和商业包装两类。工业包装能够保护物品不受损坏，便于集中运输，或通过合理分割及重新组合适应多种装运条件及分货要求；商业包装讲究美感适用，达到促进销售的目的。

（5）流通加工功能

流通加工是指物品从生产地到使用地的过程中，根据需要施加包装、分割、计量、分拣、刷标志、栓标签和组装等简单作业的总称，又称流通过程中的辅助加工活动。即通过一些简单加工活动，弥补生产过程中加工程度的不足，方便流通，更有效地满足用户差异化的需求，创造物品的附加值。

（6）配送功能

配送是指在经济合理区域范围内，根据用户要求，对物品进行拣选、加工、包装、分割、组配等作业，并按时送达指定地点的物流活动。配送活动过去一直被看做是运输活动中的一个组成部分或运输形式，但是，配送作为一种现代流通方式，特别是在现代物流中的作用非常突出，已不是简单的送货运输，它集经营、服务、社会集中库存、分拣和装卸搬运于一体，完善和优化了运输及整个物流系统，所以，在现代物流中已将其作为独立的功能来看待。

（7）信息处理功能

物流信息是反映物流各种活动内容的知识、资料、图像、数据、文件的总称，是物流企业提高管理工作效率，降低企业成本的重要保障。通过对物流信息的收集与处理，使物流活动能有效、顺利地进行，物流信息管理水平已成为物流现代化的最重要标志。

2. 物流的效用

（1）物流是联系国民经济各领域、部门、产业、行业和企业的桥梁

一个国家的经济，是由众多的部门、产业和企业组成的整体。企业的生产活动必须不间断地获取必需的原材料、燃料等生产资料，也必须不断地将所生产的产品销售出去。物流是联系生产和消费的纽带，把国民经济中众多的企业、不同产业以及成千上万种产品连接起来形成一个整体，并对国民经济生产规模和产业结构变化起着制约作用。

（2）物流是保证商流顺畅进行，实现商品价值和使用价值的物质基础

在商品流通中，商流的目的在于变换商品的所有权（包括支配权和使用权），而物流才是商品交换过程所要解决的社会物质变换过程中的具体体现。没有现代化的物流，任何形式的商流活动都会退化为一纸空文。也就无法完成商品的流通过程，包含在商品中的价值和使用价值就不能实现。

（3）物流创造时间价值、空间价值和加工附加价值

物流的效用不只在于使物品发生物理位置的转移，更重要的是它可以通过缩短时间、弥补时间差、延长时间差来创造时间价值。通过从集中生产场所流入分散需求场所、从分散生产场所流入集中需求场所、在低价值地生产流入高价值地需求等活动创造空间价值。根据自己的优势从事一定的补充性加工活动（这种加工活动不是创造商品主要实体，形成商品主要功能和使用价值，而是带有完善、补充、增加性质的加工活动），如计量、分拣、包装、贴标签、分割、换包装、拆零等作业创造附加价值。

步骤二：熟悉物流行业的分类

（一）现代物流行业组成

物流行业是指货物从起点至终点及相关信息有效流动的全过程。它将运输、仓储、装卸、包装、流通性加工、配送、信息管理等物流要素各方面有机结合，形成完整的供应链，为用户提供多功能、一体化的综合性服务。现代物流行业的构成主要有以下几点。

1. 交通运输业

交通运输业是现代物流业的主体行业，其本身又是一种包含若干小行业的综合行业，如铁道运输业、公路运输业、水路运输业、航空运输业、管道运输业等形式。

2. 储存业

储存业是以仓库存货为主体的行业，包括代存、代储、自存、自储等，现代物流的存储环节除原有的保管储存外，还承担大量的流通加工及装卸业务。

3. 通运业

通运业是货主和运输业之外的从事托运和货运委托人的行业。集装箱联运业、运输代办业、行李托运业、集装箱租赁经营业、托盘联营业等在现代物流业中发挥着重要的沟通中介作用。

4. 配送业

配送业是以配送为主的各类行业，俗称"小物流"，是商流和物流一体化的行业。

除此之外，物流行业还可分为许多小行业，如铁路运输业、汽车货运业、远洋货运业、沿海航运业、内河航运业、航空货运业、集装箱联运业、仓储业、托运业、运输代办业、起重装卸业、投递业、快递业、拆船业、拆车业、集装箱租赁业、托盘联营业、包装业等。

（二）物流业的分类

根据物流的需求、物流在社会再生产过程中的地位与作用等不同，可以将物流业划分为不同类型。

1. 按照物流活动的业务性质划分

（1）供应物流（Supply Logistics）

供应物流是指为下游客户提供原材料、零部件或其他物品时所发生的物流活动。包括原材料等一切生产物资的采购、进货运输、仓储、库存管理、用料管理及供应管理等物流活动。

(2) 生产物流（Production Logistics）

生产物流是制造企业所特有的，它和生产流程同步，也称"制造物流"。原材料、半成品等按照工艺流程在各个加工点不停顿的移动、流转形成了生产物流。如果生产物流发生中断，生产过程也将随之停顿。

(3) 销售物流（Distribution Logistics）

销售物流是指生产企业、流通企业出售商品时，物品在供方与需方之间的实体流动。也就是物资的生产者或持有者到用户或消费者之间的物流。它对制造企业是指售出产品，而对于流通领域来说是指在交易活动中，从卖方角度出发的交易行为中的物流。

以上所说的供应物流和销售物流是对于同一个生产企业而言的。对不同的生产企业而言，他们是统一的，供货企业的销售物流就是购货企业的供应物流。

(4) 回收物流（Returned Logistics）

回收物流是指不合格物品的返修、退货以及周转使用的包装容器从需方返回到供方所形成的物品实体流动。在生产及流通活动中有一些物资要回收并加以利用，形成回收物流，如作为包装容器的纸箱、塑料筐、酒瓶等。另外还有退货或返修形成的回收物流。

(5) 废弃物流（Waste Material Logistics）

废弃物流是将经济活动或人民生活中失去原有使用价值的物品，根据实际需要进行收集、分类、加工、包装、搬运、储存等，并分送到专门处理场所的物流活动。如对开采矿山时产生的土石，炼钢生产中产生的钢渣、工业废水，以及其他一些无机物垃圾等已没有再利用价值物资进行运输、装卸和处理的物流活动。

回收物流和废弃物流又被统称为逆向物流。

2. 按照物流活动的空间范围分类

(1) 国际物流（International Logistics）

国际物流是指跨越不同国家或地区之间的物流活动。它是伴随国际间的经济交往、贸易活动和其他国际交流所发生的物流活动。由于近年来国际间贸易的急剧扩大，国际分工日益明显，以及世界经济逐步走向一体化，国际物流正成为现代物流的研究重点之一。

(2) 区域物流（Regional Logistics）

相对于国际物流而言，指一个国家范围内的物流，一个城市间的物流，一个经济区域内的物流。所谓区域，有不同的划分原则，如按行政区域来划分，可划分为北京、天津等三十多个省、直辖市和自治区等。按经济区域划分，可划分为长江三角洲地区、环渤海地区、珠江三角洲地区等。还可按城乡划分为城市物流和乡村物流。

3. 按照物流活动的社会范围分类

(1) 社会物流（External Logistics）

社会物流一般是指超越一家一户的以整个社会为范畴，以面向社会为目的的物流，有人也称之为大物流或宏观物流。这种物流的社会性很强，是企业外部物流活动的总称，包括企业向社会的分销物流、采购物流、回收物流、废弃物物流等。

(2) 行业物流（Industry Logistics）

行业物流是指在一个行业内部发生的物流活动，如铁路物流、公路物流、航空物流、港口物流、邮政物流、钢铁物流等。同一行业中的企业在物流领域中通过互相协作，共同促进行业物流系统的合理化。行业物流系统化的结果是使参与的所有企业都得到相应的利益。

（3）企业物流（Enterprise Logistics）

企业物流即微观物流，也称小物流，是指企业内部的物品实体流动，包括生产企业物流和流通企业物流两大类。

4. 按照物流活动的主体分类

（1）企业自营物流（Self-support Logistics）

自营物流是指企业对物流服务以自我提供的方式实现。

（2）第三方物流（Third-party Logistics）

第三方物流是供方与需方以外的物流企业所提供物流服务的业务模式。随着社会经济的发展和社会分工的不断深化，第三方物流得到了巨大发展，并日益成为了重要的物流模式。

（3）第四方物流（Fourth-party Logistics）

第四方物流是指集成商控制管理特定的物流服务，通过电子商务将整个物流过程（包括策划方案）集成起来，为客户提供高效、迅速、低成本、个性化增值服务。

步骤三：熟悉现代物流行业的发展特征

随着社会经济的发展，现代物流也呈现出多样化的特征，主要表现在以下几点。

1. 运作系统化

局部的最优化并不代表物流系统整体的最优化。现代物流从系统的角度统筹规划一个公司整体的各种物流活动，力求整体活动的最优化。其运作充分考虑构成系统的各个功能要素之间的内在联系，从系统的角度出发，通过物流功能的最佳组合实现物流整体的最优化目标。其主要表现是供应链管理理念，强调企业间的竞争不再仅仅是单个公司之间的竞争，而是供应链与供应链的竞争。现代物流活动使供应链上企业之间的业务运作通过互联网实现信息的传递和共享，并运用电子方式完成操作。这样既可以保证整个物流网络有最优的库存总水平及库存分布，又能为企业提供快捷、灵活、高效的物流服务。

2. 管理信息化

现代物流注重事前控制或实时控制，依赖于对大量数据、信息的采集、分析、处理和即时更新，通过信息将各项物流功能活动有机结合在一起，通过对信息的实时把握，控制物流系统按照预定的目标运行。其表现如，物流信息搜集的代码化和数据库化、信息处理的电子化、信息传递的标准化和实时化、信息存储的数字化等。

3. 手段智能化

物流智能化的核心是机电一体化，外在表现是无人化。它是物流自动化、信息化的一种更高层次的应用。物流作业过程大量的运筹和决策，如库存水平的确定、运输路径的选择、自动导向车的运行轨迹和作业控制、自动分拣机的运行、GPS（全球卫星定位系统）、卫星通信、射频识别装置、机器人等现代技术，实现了现代物流自动化、机械化、无纸化和智能化。同时，通过采用ERP（企业资源计划）系统，企业对库存与运输的控制能力已大大增强。

4. 作业标准化

物流标准化包括物流硬件和软件的标准化。硬件标准是指物流运作过程中的相关设施、机械设备、专用工具等各个分系统的技术标准，一个作业程序转向另一个作业程序的衔接标准。软件标准是指物流信息系统的代码、文件格式、接口标准、操作规程标准化。物流标准化旨在以系统为出发点，研究各分系统与分领域中技术标准与工作标准的配合性，统一整个物流系统的标准，研究物流系统与相关其他系统的配合性，进一步谋求物流大系统的标准统一。对物流企业来说，标准化是提高内部管理、降低成本、提高服务质量的有效措施。

5. 服务系列化

现代物流服务在外延上向上扩展至市场调查与预测、采购及订单处理，向下延伸至配送、物流咨询、物流方案的选择与规划、库存控制策略建议、货款回收与结算、教育培训等增值服务。

6. 经营全球化

经营全球化对企业的运作方式产生了巨大影响。物流无国界，跨国公司从全球市场获取原材料，其物流的选择和配置也超出国界。这些公司在世界各地的工厂组织生产，然后将产品运送到世界各地的用户手中，必然导致物流的全球化。

 知识链接

商流与物流的关系

一、商流与物流的统一

一般而言，二者相辅相成，互为前提。商流价值运动方向和规模决定着物流使用价值的运动方向和规模。而物流是商流的保证，如果物流条件不具备或实物运动过程受阻，则商品不能到达购买者手中。二者一起克服了商品生产与消费之间的三种间隔，所有权间隔、空间间隔和时间间隔。所谓的"一手交钱，一手交货"便是形象写照。

二、商流与物流的分离

商流与物流分离有其可能性。商流与物流分离的根本原因是，两者流通的实体——资金流与物资流有相对独立性。物资受到实物形态的限制，其运动形式、运行渠道与资金流有很大的不同。资金流可以由银行间的结算系统通过划账方式瞬时完成，从而完成了买卖交易，实现了所有权的转让。但相应的物资的转移还要经过运输、存储、配送等一系列漫长的过程来实现。商流和物流分离的表现形式有以下几点。

（1）预购。即买者预先将货款支付给卖者，过一段时间后，卖者向买者交货。这是一种商流在前，物流在后的分流形式。

（2）赊销。即卖者预先将货物转给买者，经过一段时间后取得相应货款的一种分流方式。

（3）分期付款。这种商业信用方式是卖者先把商品交给买者，买者延期或分期付款，形成物流在前，商流在后的分流。

赊销和分期付款的购销方式在现代商品经济中已经普遍为人们所用。尤其当商品总供给不断增长，甚至出现供过于求的时候，这种分离形式尤其表现的突出。

任务二 明确物流管理的含义

【知识目标】
1. 明确物流管理的含义；
2. 掌握物流管理的内容；
3. 熟悉现代物流管理的特征。

【能力目标】
1. 能运用物流系统理论分析物流管理活动；
2. 通过与传统物流比较，强化现代物流管理意识。

【任务描述】

刘畅同学已弄清了物流的各项基本功能，以及物流与商流的关系，对现代物流有了一个基本的认识。但作为未来物流活动的管理者，还应对物流管理的内容有一个明确的认识。

【任务分析】

作为物流职业经理应能够运用系统理论分析和运作物流活动，使整个物流系统合理化，需要从总成本的角度去管理和评价。同时还要意识到目前的市场竞争，不再是单纯的企业间的个体竞争，而是企业所处供应链与供应链之间的综合竞争，物流管理应以供应链效益最大化为目的。

【任务实施】

步骤一：明确现代物流管理的含义

《中华人民共和国国家标准物流术语》（GB/T18354—2006）对物流管理的定义是："物流管理是指为达到既定的目标，对物流的全过程进行计划、组织、协调与控制。"

现代物流管理的目标就是要在尽可能低的总成本条件下实现既定的客户服务水平。根据这个目标，物流管理就是借助现代物流理念和现代物流技术，通过运输、搬运、存储、保管、包装、装卸、流通加工和物流信息处理等基本活动，对物流系统各要素进行有效组织和优化配置，来解决物流系统中供需之间存在的时间、空间、数量、品种、价格等方面的矛盾，为物流系统的各类客户提供满足要求的物流服务。简单地说，就是把合适的产品以合适的数量和合适的价格在合适的时间和合适的地点提供给客户。

 知识链接

现代物流管理追求的目标：7R

"物流7R理论"是由美国密西根大学斯麦基教授所倡导，它对"物流"做了一种简单明了的定义，"物流就是将恰当的质量（Right Quality），恰当的数量（Right Quantity），恰当的价格（Right Price），恰当的商品（Right Commodity），在恰当的时间（Right Time），送到恰当的场所（Right Place），恰当的顾客（Right Customers）手中。"

物流是物质资料从供给者到需求者的物理性运动，主要是创造时间价值和场所价值，有时也创造一定加工价值和具其他增值服务的一系列活动。物流并不是"物"和"流"的一个简单组合。然而事实上物流是把物流归结为一个简单的原理——7R。即把正确的物品，在正确的时间，正确的地点，正确的数量，正确的条件，正确的价格，以正确的服务来满足有物流需求的客户。

正确的物品，对于物流企业或者生产企业来说往往是比较容易忽视的。例如，生产厂家把不是客户需求的型号与花色的物品误发给客户。物流企业在配送时把另外客户的货物配送给了这一客户等。

正确的时间、地点和数量，即物流企业根据客户的要求在特定的时间及地点把物品在另一特定的时间运送到另一特定地点，并确保物品的数量准确无误。同时根据物流企业本身实际条件制定出客户所需要的一系列服务措施，在正确的条件下，制定合理的价格，以正确的服务来满足客户，使双方都获得满意。

步骤二：掌握现代物流管理的内容

（一）物流系统理论

物流系统是指在特定的社会经济大环境里，按照计划为达到物流目的而设计的、相互作用的各要素组成的综合体，其各要素之间存在着有机联系并使物流总体功能合理化。

物流系统是一个复杂的、庞大的系统。在这个大系统中又有众多的子系统，系统间又具有广泛的横向和纵向的联系。系统结构各要素之间具有很强的效益背反现象。即某一个功能要素的优化和利益发生的同时，必然存在另一个或几个功能要素的利益损失，反之也是如此。例如，降低包装成本，就有可能增加装卸搬运的难度，增加装卸搬运的成本。

整个物流系统的合理化，需要从总成本的角度去评价，这也反映了物流整体观念的重要性。显然物流不是一个个体活动，而是一种整体性的结构，它本身并非一个独立的领域，这就意味着物流系统还要受多种因素制约，物流组织者自行其是的范围很小。

1. 物流系统的构成

一个企业的物流系统大致可分为作业系统和信息系统。

（1）作业系统

作业系统是为了实现物流各项作业功能的效率化，通过各项作业功能的有机结合而增进物流整体效率的统一体。

（2）信息系统

信息系统是将采购、生产、销售等活动有机地联系在一起的系统。它是通过信息的顺畅传递与流动，强化库存管理、订货处理等作业活动效率化的支持系统。信息系统包括物流作业系统中的各项活动，如下达命令、实时控制和反馈协调等信息活动。在这个系统中，广泛采用了计算机、网络、全球卫星定位系统、地理信息系统、射频技术、光电技术、条码技术等先进技术。

2. 物流系统的要素

（1）物流系统的一般要素

① 劳动者。提高劳动者的素质，是建立一个合理化的物流系统并使它有效运转的根本。

② 资金。物流服务本身、物流系统建设都需要资金，离开资金这一要素，物流不可能实现。

③ 物。包括物流系统的劳动对象，即各种实物，还包括劳动工具、劳动手段，如各种物流设施、工具、各种消耗材料等。

（2）物流系统的功能要素

物流系统的功能要素是指物流系统所具有的基本能力，这些基本能力有效地组合、联结在一起，便构成了物流系统的总功能。它包括采购、运输、储存、包装、装卸搬运、流通加工、配送和信息处理等功能。

（3）物流系统的物质基础要素

① 物流设施。它是组织物流系统运行的基础物质条件，包括物流站、场、物流中心、仓库、物流线路、建筑、公路、铁路、港口等。

② 物流装备。它是保证物流系统开动的条件，包括仓库货架、进出库设备、加工设备、运输设备、装卸机械等。

③ 物流工具。它是物流系统运行的物质条件，包括包装工具、维护保养工具、办公设备等。

④ 信息技术及网络。它是掌握和传递物流信息的手段，根据所需信息水平不同，包括通信设备及线路、传真设备、计算机及网络设备等。

⑤ 组织及管理。它是物流网络的"软件"，起着联结、调运、运筹、协调、指挥其他各要素的作用，以保障物流系统目的的实现。

（4）物流系统的支撑要素

① 体制、制度。物流系统的体制、制度决定物流系统的结构、组织、领导、管理方式，国家对物流系统的控制、指挥、管理方式以及系统的地位、范畴，是物流系统的重要保障。

② 法律、规章。法律、规章一方面限制和规范物流系统的活动，使之与更大的系统协调。另一方面是给予保障。合同的执行、权益的划分、责任的确定都需要靠法律、规章来维系。

③ 行政、命令。物流系统和一般系统的不同之处在于物流系统关系到国家军事、经济命脉，所以，行政、命令等手段也常常是保证物流系统正常运转的重要支持要素。

④ 标准化系统。保证物流环节协调运行，是物流系统与其他系统在技术上实现联结的重要支撑条件。

物流系统的要素如图1-2所示。

（二）物流管理的内容

1. 对物流活动诸环节的管理

包括运输、储存、装卸、包装、流通加工、配送、物流信息和客户服务等物流活动诸要素的管理，其主要目的是通过管理活动促进各项物流活动的合理化、效益最大化。

2. 对物流系统诸要素的管理

包括对物流活动中人、财、物、设备、方法和信息等物流系统诸要素的管理，通过管理活动使人尽其才、物尽其用。

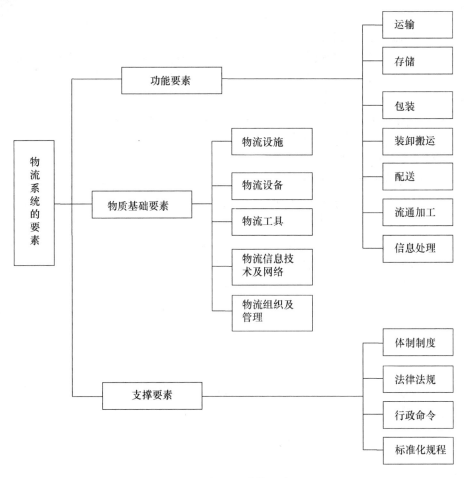

图1-2 物流系统的要素

3. 对物流活动中具体职能的管理

（1）物流战略管理

物流战略管理（Logistics Strategy Management）是对企业的物流活动实行的总体性管理，是企业制定、实施、控制和评价物流战略的一系列管理决策与行动，其核心问题是使企业的物流活动与环境相适应，以实现物流的长期、可持续发展。

（2）物流成本管理

物流成本管理是指有关物流成本方面的一切管理工作的总称。即从物流设计到物流运行的全过程中，对所有费用的发生和物流成本的形成进行计划、组织、指挥、监督和协调，利用物流要素之间的效益背反关系，科学合理地组织物流活动，加强对物流活动中费用支出的有效控制，降低物化劳动和活劳动的消耗，以达到降低物流总成本的目的。

（3）物流服务管理

物流服务是指物流企业或企业的物流部门从处理客户订货开始，直至商品送交客户的过程中，以实现客户满意为目的，企业全员、全过程参与的一种经营行为和管理方式。它包括营销服务、部门服务和产品服务等几乎所有的服务内容。

(4) 物流组织管理

物流组织是指专门从事物流经营和管理活动的组织机构，既包括企业内部的物流管理和运作部门、企业间的物流联盟组织，也包括从事物流及其中介服务的部门、企业以及政府物流管理机构。其作用的发挥，是通过一定的物流管理机构确定与其相应的职责和权利，合理传递信息等一系列活动，将物流各个要素整合成一个有机整体，最终实现物流管理，乃至企业管理的总目标。

(5) 物流标准化管理

物流标准化管理是指以物流系统为对象，围绕运输、储存、装卸、包装及信息处理等物流活动，制定、发布和实施有关技术和工作方面的标准，并按照技术标准、作业标准和工作标准的要求，统一整个物流系统标准的管理过程。它是实现物流各环节衔接的一致性，加快流通速度，降低物流成本的有效管理手段。

(6) 物流绩效管理

物流绩效是指企业物流活动过程中一定量的劳动消耗与劳动成果的对比。物流绩效管理是指通过对企业战略的建立、目标分解和业绩评价，将绩效成绩用于企业物流管理活动中，以激励员工业绩持续改进，并最终实现组织战略以及目标的一种管理活动。

(7) 供应链管理

供应链管理（Supply Chain Management），是用系统的观点通过对供应链中的物流、信息流和资金流进行设计、规划、控制与优化，以寻求建立供、产、销企业以及客户间的战略合作伙伴关系，最大程度地减少内耗与浪费，实现供应链整体效率的最优化并保证供应链成员取得相应的绩效和利益，来满足顾客需求的整个管理过程。

步骤三：熟悉现代物流管理的特征

与传统物流管理相比较，现代物流管理具有以下四个方面的特征。

（一）追求供应链整体最优

目前的市场竞争，不再是单纯的企业间的个体竞争，而是企业所处供应链与供应链之间的综合竞争，供应链日益受到了管理者的重视。它作为一种对关键商品流通过程的整合，给客户增加了价值，它将价值链上的若干连续的结点紧密地连接在一起，从上游供应商到制造商，再到分销商、零售商以及最终的消费者，使得整个过程更加有效率。在这种状况下，如果企业物流仅仅追求"部分最优"或"部门最优"，将无法在日益激烈的市场竞争中取胜。因此，唯有将各企业中的各部门有效地结合起来，以求整个供应链发挥综合效益。

（二）以顾客满意为目标

在现代物流管理中，顾客服务的设定优先于其他各项活动。在物流系统的基本建设上，要求物流中心、信息系统、作业系统和组织构成等条件的具备和完善。同时，强调实现相对于竞争企业顾客服务的差别化，如在时间、物流品质、备货、信息等物流服务方面，不能仅仅从供给的角度来考虑，而同时要在了解竞争者的战略基础上，引进柔性化服务理念，即根据消费者需求的变化来灵活调节服务内容和方式，努力提高顾客满意度。

（三）以现代信息技术的应用为基础

在经营管理要素上，信息已成为物流管理的核心。电子数据交换技术和国际互联网的应用，使物流质量、效率和效益的提高更多地取决于信息管理技术。商品代码和数据库的建立、运输网络合理化、销售网络合理化、物流中心管理电子化、电子商务和物品条码技术的应用使信息的传递更加方便、快捷、准确，提高了整个物流系统的经济效益。现代物流在信息系统的支撑下，借助于储运和运输等系统的参与，借助各种物流设施，共同构成一个纵横交错、四通八达的物流网络，物流覆盖不断扩大，规模经济效益日益显现，社会物流成本不断下降。

（四）既重视效率又重视效果

现代物流管理在具体行为方面发生了很多变化。从管理方面来看，现代物流从原来的作业层次转向了管理层次，进而向经营战略层次发展。另外，在物流需求的对应方面，原来强调的是确保输送能力，降低成本等企业内部目标的对应，以提高效率、降低成本为重点，而现代物流不仅重视效率方面的因素，更强调的是整个流通过程的物流效果。也就是说，从成果的角度来看，有些活动虽然使成本上升，但如果它能有利于整个企业战略的实现，那么这种物流活动仍然是可取的。

 知识链接

7S 现场管理法

"7S"活动起源于日本，并在日本企业中广泛推行。"7S"是整理（Seiri）、整顿（Seiton）、清扫（Seiso）、清洁（Seikeetsu）、素养（Shitsuke）、安全（Safety）和速度/节约（Speed/saving）这 7 个词的缩写。因为这 7 个词日语和英文中的第一个字母都是"S"，所以简称为"7S"。

整理——将工作场所的任何物品区分为有必要和没有必要的，除了有必要的留下来，其他的都消除掉。坚决做好这一步，是树立好作风的开始。日本有的公司提出口号：效率和安全始于整理！

整理的目的：腾出空间，空间活用，增加作业面积；塑造清爽的工作场所，物流畅通、防止误用。

整顿——通过前一步整理后，把留下来的必要用的物品依规定位置摆放，并放置整齐加以标志，以便用最快的速度取得所需之物，在最有效的规章、制度和最简捷的流程下完成作业。

整顿活动的目的是使工作场所整洁明了，一目了然，减少取放物品的时间，提高工作效率，保持井井有条的工作秩序区。

清扫——将工作场所内看得见与看不见的地方清扫干净，保持工作场所干净、亮丽。

清扫活动的目的是使员工保持一个良好的工作情绪，并保证稳定产品的品质，最终达到企业生产零故障和零损耗。

清洁——整理、整顿、清扫之后要认真维护，使现场保持完美和最佳状态。清洁是对前三项活动的坚持与深入，从而消除发生安全事故的根源。创造一个良好的工作环境，使职工能愉快地工作。

清洁活动的目的是使整理、整顿和清扫工作成为一种惯例和制度，是标准化的基础，也是一个企业形成企业文化的开始。

素养——素养即教养，努力提高人员的素养，养成严格遵守规章制度的习惯和作风，这是"7S"活动的核心。没有人员素质的提高，各项活动就不能顺利开展，开展了也坚持不了。

素养教育的目的：培养有好习惯、遵守规则的员工，营造团队精神。

安全——重视成员安全教育，每时每刻都有安全第一观念，清除隐患，排除险情，防患于未然。

安全活动的目的：建立起安全生产的环境，保障员工的人身安全，保证生产连续安全正常的进行，减少因安全事故而带来的经济损失。

节约——对时间、空间、能源等方面合理利用，以发挥它们的最大效能，从而创造一个高效率的，物尽其用的工作场所。

节约活动的目的：秉持勤俭节约的原则，以自己就是主人的心态对待企业的资源，能用的东西尽可能利用

用以下的简短语句来描述7S，也便于方便记忆。

整理：要与不要，一留一弃；
整顿：科学布局，取用快捷；
清扫：清除垃圾，美化环境；
清洁：形成制度，贯彻到底；
素养：养成习惯，以人为本；
安全：安全操作，生命第一；
节约：节约能源，物尽其用。

任务三　设立物流组织机构

【知识目标】
1. 熟悉物流组织管理的内容；
2. 掌握物流行业主要工作岗位及其工作职责；
3. 明确物流行业对员工的基本要求。

【能力目标】
1. 能对物流组织进行结构设计；
2. 能提炼物流初始工作岗位的基本能力要求。

【任务描述】
物流的各项活动要靠设置合理、运行高效的组织来实现。接下来，刘畅同学应该熟悉物流企业或企业物流部门的基本机构设置框架，明确其对员工的基本要求及物流行业主要工作岗位及其工作职责。

【任务分析】

物流企业要求从业人员不但具备基本专业知识和技能，还要求有吃苦耐劳、诚实可靠、团队意识强及良好的生活习惯等综合素质。作为职业经理，还应具有一定的管理能力。刘畅同学要配合"职员化教育"的各项要求，一定会实现自己人生的每一个目标。

【任务实施】

步骤一：明确物流组织管理的内容

物流组织是企业组织的一类形式或一部分，独立的物流组织表现为物流企业，不独立的物流组织表现为物流部，是企业物流的机构。无论是物流企业还是企业物流，对物流任务和职权的分解、组合形成一定组织结构，称为物流组织结构。物流组织管理是指在企业或整个社会中对物流组织进行责任和权限体系化的管理。物流组织管理包括物流组织结构设计和物流组织活动管理两个重要方面。

（一）物流组织结构设计

一个物流组织通过对任务和职权进行分解、组合，就形成了一定的物流组织结构。其设计包括明确组织机构的部门划分和层次划分，以及各个机构的职责、权限和相互关系，由此形成一个有机整体。不同部门及其责权的划分，反映组织机构之间的分工协作关系，称为部门机构。不同层次及其责权的划分，反映组织机构之间的上下级或领导隶属关系，称为层次机构。

（二）物流组织活动管理

物流组织活动管理是指物流组织体系的运行过程，即组织体系对物流过程的动态管理，使物流系统的各组成部分按照明确的业务分工，准确无误地执行各自的功能，保证物流总体活动协调有序的进行。

步骤二：设置物流组织结构

（一）企业物流组织结构的主要设置形式

1. 专门性物流组织结构

专门性物流组织是大多数企业最常用的物流组织设置方式。专门性物流组织具有独立开展业务和管理的能力，为企业实现整体经营目标，提高综合经济效益服务。它在企业中直接向总经理或主管总经理负责。优点是企业的物流业务通过组织集中在一起，更方便管理；物流管理部门在组织结构上被提升到更高的地位，与其他部门处于平等的位置，通过企业物流管理部门的计划、组织、协调和控制，从而达到企业整体经济效益的提高。其基本结构如图1-3、图1-4所示。

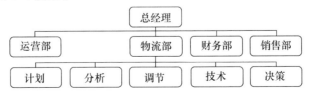

图1-3 专门性物流组织结构

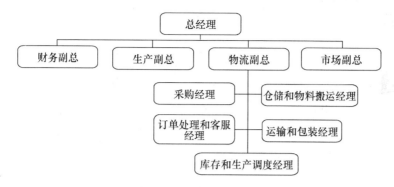

图 1-4 专门性物流组织结构

2. 物流子公司组织结构

物流子公司是大型企业在各公司中将物流组织从专门的职能组织中分离出来，成立单独的子公司。它是企业集团中的一员，不但在该企业集团中承担物流的任务和责任，还可以同集团外的其他企业建立各种经济关系，接受其他企业的物流活动委托，从事物流经营活动。其优点是物流子公司为了自身的经济利益会积极实现物流的合理化和现代化，提高物流工作效率；通过对外承接各种物流活动，帮助总公司拓展经营领域，实现多元化发展，如图 1-5 所示。

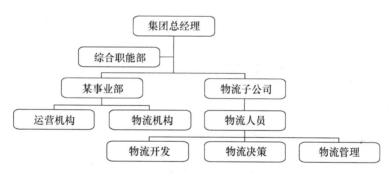

图 1-5 物流子公司组织结构

（二）物流企业组织结构的主要设置形式

1. 物流企业集权式组织结构

在集权式组织结构中，物流公司总部掌握物流管理运作的大部分权力，各分公司只是作业点和一个成本控制中心，客户直接与总部进行财务结算。它是各地分公司之间存在很多业务联系，需要统一的控制管理的一种组织管理模式，如图 1-6 所示。

2. 区域性物流公司点式经营组织结构

区域性物流公司的运作主要集中在某一个区域内，大多数第三方物流公司都在致力于区域范围的物流服务业务，积累经验，然后再逐步扩展公司的业务覆盖范围，其代表模式如图 1-7 所示。

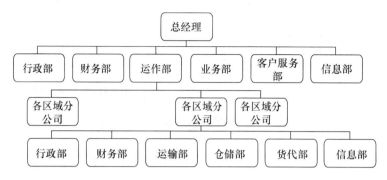

图1-6 物流企业集权式组织结构

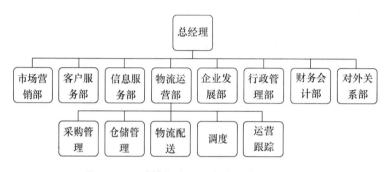

图1-7 区域性物流公司点式经营组织结构

步骤三：掌握物流行业主要工作岗位及其职责

（一）物流经理及其岗位职责

（1）计划决策职责。主要是物流管理工作计划与费用预算的制定、审批与实施工作。

（2）沟通协调职责。指保证物流部门正常运作的准确无误与高效率，对相关业务信息及时向销售计划部、客户服务部、财务部与各办事处、物流商进行反馈。

（3）管理业务职责。主要是指对物流工作各环节的管理与指导、控制物流成本与各项费用支出、预测物流成果、评价物流服务、收集与处理物流信息等。

（4）团队建设职责。指全面负责物流企业或物流部门人力资源管理的各项工作，增强员工对本组织的忠诚度、认同感，从而增强物流组织的凝聚力。

（二）仓储经理及其岗位职责

（1）负责公司仓库管理、货物管理，配合其他部门完成货物配送。

（2）协助运营部经理的工作，每月向部门经理提交工作总结和报告。

（3）制定本部门管理制度。

（4）监督、指导下属人员按仓库操作规范工作。

（5）制定各类仓储业务文本，对库存货物进行盘点。

（6）对库存货物安全性负直接管理责任。

（三）调度经理及其岗位职责

（1）负责整个公司的货物运输、配送业务。

(2) 协助运营部经理的工作，每月向部门经理提交工作总结和报告。
(3) 制定本部门管理制度。
(4) 制定各类合同文本，包括承运合同，托运合同及运货单，资金结算清单等。
(5) 联系安排车辆进行货物装卸。
(6) 做好价格设计，了解各条线路的不同等级（吨位和体积）、不同时间的价格。
(7) 合理整合物流资源，与公司外部车辆、车队进行洽谈。

（四）配送中心经理及其岗位职责

(1) 合理安排配送中心人员的日常工作，制定配送中心的日常工作制度。
(2) 组织库存商品盘点，发现问题及时上报处理。
(3) 依据有关规章制度，负责执行商品进出库的工作流程。
(4) 合理调配运输车辆，保障商品流转的正常进行。
(5) 加强残次商品的管理。

（五）仓库主管及其岗位职责

(1) 负责仓库整体日常工作的安排。
(2) 仓库的工作筹划与进度控制，合理调配人力资源，对仓库现场各个工作的监控。
(3) 与公司其他部门的沟通与协调。
(4) 参与公司宏观管理和策略制定。
(5) 审订和修改仓库的工作操作流程和管理制度。
(6) 对下属员工进行业务技能培训和考核，提高员工素质和工作效率。
(7) 与业务部及生产部门沟通确认例外事情。
(8) 与相关部门确定工作接口和业务交接标准。
(9) 接受并完成上级交代的其他工作任务。
(10) 签发仓库各级文件和单据。

（六）运输主管及其岗位职责

(1) 组织指导有关订单货物的送达活动。
(2) 评价及选择送货路线和方式。
(3) 检查丢失及损坏情况，并进行问题处理。
(4) 评价送货人工作质量、及时性和费用情况。
(5) 提出运输工具及运输方式的建议。
(6) 作为组织代表就有关事宜与政府部门进行沟通。

（七）仓库管理员及其岗位职责

(1) 准备好将到货物的有关单据及其他事宜，为接收货物创造良好的条件。
(2) 严格把好验收关，按合同或订单的要求，对已到货物应立即进行外观质量、数量和重量检验，并做好记录。对要求检验内在质量的货物，应及时抽样送检。
(3) 负责各类商品的管理工作，对入库物品进行检查，开入库单验收登账，出库物品开出库单，出库单须有主管领导和领物人签字。
(4) 根据货物的类别和特征分门别类存放，合理堆码与苫垫，提高库位利用率。
(5) 根据货物的性质和保管要求，控制储存环境，对普通货物进行科学的养护。
(6) 搞好库存盘点和日常检查。

(7) 保持库内清洁、通风干燥，做好防潮、防腐、防盗工作。

(8) 搞好出库发运工作，按客户的要求，提供优质服务。

(9) 严格按照安全技术操作规程和规定，进行各种生产作业。掌握各种消防器材的合理配置和使用方法，严禁烟火入库，确保库房安全。

（八）采购员及其岗位职责

(1) 在主管的领导下，全面负责生产所用的原料、包装材料的采购工作，搜集、分析、汇总及考察评估供应商信息，建立合格供应商档案。

(2) 根据生产计划和资金情况，编制采购计划。

(3) 按生产需要，保质保量地组织好原料采购供应工作，掌握好实际库存和在途物料情况。

(4) 合理安排采购顺序，对紧缺物料及需长距离采购的原料应提前安排采购计划及时购进，还应确认交货日期以免耽误生产。

(5) 严格执行原料包装材料入库检验制度，对不合格的原料绝对不允许入库和投入生产，入库原料必须具备合格证，合格证需妥善保管，以备复查。

(6) 随时掌握原料、包装材料市场行情，以及新材料的应用信息，做好市场分析，随时掌握国家相关产品的标准和政策变化，做好政策分析，为公司决策提供有价值信息。

 知识链接

物流企业对员工的基本要求

一是物流从业人员的基本技能要求：其中主要包括掌握各种物流知识和应用技能，必须具有管理科学的知识及其运用技能，与其他员工相互配合的人际协调技能等。

二是物流从业人员的素质要求：对工作认真负责、思维敏捷、行动迅速、诚实可靠、能服从公司的安排、良好的团队意识、较强的自我控制能力及良好的生活习惯。

物流行业职业道德

爱岗敬业　　忠于职守
遵章守法　　服从命令
勤学苦练　　钻研业务
诚实礼貌　　周到服务
及时准确　　规范操作
团结协作　　讲求效率

【项目考核】

一、单项选择题

1. 商流与物流的关系是（　　）。
   A. 相互独立，毫无关系　　　　B. 关系密切，相辅相成
   C. 物流是商流的先导　　　　　D. 商物不分离

2. 资金流可以认为从属于（　　）。
   A. 商流　　　　　　　　　　　B. 物流

C. 信息流　　　　　　　　　　　D. 流通辅助性活动
3. 使商品所有权转移的活动称为（　　）。
   A. 商流　　　　　　　　　　　B. 物流
   C. 信息流　　　　　　　　　　D. 流通辅助性活动
4. 储存是以改变"物"的（　　）为目的的活动，以克服产需之间的时间差异获得更好的效用。
   A. 空间状态　　　　　　　　　B. 时间状态
   C. 距离状态　　　　　　　　　D. 位置状态
5. 流通过程的商业交易与物流的分离是由于（　　）造成的。
   A. 经济复杂　　　　　　　　　B. 商品买卖
   C. 成本推动　　　　　　　　　D. 效率经济
6. 物流质量管理的核心是（　　）。
   A. 增加包装保护措施，减少货物损失
   B. 减少物流过程中的货物损失率
   C. 外包物流实体功能、自留虚拟功能
   D. 以工程和作业质量保障物流质量
7. 物流成本支出与物流服务水平是（　　）关系。
   A. 线性　　　　　　　　　　　B. 非线性
   C. 非线性同比例　　　　　　　D. 非线性反比例
8. 第三方物流是物流业务外包的产物，它向交易双方提供（　　）服务。
   A. 物流信息　　　　　　　　　B. 硬件
   C. 物流软件控制　　　　　　　D. 货物实体配送
9. 实体配送从属于（　　）过程，而不是独立的物流系统。
   A. 制造　　　B. 加工　　　C. 销售　　　D. 配送
10. 企业供应物流是从外界（　　）启动企业物流过程。
    A. 输出商品　　　　　　　　　B. 输入物料及相关功能运作
    C. 转换加工　　　　　　　　　D. 再生资源回收
11. 生产物流存在于（　　）类型企业中。
    A. 流通　　　B. 加工　　　C. 制造　　　D. 资源
12. 逆向物流由于（　　）成为社会物流与企业物流的结合。
    A. 污染社会化　　　　　　　　B. 重工业危机
    C. 环保成本效应　　　　　　　D. 环境经济的要求
13. 对一般客户群提供（　　）服务。
    A. 无差别一致性　　　　　　　B. 一体化
    C. 集成化　　　　　　　　　　D. 差异化
14. 生产物流管理的核心是物料的（　　）。
    A. 运行时间成本　　　　　　　B. 消耗成本
    C. 运行路线　　　　　　　　　D. 运行组织机构
15. 销售物流的直接销售渠道是制造商（　　）。
    A. 建立销售网络，经营产品销售　B. 直接控制产品销售

C. 控制分销主体 D. 间接控制销售

16. 客户价值不是（　　）价值，而是客户购买的预期与满足感。
  A. 真实   B. 货币   C. 消费   D. 客观

17. "诚"和"信"的逻辑关系是（　　）。
  A. 先有"信"后有"诚"   B. 先有"诚"后有"信"
  C. 二者没有逻辑关系   D. 二者不分先后

18. 作为行为规范，道德和法律的区别表现在（　　）。
  A. 道德的作用没有法律大   B. 道德规范比法律规范含糊
  C. 道德和法律的作用范围不同   D. 道德和法律不能共同起作用

19. 管理的本质是（　　）。
  A. 管理者自己完成工作   B. 指令别人来完成工作
  C. 与他人共同完成工作   D. 计划、组织、领导和控制

20. 现代物流职业道德建设应重点从（　　）和行为规范两个层面来开展。
  A. 核心价值观   B. 敬业精神
  C. 规章制度   D. 企业文化

二、多项选择题

1. 流通活动的内容包含（　　）。
  A. 商流   B. 物流
  C. 资金流   D. 信息流   E. 流通辅助性活动

2. 按照物流活动的空间范围分类，物流可以分为（　　）。
  A. 地区物流   B. 供应物流
  C. 销售物流   D. 国内物流   E. 国际物流

3. 按物流活动的业务性质划分，将物流分为（　　）。
  A. 生产物流   B. 供应物流
  C. 销售物流   D. 回收与废弃物流

4. 下列说法正确的是（　　）。
  A. 社会发展初期，商流与物流是统一的。随着社会生产力水平的发展，商流与物流逐渐分离
  B. 在当今高度发达的市场经济环境中，物流发生的同时，物品所有权也随之转让了
  C. 在一定条件下，商流与物流分离可以降低物流成本，加快货物的交货速度
  D. 采取赊款购物方式，会引起物流在前、商流在后的物流商流分离形式

5. 物流战略管理的主要内容由（　　）构成。
  A. 市场营销战备   B. 设施选地战略
  C. 运营战略   D. 组织战略

6. 物流管理系统划分为（　　）。
  A. 物流作业管理层   B. 物流执行管理层
  C. 物流职能管理层   D. 物流决策管理层

7. 从传统的实体配送到现代物流活动，物流管理经历了（　　）阶段。
  A. 原材料物流   B. 产品物流
  C. 一体化物流   D. 供应链管理

8. 物流的实体功能要素由（　　　　）组成。
   A. 包装与装卸搬运　　　　　　　B. 信息控制
   C. 运输与配送　　　　　　　　　D. 仓储与流通加工
9. 物流标准化的核心是集装化，包括（　　　　）。
   A. 货物包装体系　　　　　　　　B. 运输包装系列尺寸
   C. 托盘标准化　　　　　　　　　D. 集装箱标准尺寸
10. 企业的内部形象包括（　　　　）。
    A. 员工的整体素质　　　　　　　B. 企业管理风格
    C. 社会评价　　　　　　　　　　D. 企业竞争观念

三、判断题

1. 流通就是物流。（　　）
2. 商流是产生物流的物质基础。（　　）
3. 物流活动克服了供给方和需求方在空间和时间方面的距离，创造了空间和时间价值。（　　）
4. 物流过程主要进行商品交换，实现物资所有权的转移；商流主要进行运输和存储，实现物资实体空间和时间位置的转移。（　　）
5. 采取预购方式，会引起物流在前、商流在后的物流商流分离形式。（　　）
6. "一手交钱、一手交货"是商流和物流统一的交易形式。（　　）
7. 物流所要"流"的对象是一切物品，包括有形物品和无形物品。（　　）
8. 企业物流是所有原材料、半成品、制成品在企业内部流动的过程。（　　）
9. 物流增值服务的核心是不同客户群的定制化服务。（　　）
10. 物流标准化的基点是物流包装系列规格尺寸。（　　）

四、综合案例

奥运会的物流市场

奥运物流是由运输、存储、包装、装卸、配送、流通加工和信息处理等物流基本活动构成的，是与举办奥运会相关的物品从供应地到接收地间的实体流动过程。奥运会的赛前物流市场一般包括物流基础设施建设市场、奥运场馆建设物流市场、物流装备市场、物流信息与咨询市场、物流人才培训市场、比赛器材物流市场、生活物流市场、奥组委及各国代表团的货运代理市场、奥运新闻器材物流市场、商业物流市场10个部分。根据粗略估计，赛后物流的主要活动是出境物流及国际国内物流运输、配送、仓储等相关工作，涉及的主要物流服务内容是待出境货物的暂时仓储、国际运输、通关、报检、联运、货运代理、仓储等，其中重点内容是仓储、运输、通关、报检等物流服务。

问题：奥运会通过市场化的运作和商业开发，盈利数十亿美元，在这个过程中，物流起到了什么作用？

【岗位实践】

实践目的：通过对本地区不同类型代表性物流企业的调研，对物流行业企业的物流活动有一个感性认识。

实践方式：实地调研。

实践内容：主要包括以下几种企业的运营状况：

（1）仓储型第三方物流企业；
（2）运输型物流企业；
（3）物流中心（园区）。

实践步骤：
（1）学生分组；
（2）设计调查问卷；
（3）分组实地调研；
（4）小组讨论；
（5）分组完成调研报告。

项目二 物流系统的主要业务

任务一 包 装

【知识目标】
1. 明确包装的含义；
2. 熟悉包装的类型；
3. 了解包装材料及其特性；
4. 掌握包装合理化的相关知识。

【能力目标】
1. 能辨认各种包装设备；
2. 能对某些物品不合理包装提出合理化建议。

【任务描述】

美国一家塑料容器生产商，主要生产盛装食物的塑料容器。容器由两个组件组成，盒与盖。公司原有的作业方式是将配套好的盖和盒，以一对的形式进行包装并储存。随着业务的发展，产品的品种从80种增加至500种，而这些产品的盒与盖又有许多是可以相互匹配的。仓库操作人员经常需要从现有库存中打开包装，拿出产品，进行重新装配，以使产品满足订单的需求。这样一方面使工作的效率降低，另一方面也常常不能及时满足客户的需求，产品库存的精确性也受到了影响。

如果你是公司管理者，将如何进行改进？

【任务分析】

此问题可通过合理化包装来进行解决。在生产线末端重新设计包装过程，将盒与盖进行独立的包装，独立地进入到仓库中的一个配套装配工作区，每天当收到客户订单时，再根据需要将所需的盒与盖放入包装线，两者被压缩包装在一起，并按顾客的要求打上标签，然后将成品用拖车运走。

这样通过包装过程的改进，把配套包装作业放到仓储过程中完成，使流动资金的周转效率大大提高，顾客的满意度得到提高，同时库存的精确度也达到一个更能接受的水平。

【任务实施】

步骤一：认识包装

包装是现代物流系统的构成要素之一，它既是生产的终点，又是物流活动开始的标志，在物流管理中具有十分重要的地位。

包装是在流通过程中保护产品、方便储运、促进销售，按一定技术方法而采用的容器、材料及辅助物等的总体名称。也指为了达到上述目的而采用容器、材料和辅助物的过程中施加一定技术方法等的操作活动。

（一）包装的含义

（1）是指包装物，用于盛装商品的容器、材料及辅助物品。

（2）是指用于实施盛装和封缄、包扎等的技术活动。

（二）包装的作用

从现代社会经济活动的不同领域看，包装具有不同的作用。

（1）在生产领域，合理的包装有助于实现生产的标准化、机械化和自动化。

（2）在流通领域，包装起到了保护货物、方便储运、减少损耗的作用，明确的标志利于对货物快速准确识别，从而提高整个物流系统的工作效率。

（3）在销售领域，包装起到了促销的作用，精美的包装能够吸引消费者的注意力，刺激消费者的购买欲望。

（4）在消费领域，包装能保证卫生，方便使用，为消费者提供有关商品的用法用量等简要信息，提供有关商品的组成成分等信息以尊重消费者的知情权，使消费者产生信任感与安全感，同时可以提高商品的附加值。随着物流互联网的发展，包装上的信息码等设计可利用网络对商品进行源头控制，以保证消费品的安全性。

步骤二：合理确定包装的类型

包装按不同的标准可以划分为很多类型，不同类型的包装具有不同的用途，实践中要根据包装的用途来确定选用的包装类型。

（一）按包装的功能不同分类

（1）商流包装即销售包装，又称为商业包装或内包装，是直接接触商品并随商品进入零售环节和消费环节的包装，如图2-1所示。这类包装是以促进销售为主要目的，为了吸引消费者的注意，外形一般比较美观，有商品特有的设计特点，为了满足顾客对商品的知情权，还必须有对商品的详细说明，包装单元适合于顾客购买量及商品陈设的要求。

（2）物流包装也称运输包装或大包装或外包装，是为了在货物储存、运输和装卸搬运等物流活动过程中为保护货物而进行的包装，如图2-2所示。这类包装的最主要作用是保护货物，因此不太注重外表的美观，更强调包装的实用性和成本的低廉。

图2-1 商业包装

图2-2 物流包装

（二）按包装的单元不同分类

（1）单件包装

指在物流过程中作为一个计件单位的包装。常见的有，包装箱、包装桶、包装袋、包装瓶、筐、罐等。

（2）集合包装

集合包装又称为组合包装，是指将一定数量的包装件或包装产品，装入具有一定规格、一定强度和长期周转使用的更大的包装容器内，形成一个适合搬运的大包装。如集装箱、集装托盘、集装袋等。

（三）按包装的耐压程度分类

（1）硬包装又称为刚性包装，指装入或取出包装的内装物后，容器形状基本不发生变化的包装。这类包装具有很强的抗挤压能力，一般材质坚硬，如木箱、铁桶、塑料箱、玻璃桶等。

（2）软包装又称为柔性包装，指充填或取出包装内的内装物后，容器形状会发生变化的包装。这类包装材质较软，如麻袋、纸袋等。

（3）半硬包装又称半刚性包装，是介于硬包装和软包装之间的包装，它只能承受一定的挤压，如纸箱等。

（四）按包装的使用范围分类

（1）专用包装是指专门供某种或某类商品使用的一种或一系列的包装。这类包装都有专门的设计，只适用某种专门商品，如装饮料的瓶子、装牛奶的利乐包、蛋糕盒等。

（2）通用包装是指一种包装能盛装多种商品，被广泛使用的包装容器。这类包装一般不进行专门设计，是根据标准系列尺寸制造的包装，用以包装各种无特殊要求的或标准规格的商品。

（五）按包装的使用次数分类

可分为一次用包装、多次用包装和周转用包装。

步骤三：合理选择包装材料

包装材料是制造各类包装所使用的材料总称，是形成包装实体的主要物质。包装材料的选择十分重要，它直接关系到包装质量和包装费用，有时还会影响运输、装卸、搬运和仓储环节作业的进行。

（一）包装材料的种类

包装材料的种类繁多，常用的包装材料有纸质、塑料、纤维、玻璃、木材、陶瓷、金属及复合材料等。从各个国家包装材料生产总值比较看，纸及各种纸制品是目前使用最广泛的包装材料，其次是木材，塑料的使用量正在以很快的速度增长。

（二）各种包装材料的特性

1. 纸质包装材料

纸质包装是传统包装材料之一，其原料取自木材、稻草、芦苇、麦秸等，资源丰富，用一吨木材可生产三吨纸质包装材料。

纸属于软性薄片材料，无法形成固定形状的容器，常用来制作裹包衬垫和口袋。纸板属于刚性材料，能形成固定形状的容器。纸和纸板为原料制成的包装，统称为纸制包装。

纸质包装的特点：① 原料来源广泛，生产成本低廉；② 机械强度较好，折叠性良好，易黏合，便于加工成型；③ 易于适应各种印刷工艺，便于装饰；④ 无毒、无味，透气性好，易达到卫生要求；⑤ 具有适宜的牢固度、耐冲击性，能安全有效地保护内装产品；⑥ 本身重量轻，能降低运输成本；⑦ 废弃物容易处理，可回收利用和再生，节约资源，绿色环保。

纸质包装的特性使得纸质包装在现代包装中占有很重要的地位，广泛用于运输包装和销售包装，成为现代包装工业的重要组成部分，是现代包装的四大支柱（纸、塑料、金属、玻璃）之一。

纸制包装包括纸板箱、瓦楞纸箱、蜂窝状瓦楞纸板、蜂窝纸板、纸盒、纸袋、纸管、纸桶和其他包装用纸等。其应用十分广泛，如运输包装中，用于水泥、农药、化肥、砂糖、食盐和豆类等的大包装纸袋；用作外包装的瓦楞纸箱，如图2-3所示；用于化工、医药领域的纸桶等；在销售包装中，用于包装纺织品、衣帽、日用品、小商品、小食品、像纸、唱片等结构简单的小型包装纸袋；用于包装茶叶、粉末状固体食品、烟酒等的纸罐、纸盒等，如图2-4所示。

图2-3　瓦楞纸箱

图2-4　纸茶叶罐

2. 塑料包装材料

塑料在包装中的应用已成为现代商品包装的重要标志之一。塑料是以树脂为主要成分，在一定温度和压力下塑造成一定形状，并在常温下能保持既定形状的高分子有机材料。塑料包装容器是指将塑料原料经成型加工制成，用于包装物品的容器。

塑料包装的优点：① 具有良好的物理机械性能，如一定的强度、弹性、耐摩擦、耐冲击、抗震动、防潮、防渗透等性能，并具有优良的绝缘性能；② 具有良好的化学稳定性，耐酸碱，耐各类有机溶剂、耐油脂、抗氧化、防锈蚀等；③ 具有良好的透明性和表面光泽，易着色，印刷和装饰性良好；④ 易于成型，所需成型能耗低于钢铁等金属材料；⑤ 原材料成本低且易于加工，因此价格具备一定的竞争力；⑥ 质轻，运输成本低；⑦ 种类繁多，综合性较好。

目前，塑料包装的应用日益广泛，如塑料周转箱、塑料托盘、塑料油桶、饮料瓶、化妆品和牙膏等的塑料软管、塑料袋等，如图2-5，图2-6所示。

图2-5　塑料周转箱

图2-6　塑料油桶

3. 金属包装材料

金属是指把金属压制成薄板，用于包装商品的材料，主要指钢材和铝材，其形式为薄板和金属箔，前者为刚性材料，后者为软性材料。

金属材料用于包装的优点：① 机械性能好。金属材料强度大且刚性好，而且具有良好的延伸性，易于加工成形；② 阻隔性能优异。金属材料不易破碎、不透气、防潮、防光，能有效地保护内装物；③ 表面装饰性好。金属表面有特殊的光泽，且印刷性能较好，使金属包装具有良好的装潢效果；④ 方便性好。不易破损，便于携带；⑤ 回收利用效果好。金属材料牢固，可重复使用，其材料可回收重新加工再利用；⑥ 加工技术及设备成熟，易于实现自动化生产。

缺点：化学稳定性差；酸碱能力差；经济性差，价格高。

金属包装的应用十分广泛，不仅可用于小型销售包装，而且是大型运输包装的主要容器。如销售包装中饮料用的易拉罐，食品用的金属盒和罐头，药用软膏铝管，用于杀虫剂、发胶及部分药剂的喷雾罐等，以及运输中石油、精密仪器、涂料类等类物品所使用的金属桶、金属罐、金属箱等，如图2-7，图2-8所示。

图2-7　金属桶

图2-8　金属箱

4. 玻璃包装材料

玻璃是指用于制造玻璃容器，满足玻璃产品包装要求所使用的材料。玻璃包装容器是将熔融的玻璃材料经吹制、模具成型而制成的一种透明容器。

作为包装材料，其优点表现为：① 化学稳定性优良，有良好的耐腐蚀能力和耐酸蚀能力，安全卫生，防渗透；② 具有良好的阻隔性能，对气体、水、油等具有高阻隔性；③ 透明度好，能充分显示内装物的形和色；④ 价格便宜，且可以回收，反复多次使用，利于降低包装成本；⑤ 易加工成型；⑥ 适合自动灌装生产线的生产。

缺点：密度大，易破碎，印刷困难。

玻璃包装容器主要用于销售包装，主要有玻璃瓶和平底杯式的玻璃罐，用来存装酒、饮料、罐头等液体类或固液混合类商品，包装液体、固体药品以及化学试剂等，如图2-9，图2-10所示。

图2-9　玻璃瓶

图2-10　玻璃罐

5. 木制包装材料

木制包装是指以木板、人造板材（如胶合板、纤维板）为原料制成的包装。主要有：木箱、木桶、木匣、木夹板、纤维板箱、胶合板以及木制托盘等。其优点主要有：材质较轻而强度较高，木材本身有一定的弹性，抗挤压性能好，能承受冲击和震动作用，加工方便，价格低廉且可重复使用。

木制包装的应用面临的问题：受环境影响较大，易受潮变形、湿度过低易开裂而降低强度，易腐、易燃、易被虫蛀，需进行适当的处理。

木制包装一般适用于大型的或较笨重的机械、五金交电、自行车以及怕压、怕摔的仪器、仪表等商品的运输包装，如图2-11，图2-12所示。

图2-11　木箱

图2-12　木桶

6. 复合包装材料

将两种或两种以上具有不同特性的材料复合在一起的包装材料,其特点是可以改进单一包装材料的性能,发挥包装材料更多的优点。常见的复合材料有三四十种,使用最广泛的是塑料与玻璃纸复合;塑料同塑料复合;金属箔与塑料复合;金属箔、塑料与玻璃纸复合;纸张与塑料复合等,如图 2-13,图 2-14 所示。

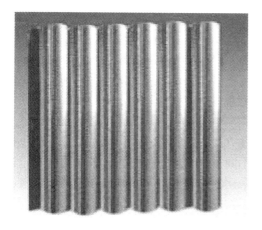

图 2-13 铝箔复合包装材料

图 2-14 纸塑复合包装材料

步骤四:合理应用包装技术

包装技术是包装工程的一个重要组成部分。在物流过程中的应用主要包括商品包装的一般技术和特殊技术。

(一)商品包装的一般技术

商品包装的一般技术是指在包装作业时所采用的技术和方法。这些技术和方法主要针对产品不同形态进行,通过加固减少物流过程中的损失,通过改变产品的形态或位置达到降低费用的目的。

1. 对内装物进行合理置放、固定和加固

在运输包装体中装进形态各异的产品,需要具备一定的技巧,只有对产品进行合理置放、固定和加固,才能达到节省材料、减少损失的目的。例如,电器的外包装一般采用瓦楞纸箱,其内装电器必须有适合产品形状的缓冲材料,将电器垫稳、卡紧、固定,其零部件也必须放至在固定的位置,以防止装运过程中对电器的摩擦和碰撞等造成电器的损坏。

2. 对松泡产品进行压缩

对于羽绒服、枕芯、絮被、毛线等松泡商品,包装时占用容器的容积较大,相应地也就多占用了运输空间和储存空间,导致运输仓储费用的增大,所以对于松泡商品需要压缩体积。一般采用真空包装技法。

3. 合理选择外包装的形状尺寸

随着物流现代化进程,装卸、运输工具逐步向标准化发展,为了提高工作效率,对外包装尺寸有了一定的要求。例如,外包装在托盘上的摆放需要受托盘尺寸的限制,通过集装箱运输需要产品的外包装与集装箱间的尺寸配合,如果配合得好,可以合理利用箱容,并有效地保护商品。

4. 合理选择内包装(盒)的形状尺寸

选择内包装形状尺寸时,要与外包装形状尺寸相配合,即内包装的底面尺寸必须与包装模数协调,高度应与外包装相匹配。内包装主要作为销售包装,更重要的是考虑商品的展示、装潢、购买和携带等。

5. 包装外的捆扎

捆扎是指直接将单个或数个包装物用绳、钢带、塑料带等捆紧扎牢,以便于运输、储存和装卸的一种包装作业。通过捆扎还能保护内装物,在一定程度上防止丢失和盗窃,能压缩容积而减少保管费用和运输费用,能加固容器。一般合理捆扎能使容器的强度增加20%~40%。

捆扎的方法有多种,一般根据包装形态、运输方式、容器强度、内装物重量等的不同情况,分别采用井字、十字、双十字和平行捆等不同方法。对于体积不大的普通包装,捆扎一般在打包机上进行,而对于集合包装,一般采用收缩薄膜包装技术和拉伸薄膜包装技术,运用专门的捆扎设备来完成。

(二)商品包装的特殊技术

商品包装的特殊技术是针对产品的特殊需要而采用的包装技术和方法。由于产品特性不同,在物流过程中受到各种因素的影响,会发生一些人们所不需要的质变,因此需要一些特殊的技术和方法来保护产品。

1. 防震缓冲包装技术

防震缓冲包装技术是指为减缓货物所受到的冲击和振动、保护货物不受损伤而采取一定措施的包装技术。

商品在物流过程中发生损坏的主要原因是受运输过程中的振动、水平撞击及在装卸作业过程中的垂直跌落等外力作用。为了防止损伤,需采用缓冲材料,使外力先作用于缓冲材料上,起到"缓和冲击"的作用。

缓冲包装技术包括全部缓冲包装技术、局部缓冲包装技术和悬浮式缓冲包装技术。

(1) 全部缓冲包装是指将包装容器内所剩余的空间全部用缓冲材料进行填充固定,以对内装货物进行全面保护的一种包装。例如,对一些价值较高的小型轻质产品,通常用泡沫塑料预制成与产品形状一样的模盒,将产品固定在其中。

(2) 局部缓冲包装是指仅在货物的关键部位,如拐角、突起部位、关键零部件、易碎部位等处用缓冲材料进行衬垫。这种方法既能起到较好的缓冲效果,又能降低包装成本,因此广泛用于电视机、电冰箱、空调等家电产品,以及大批量生产的仪器、仪表等的包装。

(3) 悬浮式缓冲包装是指先在内包装盒内用柔软的缓冲材料将货物衬垫妥当,然后用弹簧张吊在外包装箱内,使其悬浮吊起。通过弹簧和缓冲材料的双重保护,无论在物流过程中的哪个操作环节,内装物都不会与包装容器发生碰撞,有效保证货物的安全。这种方法主要适用于极易受损且要求确保安全的产品,如精密仪器和贵重物品等。

2. 防潮包装技术

防潮包装技术,是指为了防止潮气侵入包装件影响内装物质量而采取一定的防护措施的技术方法。

货物在储存与运输过程中容易遭受空气中潮气的影响，会导致某些货物品质降低，降低某些产品的性能，甚至完全丧失产品的使用价值，造成不可估量的损失。为了实现防潮功能，防潮包装技术的主要原理是采用低透湿度或不透湿材料将产品与空气隔绝。

可采用的防潮技术主要有以下几种方法。

（1）选用合适的防潮材料。防潮材料是影响防潮包装质量的关键因素。防潮材料主要有金属、塑料、陶瓷、玻璃，及经过防潮处理的纸、木材、纤维制品等，使用最多的是塑料、铝箔等。不同包装材料的透湿度不同，铝箔最小，塑料薄膜次之，纸制品最大。防潮材料的选用需要综合考虑货物环境条件、包装等级要求、材料透湿度和经济性等因素。

（2）进行防潮处理。对如纸制品等一些防潮性能较差的包装材料，须经防潮处理，其主要方法是用一些防潮性较好的原材料融化或溶解做成涂层，使其附着在包装材料表面，来降低纸制品等包装材料的透湿性。

（3）添加防潮衬垫。对一些防潮要求较高的货物，可根据货物特性在其包装内适当加衬一层或多层防潮材料，如沥青纸、牛皮纸、蜡纸、铝箔、塑料薄膜等。

（4）添加干燥剂。在密封包装内加入适量的干燥剂，吸收内部残留的潮气及外部透入的潮气，使内装物免受潮气的影响。

（5）进行密封包装。采用防潮性能极好的材料，如金属、陶瓷、玻璃、复合材料等制成容器，包装干燥产品，然后将容器口部严格密封，使潮气不能进入。结合真空包装技术，将包装内的空气抽出后加以密封，使内装物与空气隔绝，防止受潮。

（6）设计合理的包装结构。试验表明，包装容器底面积越大，包装及内装物的吸湿性也越大，越接近底部，含水量越大。因此，在设计防潮包装造型结构时，应尽量缩小底面积。此外，包装容器的凸出部位也易吸湿，应使这些部位尽可能改成圆角。

具体操作过程中，为了达到更好的防潮效果，这些技术往往是综合运用的。例如，常见的食品包装中，往往既在食品中添加干燥剂，又添加一层塑料薄膜作为防潮衬垫，还要选择防潮性能较好的塑料作为包装材料，设计成袋状包装结构，最后进行密封包装，有些食品袋还会被抽成真空，目的之一就是为了提高其防潮性能，防止食品由于受潮而变质。

3. 防锈包装技术

为防止内装物在物流过程中锈蚀而采取的消除或减少致锈因素的各种包装防护措施称为防锈包装技术。这种技术主要是针对金属制品采用的。

防锈包装技术步骤包括清洗、干燥、防锈处理与包装。

防锈处理与包装的具体措施有以下方法。

（1）涂抹防锈材料。如在金属制品表面涂抹防锈油，要求涂层完整，油层要有一定的厚度。

（2）气相防锈包装技术。气相缓蚀剂是一种能减慢或完全停止金属在侵蚀性介质中产生破坏作用的物质。在密封包装容器中，气相缓蚀剂在很短的时间内挥发或升华出的缓蚀气体就能充斥整个包装容器，并吸附在金属制品的表面上，抑制空气对金属的侵蚀。

（3）塑料封存包装。如对金属制品用塑料薄膜进行封装。

（4）添加吸湿剂。在包装容器内放置适当的吸潮剂（如硅胶），吸收包装物内残存的或由外部进入的水汽，降低相对湿度，达到防锈效果。

4. 防霉包装技术

防霉包装技术是指在物流过程中为了防止包装及内装物因霉菌侵袭而发生霉变，破坏货物品质而采取防护措施的技术和方法。通过特殊的技术处理使包装及内装物处于霉菌被抑制的特定条件下，保持其质量完好和延长保存期限。

防霉技术需根据产品和包装性能、要求的不同，采取不同的防霉途径和措施，可从使用的材料、产品和包装三个方面入手。从材料方面，主要选用抗霉性较好的材料，如金属材料和钙塑瓦楞纸箱等；从产品本身来说，要通过对产品结构设计、表面隔离以及采用添加防霉剂处理的方法来达到防霉的要求；从包装方面来说，要根据霉菌的生理特性，控制霉菌的生长条件。如防霉包装可以采用真空包装、充气包装、脱氧包装等技术。

5. 防虫包装技术

防虫包装技术是为了保护内装物免受虫类侵害而采取一定防护措施的包装技术。

某些商品在物流环节中容易受到虫类的蛀蚀，如毛织品、天然丝织品、皮革制品、毛皮、木材等，会严重影响商品的品质，甚至失去使用价值。而对于粮食等食品，蛀虫类不仅蛀食商品和包装材料，其排泄物还会污染商品。

根据不同虫类的生理机能，具体操作技术有高温防虫技术、低温防虫技术、电离辐射防虫技术、微波与远红外线防虫技术。在包装材料中添加杀虫剂，或在包装容器中使用驱虫、杀虫或脱氧剂，以增强防虫效果。利用真空包装、充气包装、脱氧包装等技术，在包装容器内形成了缺氧的环境，也可以实现防止虫害的目的。

6. 危险品包装

危险品的种类繁多，大致可以划分为爆炸性物品、氧化剂、压缩气体和液化气体、自燃物品、遇水燃烧物品、易燃液体、易燃固体、毒害品、腐蚀性物品、放射性物品等类别。根据有关法律的要求，在危险品的运输包装上，必须有警示性标志。

7. 特种包装技术

（1）真空包装技术，指将产品装入气密性包装容器，抽出容器内部的空气，使密封后的容器内达到预定真空度的一种包装方法。真空包装能起到防霉、防腐、防锈、防潮、防虫等多种防护效果。

（2）充气包装技术，是指将产品装入气密性包装容器，用氮、二氧化碳等不活泼气体置换容器中的空气的一种包装方法。这种方法大大降低了容器中氧气的浓度，可以抑制各种生物的生理活动，能达到防霉、防腐、保鲜、防虫等目的。

（3）脱氧包装技术，即在密封的包装容器中，利用脱氧剂与容器中的氧气进行化学反应，除去包装容器中的氧气，达到保护货物的目的。

（4）收缩包装技术，是指利用收缩薄膜包裹货物，而后对薄膜进行适当的加热处理，使薄膜收缩而紧贴货物的包装技术。收缩包装既可以突出内装物品的形象，以促进销售，也有利于将物品固定在托盘上，提高装卸搬运的效率。

（5）拉伸包装技术是由收缩包装发展而来的，即依靠机械装置在常温下将弹性薄膜围绕被包装货物拉伸、裹紧，并在其末端进行封合的包装技术。它既可以捆包单件物品，也可用于托盘的集合包装。

步骤五：选择包装设备

包装设备是指完成全部或部分包装过程的机器设备。

包装过程包括充填、裹包、封口等主要包装工序及其他一些相关的辅助工序，实践中要根据包装机械的功能和包装物的特性，选择适用的包装设备。

1. 填充设备

填充设备是将预定数量的物料填充到各种包装容器中的机械，适用于包装粉末、颗粒状的固态物品。

2. 罐装设备

罐装设备是将定量的液体物料充填入包装容器中的机械。

3. 封口设备

封口设备是将充填有包装物的容器进行封口的机械。

4. 裹包设备

裹包设备是用柔性的包装材料，全部或部分地将包装物裹包起来的包装机械。

5. 贴标设备

贴标设备是以粘合剂把纸或金属箔标签粘贴在规定的包装容器上的设备。主要有，不干胶贴标机、套标机、圆瓶贴标机、啤酒贴标机、半自动贴标机、全自动贴标机、热熔胶贴标机等。

6. 捆扎设备

捆扎设备俗称打包机，是使用捆扎带缠绕产品或包装件，然后收紧并将两端通过热效应熔融或使用包扣等材料连接的机械。其主要作用是能够使用塑料带紧贴于被捆扎包件表面，保证包件在运输、储存中不因捆扎不牢而散落。

步骤六：合理化包装

据统计大约90%的商品需经过不同程度、不同类型的包装，包装成为生产和流通过程中不可缺少的重要环节，推动包装的合理化成为一项重要使命。

包装合理化，一方面指包装总体的合理化，这种合理化通常用整体物流效益与微观包装效益的统一来衡量。另一方面指包装材料、包装技术、包装方式的合理组合及综合运用。

（一）包装不合理的表现

1. 包装不足

包装不足主要包括：包装强度不足，导致包装防护程度不够，易损坏被包装物；包装材料达不到质量要求，如包装材料韧性不足不能很好承担运输防护，包装材料不够美观达不到促进销售的作用；包装容器的层次及容积不足；包装成本过低，不能保证有效的包装。

包装不足造成的主要问题是增加了物流过程中的损失和降低了促销能力，经过统计分析，我国由于包装不足引起的损失一年可高达100亿元以上。

2. 包装过剩

包装过剩主要有以下几方面：包装强度设计过高，如包装材料截面过大，包装方式远远超过强度要求等；包装材料等级选择过高，如可以用纸板却采用镀锌、镀锡材料等；包装技术过高；包装层数过多，体积过大等。

过剩的包装往往导致包装成本过高，一方面可能使包装支出大大超过减少损失可能带来的效益。另一方面，包装成本在商品成本中所占比重过高，损害了消费者利益。

（二）合理化包装的途径

1. 轻薄化包装

由于包装主要起保护作用，对产品使用价值没有影响，因此在强度、成本相同的条件下，应采用更轻薄、更短小的包装。一方面可以因重量的降低提高装卸搬运的效率；另一方面轻薄短小的包装一般价格相对比较便宜，可以在一定程度上降低包装成本。

2. 单纯化和机械化包装

包装材料、规格、形状和种类应尽量单纯化，适用于机械化批量生产而提高包装作业的效率。为了促进包装的现代化，也为了缩减人员开支，应尽力开发和应用各种包装机械，以机械化代替劳动密集型包装作业，从长远角度降低包装的作业成本。

3. 标准化和单元化包装

包装的规格和托盘、集装箱关系密切，应充分考虑到包装规格和运输车辆、搬运机械的匹配，从系统的观点制定标准化的包装尺寸。

按标准单元设计的包装便于实现产品装卸、运输的机械化和自动化，提高物流工作效率；简化了产品流通环节，提高产品流通速度；节省包装费用，降低运输、装卸等成本；促进包装规格的标准化，有利于物流的国际化。

4. 合理化设计包装

包装设计需要运用专门的设计技术，根据物流方式的不同要求，将各种因素结合起来综合考虑，在多方面需求中找到平衡点。对物流包装来说，包装设计既要满足货物的保护功能，也要考虑成本问题。设计程度应适度，如包装层数过多会增加包装成本，包装尺寸过大会影响运输工具和仓库容积使用率，包装材料耐压程度达不到要求，在运输和仓储堆码过程中会造成货物损坏，带来额外损耗。

5. 绿色化包装

绿色包装是指无害少污染的符合环保要求的各类包装物品，主要包括纸包装、可降解塑料包装、生物包装和可食用包装等，这是包装合理化的发展主流。

物流管理的目标是降低成本和提高顾客所购商品的价值，通过包装材料的选用、包装技术的运用，合理化包装不但可以降低包装成本、有效地提高物流运营的整体效率，而且还能够有效地保护商品，为进行全面物流质量管理提供良好的基础。

【岗位实践】

实践目的：使学生对不同物品的包装特点有一个初步的认识。

实践方式：实地调研。

实践内容：

（1）组织学生参观生产企业的包装车间；

（2）组织学生参观物流企业的包装车间；

（3）要求学生注意观察生活用品的包装。

实践步骤：

(1) 了解不同类别企业的包装流程；

(2) 了解不同性质物品的包装；

(3) 撰写市场调研报告。

包装市场调研报告

企业名称			备注
包装目的			商品包装、运输包装等
包装材料			
包装外观			包装尺寸、外观设计等
包装设备			
包装技术			
……			
调研心得	企业的包装流程是什么？ 企业通过哪些方式来降低包装费用？ ……		

任务二　装卸搬运

【知识目标】

1. 明确装卸搬运的基本含义；
2. 了解装卸搬运的作业方式；
3. 了解装卸搬运设备的特性；
4. 掌握装卸搬运设备的组织和运用常识。

【能力目标】

1. 能根据工作现场选择合适的作业方式；
2. 能根据需要合理选择装卸搬运设备；
3. 能根据工作中发现的问题对装卸搬运活动进行合理化改进。

【任务描述】

云南双鹤医药有限公司是北京双鹤这艘医药航母部署在西南战区的一艘战舰，是一个以市场为核心、现代医药科技为先导、金融支持为框架的新型公司，是西南地区经营药品品种较多、较全的医药专业公司。

虽然云南双鹤已形成规模化的产品生产和网络化的市场经营，但其流通过程中物流管理严重滞后，造成物流成本居高不下，不能形成价格优势。这严重阻碍了物流服务的开拓与发展，成为公司业务发展的瓶颈。

公司决定聘请专家对企业问题进行分析，找到解决问题的方法。

【任务分析】

经过实地调研发现，云南双鹤物流成本居高不下的原因之一在于搬运设备的现代化程度低，只有几个小型货架和手推车，大多数作业仍处于人工作业为主的原始状态，工作效率低，且易损坏物品。原因之二在于仓库设计的不合理，造成长距离的搬运。并且库内作业流程混乱，形成重复搬运，大约有70%的无效搬运，这种过多的搬运次数，损坏了商品，也浪费了时间。

专家帮助企业对仓库进行了重新规划，并规范了仓库内的作业流程，同时建议企业适当选用现代化装卸搬运设备，以保障物流各环节活动的顺利衔接，降低物流成本。

【任务实施】

步骤一：认知装卸搬运

装（上）、卸（下）、搬运（水平移动），四个字形象地概括了这项物流职能在实际操作中的具体动作。

装卸主要指物体垂直方向的空间位移。即在指定地点以人力或机械将货物装入运输设备或从运输设备上卸下的活动。

搬运主要指物体水平方向为主的空间位移。即在同一场所内，对货物进行水平移动为主的物流作业。

具体包括装上运输工具、卸下运输工具、水平或斜行移送、放置或取出等作业。

搬运与运输的区别主要是活动范围不同。运输活动是在物流节点之间进行的，而搬运则是在物流节点内进行的，而且是短距离的运动。

（一）装卸搬运在物流系统中的地位

装卸搬运是物流系统的重要组成部分，是衔接其他物流活动的桥梁与手段，是决定物流速度的关键，其活性程度和组织合理化对企业的物流效率和整体效益具有重要的影响。

（二）装卸搬运的作用

1. 装卸搬运是连接物流各项活动的重要环节

物流各环节和同一环节不同活动之间，都必须进行装卸搬运作业。装卸搬运是将各项物流活动进行衔接的中间环节，在物流活动转换中起着承上启下的作用。

通过装卸搬运的衔接，可以使物流各环节顺利转换，保障物流系统的顺利运行，缩短整个物流活动时间。另外，通过装卸搬运（换装）连接各种不同的运输方式，使多式联运得以实现。

2. 装卸搬运对保障物流质量具有重要作用

装卸搬运时货物会发生垂直和水平方向上的位移，移动过程中货物会受到各种外力的作用，如震动、撞击、挤压等，容易使货物包装和货物本身受损。此外，进行装卸搬运操作时需要接触货物，因此，装卸搬运是在物流过程中造成货物破损、散失、损耗、混合等损失的主要环节。每年我国由于装卸搬运造成的经济损失达上亿元。为了减少物流活动中的货物损耗，也为了满足客户对物流质量的要求，必须加强对装卸搬运环节的管理。

3. 装卸搬运对物流效率的提高有重要作用

物流效率主要表现在运输效率和仓储效率，二者都与装卸搬运直接相关。

在货物运输过程中，发运的装车和目的地的卸车等装卸搬运活动所用的时间约占全部运输时间的50%左右，特别是在短途运输中，装卸车时间有时甚至超过运输工具运行时间。因此，通过缩短装卸搬运时间可以提高运输效率。

在仓储过程中，装卸搬运效率对货物的收发速度和货物周转速度产生直接影响，同时，装卸搬运组织与技术对仓库利用率和劳动生产率也有一定影响。

4. 装卸搬运对物流成本有重要影响

物流活动各环节之间转换需进行多次装卸搬运，作业量往往是货物运输量和库存量的若干倍。因此，必须配备足够的装卸搬运人员和装卸搬运设备，这些项目会直接增加成本。以我国为例，铁路运输的始发和到达的装卸作业费大致占运费的20%左右，船运占40%左右。对生产物流的统计，机械工厂每生产1吨成品，需进行252吨次的装卸搬运，其成本为加工成本的15.5%。因此，装卸搬运是影响物流成本的重要因素。

5. 装卸搬运直接影响物流安全

在物流活动中确保安全非常重要，装卸搬运特别是装卸作业过程中存在的不安全因素比较多。实践表明，物流活动中发生的各种货物损失事故、设备毁坏事故、人身伤亡事故等，有相当一部分是在装卸搬运过程中发生的。特别是一些危险品，在装卸搬运过程中如果违反操作规程进行野蛮装卸，很容易造成燃烧、爆炸、泄漏等重大事故。

步骤二：安排装卸搬运作业方式

装卸搬运的作业方式受到多种因素的制约，主要有货物特征、作业对象、运输设备、仓储设施等外在因素，货物状态、装卸动作、装卸机械、作业组织等内在因素，以及零担货物装卸、整车货物装卸、专用货车装卸等一般因素。

在这些因素的共同作用下，现代装卸搬运应根据需要合理安排装卸搬运的作业方式。

（一）单件作业法

单件作业法是针对按件计的货物逐件进行装卸操作的作业方法。单件作业机动性强，不受固定设施的地域限制。根据作业环境和工作条件可以采用人工作业法、机械化作业法、半机械化作业法、半自动化作业法。

装卸一般单件货物，主要由人力作业逐件完成，作业量较大的可运用一些半机械化、半自动化的设备进行辅助作业，对于诸如搬家等一些特殊、零散货物的搬运也常采用这种作业方式。

（二）散装作业法

1. 重力装卸法

重力装卸法是利用货物自重产生的势能来完成装卸作业的方法。装车时可利用筒仓、溜槽、隧洞等设备，使货物自动流入运输工具，卸车时开启运输工具下部的出口，货物利用重力自动流出。

2. 倾翻卸货法

倾翻卸货法是将运载工具的载货部分倾翻使货物卸出的方法。主要用于铁路敞车和自卸汽车的卸货。

3. 机械装货法

机械装货法是利用各种机械，使其工作机械直接作用于货物，如运用舀、抓、铲等作业方式来装货。常用的机械设备有取料机、装船机、链斗装车机、单斗和多斗装载机、挖掘机及各种抓斗机等。

4. 气力输送法

气力输送法又称气流输送，利用风机在密闭的管道内形成单向气流，利用气体的流动或气压差来输送颗粒状货物的一种方法，是流态化技术的一种具体应用。

（三）集装作业法

集装作业法是利用一些集装工具，结合一定的技术措施，将货物组合成尺寸规格相同、重量相近的标准化组合体，再进行装卸搬运。

集装作业法主要包括以下几种方法。

1. 托盘作业法

托盘作业法是用托盘系列集装工具把货物集合成货物单元，采用叉车等设备实现装卸作业机械化的装卸作业方法。

常见设备有：平托盘、箱（笼）式托盘、柱式托盘、轮式托盘、特种专用托盘、滑板托盘，如图2-15至图2-18所示。其中平托盘使用范围最广，利用数量最大，通用性最好。

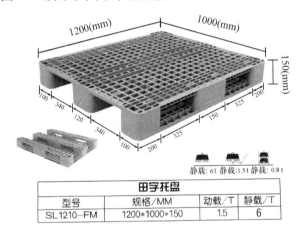

图2-15 平托盘

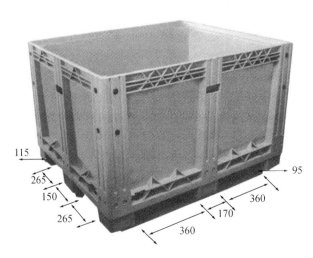

图2-16 箱式托盘

一些批量不很大的散装货物,如粮食、食糖、啤酒等可采用专用箱式托盘形成货物单元,再辅之以相应的装载机械,实现托盘作业。

图 2-17　柱式托盘

图 2-18　轮式托盘

2. 集装箱作业法

（1）垂直装卸法

垂直装卸法指沿着地面垂直方向实现货物的空间位移,装卸设备主要有:桥式起重机、轨行式龙门起重机、轮胎式龙门起重机、集装箱叉车,以及在港口采用的集装箱起重机,如图 2-19 所示。

（2）水平装卸法

水平装卸法在港口是以挂车和叉车为主要装卸设备,如图 2-20 所示。

图 2-19　集装箱垂直装卸

图 2-20　集装箱水平装卸

在车站主要采用叉车或平移装卸机的方式,在车辆与挂车间或车辆与平移装卸机间进行换装。

（3）集装箱装卸作业的配套设施

集装箱装卸作业的配套设施有:维修、清洗、动力、照明、监控、计量、信息和管理设施等。工业发达国家集装箱堆场作业已实行全自动化。

3. 货捆作业法

货捆作业法是用捆装工具将散件货物组成一个货物单元,使其在物流过程中保持不变,从而能与其他机械设备配合,实现装卸作业机械化。适用于木材、建材、金属之类货物的装卸，常与门式起重机和悬臂式起重机、叉车、侧叉车、跨车等配套使用。

4. 滑板作业法

滑板是用纸板、纤维板、塑料板或金属板制成，与托盘尺寸一致、带有翼板的平板，用以承放货物组成的搬运单元。

与其匹配的装卸作业机械是带推拉器的叉车。滑板作业法具有托盘作业法的优点且占用作业场地少，但带推拉器的叉车较重、机动性较差，对货物包装与规格的要求很高，否则会影响作业顺利进行。

5. 网袋作业法

将粉粒状货物装入多种合成纤维和人造纤维编织成的集装袋，将各种袋装货物装入多种合成纤维或人造纤维编织成的网，将各种块状货物装入用钢丝绳编成的网，这种先集装再进行装卸作业的方法称为网袋作业法。适宜于粉粒状货物、各种袋装货物、块状货物、粗杂物品的装卸作业。

6. 挂车作业法

挂车作业法是先将货物装到挂车里，然后将空车拖上或吊到铁路平板车上的装卸作业方法。通常将此作业完成后形成的运输组织方式称背负式运输，是公铁联运的常用组织方式。

步骤三：选择与运用装卸搬运设备

装卸搬运设备是指用于搬运、升降、装卸等短距离输送机械的总称。它是物流系统中使用频率最大，数量最多的设备。

合理地选择和运用装卸搬运设备，可以提高装卸效率，节约劳动力，减轻劳动强度，改善劳动条件；缩短作业时间，加速车辆周转；提高装卸质量，保证货物的完整和运输的安全；降低物流搬运作业成本；充分利用货位，加速货位周转，减少货物堆码的场地面积。

（一）确定装卸搬运设备的类型

（1）按装卸搬运的主要用途可分为：起重设备、连续运输设备、装卸搬运车辆、专用装卸搬运设备。

（2）按机具工作原理可分为：叉车类、吊车类、输送机类、作业车类、管道输送设备类。

（3）按不同的动力方式可分为：电力式、内燃式、人力式、重力式装卸搬运设备。

（二）常见装卸搬运设备

1. 起重设备

（1）电动葫芦

电动葫芦简称电葫芦，是一种轻小型起重设备，其体积较小，自重轻，操作简单，主要用于工矿企业，仓储码头等场所。

（2）起重机

起重机是重复循环工作的装卸搬运机械设备，用来垂直升降货物或水平移动货物，以满足一些体积较大，重量较高的货物装卸、转载、卸载等作业要求。

起重机主要有：桥式起重机、龙门起重机、门座式起重机、汽车起重机等，如图 2-21 至图 2-24 所示。

图 2-21 桥式起重机

图 2-22 龙门起重机

图 2-23 门座式起重机

图 2-24 汽车式起重机

2. 叉车

叉车又称铲车,是工业搬运车辆,以货叉作为主要的取货装置,依靠液压起升机构升降货物,由轮胎式行驶系统实现水平移动。叉车是物流领域装卸搬运设备中应用最广泛的一种设备,可用于车站、港口、机场、工厂、仓库等各类场所。

按动力不同,叉车可分为汽油叉车、柴油叉车、电力叉车、液态燃料叉车等。

按性能分类,叉车主要有平衡重式叉车、前移式叉车、侧面式叉车、插腿式叉车、伸缩臂式叉车、高货位拣选式叉车等。应用最广泛的是平衡重式叉车,其前端为工作装置,后部装有平衡重来平衡载荷,前轮驱动,后轮转向,动力较大,底盘较高,具有较强的地面适应能力,适于进行室外作业,如图 2-25 至图 2-30 所示。

图 2-25 平衡重式叉车

图 2-26 前移式叉车

图 2-27　侧面式叉车

图 2-28　插腿式叉车

图 2-29　伸缩臂式叉车

图 2-30　高货位拣选叉车

3. 输送设备

是以连续的方式沿一定线路从装货点到卸货点均匀输送货物和成件包装货物的机械设备。

主要有带式输送机、辊子输送机、链板式输送机、悬挂式输送机等，如图 2-31 至图 2-34 所示。

图 2-31　带式输送机

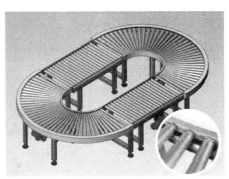
图 2-32　辊子输送机

图 2-33　链板式输送机

图 2-34　悬挂式输送机

（三）选择装卸搬运设备

1. 以满足现场作业为前提

（1）符合现场作业特性

包括作业的性质、作业的场地、作业的运动形式、作业量、作业搬运距离等，装卸搬运设备的选择应尽可能与作业的特性相适应。

① 明确作业的性质，选择适合的装卸搬运设备。② 不同的作业场合，需选择不同的装卸搬运设备。如插腿式叉车和高位拣选式叉车只适用于仓库范围内装卸作业，平衡重式叉车则可用于室外作业。③ 针对装卸搬运作业的运动形式，也需要选择不同的装卸搬运设备。如水平运动，可选择卡车、牵引车等；垂直运动，可选择提升机、起重机等；而斜向运动，则选择连续运输机、提升机等。④ 作业量的大小，也影响到装卸搬运设备的数量。如作业量较大，应选择作业能力较强的大型专用设备；对于作业量较小的，则可选择成本较低的中小型通用设备。⑤ 对于长距离搬运，一般选择火车、船舶、载货汽车、动力牵引车等运输设备；而对于较短距离搬运，则可选择叉车、跨运车、输送机等设备。

（2）符合货物特性

货物的特性是指货物的种类，如散货、包装货物等。各种货物的单件规格、物理化学性能、包装情况、装卸搬运的难易程度等，都是影响装卸搬运设备选择的因素。因此，应从作业安全和效率出发，选择适合的装卸搬运设备。如石油等液态类货物可采用管道进行输送，成件的杂货等可以用叉车等进行装卸。

（3）符合作业环境特性

如电力叉车以蓄电池为主要动力源，启动快而稳，无废气无噪声，操作简单，驾驶灵活，适合于在平整的库区内运行。而内燃叉车载重量大，动力较大，底盘较高，具有较强的地面适应能力，比较适合于室外作业。

（4）满足现场作业所需的其他条件

2. 以控制作业费用为目标

（1）控制设备投资额

对现场作业量进行预测，根据现场作业要求，按装卸作业量和被装卸货物的种类合理选择不同类型的配套设备。可以采用线性规划方法设计装卸作业配套方案，即根据装卸作业现场的要求，列出数个线性不等式，并确定目标函数，然后求出最优的各种设备台数，以控制设备投资额。资金投放多用于移动货物的设备，少投在固定不动的设备上，以增加设备的通用性，防止投资失误造成浪费。

（2）控制装卸设备的运营费用

对设备使用时间进行合理安排，保证设备的使用率，尽量避免设备不必要的闲置。科学合理地使用设备，及时进行设备维护，防止因过度使用而损坏设备。厉行节约，减少浪费，降低运营成本。

（3）控制装卸作业成本

装卸作业成本是指在某一物流作业现场，设备每装卸搬运1吨货物所支出的费用。其高低主要取决于作业现场组织的合理化，比如人员的配备、设施的配备等。

3. 统筹安排，合理选择装卸搬运设备

通过对仓储等相关业务作业流程分析，明确作业类型、作业环节之间的衔接关系，确定所需装卸搬运设备的类型，对各种类型的装卸设备进行分析，明确各类设备的结构、用途和适用性，还要通过市场调查，了解设备的品牌，各品牌设备的相关参数、作业性能等，建立设备配置模型，合理选择装卸搬运设备。

在作业过程中，需要统筹兼顾各种设备的性能进行合理安排，尽量克服每种设备的弱点，使多台装卸搬运设备在作业区内实现有效衔接。根据工作量安排相互匹配的设备吨位，便于发挥出每台设备的最大效能。

4. 设备投资综合考虑经济性

选择装卸搬运设备还必须考虑设备的性价比，从经济性的角度综合考虑各方面的因素，权衡利益得失，进行全面分析比较，在多个适用方案中选择最经济合理、先进、优质的装卸搬运设备。即在一定的经营规模下，力求以最少的设备投资，取得最佳经济效果。

（四）组织和运用装卸搬运设备

装卸搬运设备运用是以完成装卸任务为目的，以提高装卸设备的生产率、装卸质量和降低装卸搬运作业成本为中心的技术组织活动。合理的组织和运用需遵循以下几个步骤。

（1）确定装卸任务量。根据物流计划、经济合同、装卸作业不均衡程度、装卸次数、装卸车时限要求等，来确定作业现场年度、季度、月、旬、日平均装卸任务量。同时，还要把装卸作业的对象的品种、数量、规格、质量指标以及搬运距离尽可能地做出详细的规划，以保障计划的实施。装卸任务量有临时变动的可能性，因此，合理的计划应具备一定的弹性。

（2）确定设备数量。根据装卸任务量、装卸业务的时限要求、装卸设备的单位工时等，确定装卸搬运设备需用的台数。根据货物特性确定装卸搬运设备的技术特征。

（3）编制作业进度计划。根据装卸任务、装卸设备生产率和装卸设备的数量，编制装卸作业进度计划。通常包括，装卸搬运设备的作业时间表、作业顺序、负荷情况等详细内容。

（4）下达计划，组织实施。下达装卸搬运进度计划，安排装卸搬运人员和作业班次，进行装卸搬运的作业。

（5）评价作业效果。作业完成之后，要及时统计和分析装卸搬运作业成果，评价装卸搬运作业的经济效益，为下期作业工作的改进作为参考。

步骤四：合理组织装卸搬运

（一）防止和消除无效装卸

无效装卸是指消耗在有用货物必要装卸劳动之外的多余装卸劳动。无效装卸会造成装卸成本的浪费，增加货物损坏的可能性，在很大程度上降低物流速度。

（1）合理安排，尽量减少装卸搬运次数，如可以采用集装方式，增加每次搬运量，减少总体搬运次数，提高搬运效率。

（2）合理规划作业路线，尽量缩短搬运距离，如配合仓储业务，出入库频次较多的货物放置在离仓库门口较近的货位，出入库次数较少的可适当放置在离仓库门较远的货位上，可从总量上缩短搬运距离，仓储设备的重力式货架的应用也可在一定程度上减少装卸搬运距离。

（3）减少不必要的搬运重量，如有些货物需除去杂质之后再进行搬运，避免因过度包装带来的无效负荷。

（4）充分发挥装卸搬运设备的能力和装载空间，尽量减少空载和不满载作业，中空的物品可以填装其他小物品再进行搬运，以提高装载效率。

这些都可以在一定程度上防止和消除无效装卸，减少无效劳动，降低人力、物力的浪费，提高装卸搬运作业效率。

（二）实现装卸作业的省力化

装卸搬运使物料发生垂直和水平位移，必须通过做功才能实现，要尽量实现装卸作业的省力化。

在垂直装卸时充分考虑重力因素，利用重力进行合理化装卸，减少或根本不消耗装卸的动力。例如，从货车上卸货时，利用溜板之类的简单工具，使货物依靠本身重量从高处自动下滑到低处，可以节省装卸过程中的动力消耗。充分利用重力式装卸设备的特性，达到装卸作业的省力化。

在装卸时尽量消除或削弱重力的影响，减少装卸劳动的消耗。在发生水平位移时，合理利用机械，尽量防止负重行走。例如，在人力装卸时配备小推车等简单机具，通过较小的投入可以大大减少装卸人工劳动强度，提高劳动效率，实现装卸合理化。

（三）提高作业机械化水平

为了提高物流工作效率，降低人力成本的消耗，增加作业的安全性，提高物流服务质量，在条件允许的情况下，应尽力提高装卸搬运作业的机械化程度。

机械化作业能充分实现规模装卸搬运，在组织装卸搬运工作时，应利用各种集装方式组合成设备最合理的装卸搬运量，充分发挥设备效能，达到最优效率。机械化作业一方面能减少人员数量，降低人力成本，应对人力紧缺的社会现状；另一方面也降低装卸人员的劳动强度，改善劳动条件，在一定程度上调动人员的积极性。而对于危险品的装卸作业，机械化能更好地保证人和货物的安全，这也是装卸搬运机械化程度不断得以提高的源动力。

（四）提高装卸搬运活性

货物的存放状态是各种各样的，可以散放在地上，装箱存放在地上，放在托盘上，或直接放在车上处于可移动状态，存放状态的不同，货物进行装卸搬运的难易程度也不同。

把货物从静止状态转变为装卸搬运运动状态的难易程度称为装卸搬运活性。越容易转变为下一步装卸搬运活动的活性越高,反之活性越低。

在装卸搬运整个过程中,往往需要多次装卸搬运作业,为使每一步装卸搬运都能按一定活性要求操作,对不同状态的货物做了不同的活性规定,这就是活性指数。在装卸搬运作业工艺方案设计中,应充分应用活性理论,合理设计作业工序,不断改善装卸作业。

在实际应用中,要尽量提高装卸搬运活性,以达到作业合理化、节省劳力、降低消耗、提高装卸搬运效率等目的。但也应根据装卸搬运对象的价值及转运次数等来设计其活性指数,对于价格低廉的物品、无须多次转移的物品,不须采用过高等级的活性指数。

 知识链接

装卸搬运的活性

装卸搬运的活性是指把物品从静止状态转变为装卸搬运状态的难易程度。为了区别活性的不同程度,用"活性指数"来表示。"活性指数"共分为五个等级,分别表示活性程度从低到高。

0级——物料杂乱地堆在地面上的状态。

1级——物料装箱或经捆扎后的状态。

2级——箱子或被捆扎后的物料,下面放有枕木或其他衬垫后,便于叉车或其他机械作业的状态。

3级——物料被放于台车上或用起重机吊钩钩住,即刻移动的状态。

4级——被装卸、搬运的物料,已经被起动、直接作业的状态。

从理论上讲,活性指数越高越好,但也必须考虑到实施的可能性。例如,物料在储存阶段中,活性指数为4的输送带和活性指数为3的车辆,在一般的仓库中很少被采用,这是因为大批量的物料不可能存放在输送带和车辆上的缘故。

为了说明和分析物料搬运的灵活程度,通常采用平均活性指数的方法。这个方法是对某一物流过程物料所具备的活性情况,累加后计算其平均值,用"δ"表示。δ值的大小是确定改变搬运方式的信号。如:

当 $δ<0.5$ 时,指所分析的搬运系统半数以上处于活性指数为0的状态,即大部分处于散装情况,其改进方式可采用料箱、推车等存放物料。

当 $0.5<δ<1.3$ 时,则是大部分物料处于集装状态,其改进方式可采用叉车和动力搬动车。

当 $1.3<δ<2.3$ 时,装卸、搬运系统大多处于活性指数为2,可采用单元化物料的连续装卸和运输。

当 $δ>2.7$ 时,则说明大部分物料处于活性指数为3的状态,其改进方法可选用拖车、机车车头拖挂的装卸搬运方式。

装卸搬运的活性分析,除了上述指数分析法外,还可采用活性分析图法。分析图法是将某一物流过程通过图示来表示出装卸、搬运活性程度,并具有明确的直观性能,使人一看就清,薄弱环节容易被发现和改进。运用活性分析图法通常分以下三步进行。

第一步,绘制装卸搬运图;

第二步，按搬运作业顺序作出物资活性指数变化图，并计算活性指数；

第三步，对装卸搬运作业的缺点进行分析改进，作出改进设计图，计算改进后的活性指数。

（五）合理推广集装单元化

合理使用集装设备，将散放的货物组合成单元，充分发挥装卸搬运设备的效能，推广组合化装卸搬运，利用规模效益来实现装卸搬运的最优效果。

单元化可以增大装卸单位，在同等运量的条件下减少装卸次数，提高作业效率，节约装卸作业时间。通过集装可以实现一次操作最合理的装卸量，充分利用装卸设备，降低单位装卸成本。散装货物也可利用输送机等设备的连续装卸来实现规模效益。集装组合利于物流各环节的衔接，易于进行数量的检验和清点交接，减少差错率，提高物流服务质量。通过组合可以使货物单元规格统一，利于实现物流标准化，为一体化物流系统操作创造条件。

（六）合理规划装卸搬运作业

对整个装卸搬运作业进行合理的安排，以提高作业的连续性。

结合作业现场的平面布局，合理规划作业路线，减少迂回作业造成的浪费。根据设备性能、货场长度、货位面积、货物特性等，安排合理的货位，以合理确定搬运距离。不同的装卸搬运作业相互连接使用时，力求使它们的装卸搬运速率相等或接近，以合理衔接装卸设备。合理配备作业人员，充分发挥调度人员的作用，防止出现作业障碍或停滞，影响作业效率。作业方式与作业内容匹配，根据作业方式的特点，将货物内容与作业方式适当匹配，以减少装卸中的损失。

【岗位实践】

实践目的：使学生对常用装卸搬运设备有基本了解。

实践方式：校内模拟实训。

实践内容：组织学生在校内实训室进行装卸搬运作业模拟操作。

实践步骤：

（1）了解不同类型叉车的适用性；

（2）熟悉使用叉车从事装卸搬运作业的操作流程；

（3）模拟使用手动液压叉车搬运货物；

（4）观察和总结装卸搬运的技巧；

（5）撰写实训报告。

任务三 运 输

【知识目标】

1. 明确运输的含义；
2. 熟悉各种运输方式的技术经济特征；
3. 掌握运输方式选择需考虑的因素；
4. 掌握运输合理化的策略。

【能力目标】

1. 能根据货物特性选择合适的运输工具；
2. 会分析不合理运输，能初步安排运输任务。

【任务描述】

一家公路货物运输公司最初建立时规模较小，但经营方式灵活，公司人员齐心协力，取得了良好的效益。公司逐步拓展业务，随着公司规模增大，业务量增加，出现了一系列的问题：货物经常丢失，公司为此支付的赔偿越来越多；车辆维修费用也越来越高；司机出车时间越来越长，派出的车辆不能及时返回，严重影响了业务的开展；效益反而不如以前，经理面对问题一筹莫展。

对此你有什么合理化建议？

【任务分析】

公路货物运输业务的灵活性很高，出现问题的环节也很多，因此有效的管理和组织是必不可少的。比如在运送比较贵重的货物时，可选择使用厢式货车，并对开厢进行一定的技术处理，应该能有效地减少货物的丢失。对出车路线可以提前规划合理路径，核算标准时间，对司机进行绩效考核等方式来进行处理。

【任务实施】

步骤一：认知运输

运输的主要环节是指运用专用运输设备将物品从一个地点向另一个地点运送的物流活动。

（一）运输的地位

运输是物流活动最重要的基本功能之一，是物流过程中最主要的增值活动。运输成本通常是物流成本中最大的单项成本。一般认为，货物运输费用占物流成本的 1/3 到 2/3。运输活动是生产过程的前导和后续，是沟通产销的重要纽带。

（二）运输的作用

1. 运输在社会经济生活中的作用

（1）运输是社会物质生产的必要条件

在生产过程中，运输是生产的直接组成部分，没有运输供应原材料，生产无法开始运行。在社会上，运输是生产过程的继续，生产企业的产品生产出来以后，无论是进行再生产，还是送达消费者，都必须要经过运输。另外，在生产的回收方面，如产品包装物的回收、不合格产品的返厂、废旧材料的处理等，都需要运输。因此，运输是社会生产活动的重要组成部分，是社会物质生产的必要条件。

（2）运输是商品流通的重要环节

商品生产的目的是为了消费，只有通过消费，才能实现商品的价值和使用价值。一般来说，商品生产者与消费者是不一致的，即存在位置背离。为了消除这种背离，实现商品的使用价值，必须通过运输活动，只有通过运输，才能满足各地消费者对商品的需求，完成商品从生产者到消费者的流通，最终实现产品的价值。通过运输活动还可将商品从效用价值低的地方转移到效用价值高的地方，使商品的使用价值得到更好的实现，即实现商品的最佳效用价值。

(3) 运输是影响商品价格的重要因素

由于各个地区地理条件的不同，拥有的资源也各不相同，为了解决资源的地域不平衡而造成的商品供给的不均衡，必须依靠完善的运输体系。从供给地往销售地的转移过程中，运输成本成为直接影响商品价格的重要因素之一。

运输还会影响其他物流环节和生产过程，间接地影响商品价格。如果运输周期长或到货不及时，为了保证生产，必须增大库存量，否则会造成因缺少原材料而停产，而增大库存量和因缺货而停产都会导致商品成本上升。如果运输过程中保管不力，会造成包装或商品破损，从而带来退货成本的增加。

2. 运输在物流系统中的作用

（1）运输是物流网络的核心

运输是物流活动的重要组成部分，是物流系统构成的基础。只有通过运输，物流的各环节才能有机地联系起来，形成物流网络，实现物流的目标。

（2）运输是物流系统功能的核心

物流系统的各种功能中，运输、仓储是主体功能，装卸、搬运、包装、流通加工和信息处理则是从属功能，而主体功能中的运输功能占主导地位，成为所有功能的核心。

运输直接影响着物流的其他功能。例如，选择的运输方式决定着装运货物的包装要求；使用不同类型的运输工具决定其配套使用的装卸搬运设备以及接收和发运站台的设计；企业库存储备量的大小，直接受运输状况的影响；发达的运输系统能比较适量、快速和可靠地补充库存，以降低必要的储备水平。

（3）运输成本是物流成本的重要组成部分

运输是运动中的活动，依靠大量的动力消耗才能实现这一活动。而运输又承担空间转移任务，所以活动时间长、距离长、能源与动力消耗多，其成本占物流总成本的35%～50%左右。

（三）运输的特性

（1）运输是生产过程的延续。

（2）运输的产品是服务。通过运输不产生任何新的物质产品，运输是一种服务。

（3）运输具有社会公共事务的特性。其发展程度需要依赖于诸如铁路、公路等社会公共资源。

步骤二：确定运输的类型

按照不同的标准，可将运输进行不同的分类，不同种类的运输具有不同的优势，承担着不同的货物运输任务。

（一）按运输线路分类

（1）干线运输：指利用铁路、公路的主干线路，或大型船舶的固定航线进行大批量、长距离的运输，是进行远距离空间位置转移的重要运输形式，是运输的主体。

（2）支线运输：支线运输是与干线相接的分支线路上的运输，是干线运输基础上的辅助运输形式，其路程较短，运输量相对较小，速度较慢。

（3）城市内运输：是一种补充性的运输形式，经过干线与支线运输到站的货物，还需要再从车站运至用户仓库、工厂或集贸市场等指定交货地点的运输，由于是个体单位的需要，运量较小。

(4) 厂内运输：指在工业企业厂区范围内，直接为生产过程服务的运输。一般在车间与车间之间、车间与仓库之间进行。

（二）按运输的作用不同分类

(1) 集货运输：将分散的货物汇集集中的运输形式，是干线运输的一种补充形式。

(2) 配送运输：将节点中已按用户要求配好的货物分送各个用户的运输，一般是短距离、小批量的运输。

（三）按运输的协作程度不同分类

(1) 一般运输：孤立采用某种运输工具或同类运输工具，没有形成协作关系的运输，如单纯的汽车运输、火车运输等。

(2) 联合运输：多种运输方式联合为一体，使用同一运送凭证，综合运用各种运输工具，通过多次不间断、连续接运和换装直到目的地，实现"门到门"运输。一方面简化了托运手续，托运人只需办一次托运即可，提高了客户满意度；另一方面可以综合运用各种运输工具，充分发挥各种运输方式的优势，以达到最高效率。

(3) 多式联运：是联合运输的一种特殊形式，是一种新兴的运输方式。是根据实际需要，将复杂的运输方式衔接在一起，形成连续的、综合的一体化运输。这种形式多用于国际物流业务，称之为国际多式联运。它通常是以集装箱为运输单元，实行"一次托运、一次计费、一单到底、统一理赔、全程负责"。其组织体制有两种类型：协作式联运和衔接式联运。

（四）按运输中途是否换载分类

(1) 直达运输：在组织货物运输时，只利用一种运输工具从起运站、港一直到到达站、港，中途不换载，不入库储存的一种运输形式。

(2) 中转运输：在货物运往目的地的过程中，在途中的车站、港口、仓库进行转运换载的运输形式。

步骤三：选择运输方式

运输是物流活动中最直观、最重要的因素之一。不同运输方式适合不同的运输情况，合理选择运输方式不仅能提高运输效率，降低运输成本，而且会对整个物流系统的合理化产生影响。了解各种运输方式及其特点，掌握运输方式选择的原则，对优化物流系统和合理组织物流活动是十分重要的。

基本运输方式有五种，公路运输、铁路运输、水路运输、航空运输和管道运输。

具体来说，各种运输方式均有各自的特点和适用范围，实际应用中要根据各方面的因素综合考虑最经济合理的运输方式。

（一）公路运输

公路运输是主要使用汽车在公路上进行货客运输的一种方式，是现代运输的主要方式之一，由公路和汽车两部分组成，其中公路是通道，汽车是工具。

1. 公路运输的技术经济特点

(1) 灵活性强

公路运输最显著的特点是其灵活性在所有运输方式中最强，主要表现在以下几个方面。

① 空间上的灵活性。公路运输网的密度最大，分布最广，在短途货物集散转运上，具有较大的灵活性，尤其是在实现门到门运输中，其优势更为显著。通过直达运输，减少

中转环节和装卸次数，在经济运距之内可以到达火车无法到达的广大的城镇和农村。

② 时间上的灵活性。公路运输不像铁路运输要受列车时刻表限制，也不像水路运输受码头承载能力限制，可以根据客户需要达到即时运输。

③ 货运量的灵活性。公路运输的起运批量最小，如零担运输中，每个客户的运输批量可以很小。而对于批量较大的运输，可以组成车队同时起运。货运量的大小可以随时调节，具有很强的灵活性。

④ 服务上的灵活性。能够根据货主的具体要求提供有针对性的个性化服务，最大限度地满足不同性质的货运要求与不同层次客户的需求。

(2) 周转环节少，运送速度快

在中、短途运输中，公路运输可以实现"门到门"直达运输，中途不需要倒运就可以直接将货物运达目的地。因此，与其他运输方式相比，其周转环节少，减少了因换载造成的货物损失，在途时间较短，运送速度较快，有利于提高货物运输的时间价值。但在长途运输中，由于各种突发事件的不可预见性，公路运输的效果不是很理想，公路运输在担负长途运输中费用过高，是其难以弥补的缺陷。

(3) 货损货差少

随着我国公路网的发展和建设，公路的等级不断提高，汽车技术性能不断改善，事故率在不断降低，而且由于公路运输的直达特性，及承担运输任务的公司管理的不断完善，使得汽车运输的货损货差率不断降低。如很多公司使用了 GPS 定位系统进行监控管理，在厢式货车的车门上使用了防开技术，在一定程度上减少了货物的丢失和损坏。

(4) 投资少，资金周转快，经济效益高

与火车、轮船、飞机等相比，汽车车辆购置费较低，公路运输的原始投资回收期短，资金周转的速度快。美国有关资料表明，公路货运企业每收入 1 美元，仅需投资 0.72 美元，而铁路则需 2.7 美元；公路运输的资本每年可周转 3 次，铁路则需 3～4 年才能周转 1 次。

(5) 运输能力小，能耗高，成本高

受汽车核载重量的限制，一般六轴货车的车货总重不得超过 55 吨，即每辆普通载货汽车每次最多能运送 50 吨左右的货物。

公路运输属于能耗较高的一种运输方式，相关研究表明，公路运输的单位能耗是铁路运输能耗的 10.6～15.1 倍，是沿海运输能耗的 11.2～15.9 倍，是内河运输能耗的 13.5～19.1 倍，是管道运输能耗的 4.8～6.9 倍，但比航空运输能耗低，只有航空运输能耗的 6%～8.7%。

由于公路运输的单次运输量较小，相对于铁路和水路运输而言，每吨公里的运输成本较高。相关研究表明，公路运输本是铁路运输成本的 11.1～17.5 倍，是水路运输成本的 27.7～43.6 倍，是管道运输成本的 13.7～21.5 倍，但比航空运输成本低，只有航空运输成本的 6.1%～9.6%。

2. 公路运输的适用对象

公路运输比较适用于内陆地区经济运距内的运输，主要是中短途运输（我国规定 50 公里以内为短途运输，200 公里以内为中途运输）；适用于补充和衔接其他运输方式，即与铁路、水路、航空联运，为其他运输方式进行起点和终点的短途集散运输；适用于批量较小的运输；另外，公路运输还适于在农村及农村与城市之间进行货物运输，可以在远离铁路的区域进行干线运输等。

3. 公路运输的分类

（1）按托运批量大小可分为整车运输（一次托运在3吨及以上的大宗货物）、零担运输（一次托运货物在3吨以下）、集装箱运输和包车运输。

（2）按运送距离可分为长途、中途和短途运输。

（3）按货物的性质可分为普通货物运输与特种货物运输。

（4）按货物运送速度可分为一般货物运输、快件货物运输和特快专运。

（5）按运输的组织特征可分为集装化运输与联合运输。

4. 公路运输的技术装备与设施

（1）公路货运车辆

公路货运车辆按其载运功能可分为载货汽车、牵引车和挂车。

① 载货汽车

载货汽车是指专门用于运送货物的汽车，又称为载重汽车。按载重量不同可分为微型（最大总重量小于等于1.8吨）、轻型（最大总质量大于1.8吨小于等于6吨）、中型（最大总质量大于6吨小于等于14吨）、重型（最大总质量大于14吨）四种，目前我国中型载货汽车数量最多。

按车身形式不同可分为：敞车，顶部敞开，适用于运送各种货物，不受货物形状限制；厢式货车，车厢是全封闭的，货物的安全性能较高，适用于运送贵重物品；自卸汽车，可以自动卸载货物，适用于运送散装货物；专用车辆，仅适用于装运某些特种货物，如罐式汽车、混凝土搅拌车、冷藏车、汽车搬运车等，如图2-35至图2-40所示。

图2-35　敞车

图2-36　厢式货车

图2-37　罐式汽车

图2-38　冷藏车

图 2-39 混凝土搅拌车

图 2-40 汽车搬运车

② 牵引车和挂车

牵引车又称拖车,是专门用来拖挂或牵引挂车的汽车。挂车本身没有发动装置,只能由牵引车或其他汽车牵引行驶。

挂车有全挂车、半挂车、轴式挂车(无车厢)及重载车等类型,如图 2-41 至图 2-44 所示。半挂车与半挂式牵引车一起使用,它的部分重量是由牵引车的底盘承受的。全挂车则由全挂式牵引车或一般汽车牵引。轴式挂车是一种单轴车辆,专用于运送长的、大的货物。重载挂车是大载重量的挂车,专用于运送笨重特大货物,其载重量可达 300 吨。

图 2-41 牵引车

图 2-42 半挂车

图 2-43 全挂车

图 2-44 重载挂车

(2) 公路

① 高速公路。是一种专供汽车快速行驶的道路。高速公路中间有分隔带、双向多车道、全部立体交叉并全部控制出入口。汽车行驶速度每小时在 80 公里以上，中途不允许随意停车。

② 一级公路一般连接于重要的政治、经济中心之间，汽车分道行驶并且部分控制出入，部分立体交叉的公路。

③ 二级公路是连接政治、经济中心或较大工矿区等地的干线公路以及运输任务繁忙的城郊公路。

④ 三级公路是指沟通县及县以上城市的公路。

⑤ 四级公路是指沟通县、乡、村之间的支线公路。

不同等级的公路具有不同的承载能力和收费标准，运行时要根据车辆载重能力和运输成本进行合理选择。

(3) 货运站

货运站的主要功能包括货物的组织与承运、中转货物的保管、货物的交付、货物的装卸，以及运输车辆的临时停放、维修等内容。

5. 合理组织公路货物运输的方法

(1) 多班次运输。指在一昼夜内车辆工作超过一个工作班以上的货运形式。采用多班次运输可以增加车辆工作时间、提高车辆运输效率，还可以有效满足客户的货运需求。例如，实行双班运输，车辆的运输效率比单班可提高 60%～70%，同时提高劳动了生产率，提升了服务质量。

(2) 定时运输。指车辆按运行计划中拟定的行车时刻表进行工作。行车时刻表中规定了汽车从车场开出的时间、每个班次到达和开出装卸站的时间及装卸工作时间等，有利于合理安排运输业务量，同时对运输人员进行有效的监督和管理。

(3) 定点运输。指按发货点相对固定车队，专门完成固定货运任务的运输组织形式。由于车队相对固定，业务及路线相对熟悉，事故率会相应减少，同时有利于划分责任，进行绩效管理。

(4) 直达联运。指以车站、港口和物资供需单位为中心，按照运输的全过程，把产、供、销部门各种运输工具组成一条龙运输，把货物从生产地直接运到消费地。

(5) 零担货物集中运输。零担货物运输，一般指不满一整车的少量货物的运输。这种运输收、发货涉及单位多，地点分散且不固定，货物种类繁杂，批数众多，但批量较小，货流也不稳定。因此，可以将零担货物进行集中运输，既以定线、定站的城市间货运班车将沿线零担货物集中起来进行运输。

(6) 拖挂运输。是利用由牵引车和挂车组成的汽车列车进行运营的一种运输形式。比较常见的搭配是由载货汽车和全挂车两部分组成。通常的列车拖挂运输是指牵引车与挂车不分离，共同完成运行和装卸作业，这种形式称为定挂运输。如果根据不同装卸要求和运行条件，载货汽车或牵引车不固定挂车，而是按照一定的运输计划更换拖带挂车运行，则叫做甩挂运输。实践中会根据货物运输需要进行合理选择。

(二) 铁路运输

铁路运输是现代一种重要的陆地运输方式。它是使用机动车牵引车辆，用以载运旅客和货物，实现人和物的位移的一种运输方式。

1. 铁路运输的技术经济特点

（1）适应性强。依靠现代科学技术，铁路几乎可以在任何需要的地方修建，可以实现全年全天候不停地运营，很少受地理环境和气候条件的限制，几乎不受重量和容积的限制，几乎能承运任何商品，在运输的经常性和可靠性方面占绝对优势。

（2）运输能力大。适用于大批量、低价值货物的长距离运输。一节火车皮的载重量就可达到62～70吨，复线铁路货物运输能力每年单方向可超过1亿吨。

（3）安全程度高。随着先进技术的发展和在铁路运输中的应用，铁路运输的安全程度越来越高。特别是在近年来，一些高新技术的应用有效地防止了列车运行事故的发生，在各种现代化运输方式中，铁路运输的事故率是最低的。

（4）运送速度较高。平均车速在五种运输方式中仅次于航空运输。但是，速度越快，技术要求也越高，能耗也越大，经济上不一定划算。

（5）能耗小。在五种运输方式中其能耗仅大于管道运输，在常规货物运输中占绝对优势。

（6）环境污染程度小。铁路运输对环境和生态平衡的影响程度较小，特别是电气化铁路，这种影响更为减少。

（7）运输成本较低。铁路运输固定资产一次性投资较大，因此固定资产折旧费所占比重较大，但随着运距增长，运量增大，单位成本越低。一般来说，铁路的单位运输成本比公路运输和航空运输要低得多，有的甚至低于内河航运。

2. 铁路运输的主要技术设施

铁路运输的各种技术设施是组织运输的基础，可分为固定设备和活动设备。固定设备主要包括线路、车站、通信信号设备、检修设备、给水设备以及电气化铁路的供电设备等。活动设备主要有机车、客车、货车等。

（1）线路。线路是列车运行的基础设施，由轨道、路基和桥隧等建筑物组成。

（2）机车。机车是牵引和推送车辆运行于铁路线上、本身不能载荷的车辆，根据动力不同主要有蒸汽机车、内燃机车、电力机车。

（3）货车。货车是铁路运输的基本承载工具。传统的货车分为敞车、篷车、平车、罐车和保温车等五大类。

（4）车站。车站是办理货物运输业务，编组和解体列车，组织列车发运、到达、交会、通过等作业的基层单位。

3. 铁路运输的组织方法

（1）整车运输。指根据被运输货物的数量、形状、性质等，选择合适的车辆，以车厢为单位的运输方法。货车的形式有篷车、敞车、平板车、有盖漏斗车、罐车等，其规格尺寸和装载量也各不相同。在实际选用时，要根据运输货物的具体情况安排货车的类型和吨位。

（2）零担运输。零担运输亦可称之为小件货物运输，指待运量少不够一个整车装载量的货物运输方式。与整车运输相比，这种运输方法费用较高。

（3）集装箱运输。集装箱运输指采用集装箱专用列车运输货物。这种运输方法可以充分发挥铁路运输量大、速度快的优点。

(三) 水路运输

水路运输是利用船舶、排筏或其他浮运工具，利用水路运送客货的一种运输方式。由船舶、航道和港口所组成。

1. 水路运输的技术经济特点

（1）运输能力大。船舶沿水道浮动运行，在船舶承载能力允许的范围内，其运输能力几乎不受限制。在海洋运输中，超巨型油船的载重量达55万吨，矿石船载重量达35万吨，集装箱船已达7万吨。

（2）运输成本低。由于船舶的运载量大、运输里程远、单位运行成本低，除管道运输之外，水运是运输成本最低的运输方式。据美国测定，美国沿海运输成本只及铁路的1/8，密西西比河干流的运输成本只有铁路的2/5。

（3）投资小。水上运输利用的是天然航道，投资小，且节省土地资源。据初步测算，开发内河航道每公里投资仅为铁路旧线改造的1/5，或新线建设的1/8。

（4）航行速度较低。船舶体积较大，水流阻力高，所以航速较低。一艘船只的行驶速度只能达到40公里/小时，比铁路和汽车运输慢得多。

（5）航行受气候条件影响较大，如冬季气温低，水面结冰会造成断航，从而造成用户存货积压，成本上升。

（6）直达性差。如果托运人或收货人不在航道上，则必须通过其他运输方式进行转运。

2. 水路运输的方式

（1）国际航运。其经营方式主要有班轮运输和租船运输两大类。

① 班轮运输。又称定期船运输，是指船舶在固定的航线和港口间按事先公布的船期表航行，以从事客货运输业务，按事先公布的费率收取运费。班轮运输具有固定航线、固定港口、固定船期和相对固定的费率的特点。

② 租船运输。又称为不定期运输，没有特定的船期表、航线和港口。船主将船舶出租给租船人使用，以完成特定的货运任务。

国际上使用租船运输方式主要有以下三种。

一是定程租船，又称航次租船，是以航程为基础的租船方式。船方按租船合同规定的船程完成货运任务，并负责船舶经营管理及支付航行费用，租船人按约定支付租金。

二是定期租船，这是由租船人使用一定的期限，并由租船人自行调度与管理，租金按月计算的租船方式。

三是光租船，是定期租船的一种，但船主不提供船员，由于船主不放心把光船给租船人，故此种方式较少使用。

（2）航线营运方式。航线营运方式也称航线形式，即在固定的港口之间，为完成一定的运输任务，配备一定数量的船舶并按一定的程序组织船舶运行活动。在国内的沿海和内河运输中，航线形式是主要的运营形式。它定期发送货物，有利于吸收和组织货源，缩短船舶在港时间，提高运输效率，并为联运创造条件。

（3）航次运营方式。航次运营方式是指船舶的运行没有固定的出发港和目的港，船舶仅为完成某一特定的运输任务按照预先安排的航次计划运行。其特点是机动灵活，在沿海和内河运输中是一种辅助的也是不可缺少的形式。

(4) 多式联运。多式联运是指以集装箱为媒介，把铁路、水路、公路和航空等单一的运输方式有机地结合起来，组成一个连贯的运输系统的运输方式。

（四）航空运输

简称空运，是使用飞机运送客货的运输方式。

1. 航空运输的经济技术特点

（1）航线直、速度快

航空运输不受天然障碍的限制，只要有机场，有航空设施保证，即可根据最短距离开辟航线，与其他运输方式相比，高速度无疑是航空运输最明显的特征。其时速可达到火车的 5～10 倍，海轮的 20～25 倍。

（2）灵活性强

只要有航线，有设施，就可进行航空运输。对于自然灾害的紧急救援，对于各种运输方式不可达到的地方，均可采用飞机空投方式，以满足特殊条件下特殊物流的要求。

（3）安全性高、运输货损小

航空运输平稳、安全，货物在物流中受到的震动、撞击等均小于其他运输方式，运输中的货物损坏程度小，对包装的要求较低。

（4）可达性差

机场一般建设在城市边缘，货物的发送和接收都必须要通过其他运输方式的转运。

（5）受气候条件限制较大

气候不好，能见度低，都会给飞行带来危险，因此航班经常会因为天气情况而延误。

（6）在物流中占的比重小

航空运输与其他运输方式相比运输量少得多。一方面受其运量少的限制，另一方面其运输成本高，一般的货物运输使用航运方式经济上不合算。

2. 航空运输的技术装备与设施

（1）飞机

是航空货物运输的运输工具。

（2）航空港

航空港又称机场，是航线的枢纽，它供执行客货运业务飞机起飞、降落使用，并进行日常保养维修，是航空运输的重要设施。

（3）航线

是指在一定方向上沿着规定的地球表面飞行，连接两个或几个城市进行运输业务的航空交通线。

（五）管道运输

是利用运输管道，通过一定的压力差完成气体、液体和粉状固体运输的一种现代运输方式。

1. 管道运输的特点

管道可以进行不间断的输送，输送连续性强，不存在空驶，运输量大；建设工程比较单一，建设周期短；占用土地少，不受气候影响；运输方便快捷，效率高；运行稳定性强，便于控制；能耗低，成本低。但管道前期建设工程量大，固定费用很高，一旦建成其灵活性很差，承运的货物种类单一，只适用于担负单向、定点、量大的流体状货物运输。

2. 管道运输的形式

管道以所输送的货物进行命名。

（1）原油管道指输送原油的管道。原油管道输送工艺可分加热输送和不加热输送两种。稀质的原油（如中东原油）采用不加热输送，而我国的原油属于易凝高粘原油，则需采用加热输送。

（2）成品油管道是指输送经炼油厂加工提炼出来，可直接供使用的燃料油的管道。

成品油管道是等温输送，不需要沿途加热。成品油管道的特点在于有众多不同的油品，如煤油、汽油、柴油、航空煤油以及各种不同标号的同类油品，要按顺序输送，并要求严格区分，以保证油品质量。

（3）天然气管道是将天然气从开采地或处理厂送到城市配气中心或企业用户的管道。天然气管道与煤气管道的区别在于煤气管道是用煤做原料转化为气体，运输压力比较小，而天然气则由气田中的气井生产，并有较高的压力，可以利用气井的压力长距离输送。

（4）煤浆管道是固体料浆管道的一种。将固体破碎成粉粒状与适量的液体混合配制成浆液，经管道增压进行长距离输送。固体浆液管道除用于输送煤浆外，还用于输送赤铁矿、铝矾土和石灰石等。

步骤四：合理化运输

随着物流需求的变化，物流活动不断发展变化，作为物流最主要功能的运输，其技术水平也必须要提高，它要求根据客户需要更加合理地选择运输工具、运输方式和运输路线，力求做到节省运力、提高速度、降低费用，以实现物流运输合理化，并充分有效地发挥各种运输工具的作用和运输能力。

（一）影响运输合理化因素

影响运输合理化的因素很多，其中起决定性作用的有以下五个方面。

（1）运输距离。这是影响运输合理化的一个最基本因素，在运输过程中，运输距离会间接影响运输时间、运输成本等其他因素。

（2）运输环节。运输环节的增加必然会增加附属支出，适当减少运输环节对合理运输有一定的促进作用。

（3）运输工具。各类运输工具都有其优势和劣势，对运输工具进行优化选择，最大限度地发挥运输工具的优点和作用，是运输合理化的重要环节。

（4）运输时间。指货物从起点运输到终点所耗费的平均时间，运输时间对整个物流时间起着决定性的作用。

（5）运输成本。主要是指运输过程中的各种损耗，在全部物流成本中占很大比重，其水平高低在很大程度上决定着整个物流系统的竞争能力。

（二）不合理运输

不合理运输是在现有条件下应达到的运输水平而实际并未达到，造成了运力浪费、运输时间增加、运输成本过高等问题的运输形式。

目前我国实际的物流运输中，主要存在以下几种不合理运输形式。

1. 与运输方向相关的不合理运输

（1）对流运输

指同类货物或相互可以替代货物，在同一线路或平等线路上作相对方向运送。

（2）倒流运输

货物从销售地或中转地向产地或起运地回流的一种运输。这种运输往返两程都是不必要的，形成了双程的浪费。

（3）交叉运输

两种货物有两对以上的供销关系，在路线安排不合理的情况下，使货物运输路线发生交叉，导致总行驶里程增加的一种运输形式。

2. 与运输距离相关的不合理运输

（1）过远运输

指相同质量、价格的货物舍近求远的运输方式，如采购货物时能从距离较近的产地购进，但却超出货物合理辐射范围，从远距离地区运来，或销售时不由产地就近供应，却调运到较远的消费地的运输现象。过远运输延长了货物运输距离，增加了货物在途时间，导致了运力的浪费和资金的积压，增加了运输费用。

（2）迂回运输

没有按最短路径运行的运输，是舍近取远的一种运输形式。迂回运输有一定复杂性，不能简单处之，只有因计划不完善、地理不熟悉、组织不当而发生的迂回，才属于不合理运输。如果最短距离有交通阻塞、道路情况不好或有对噪声、排气等特殊限制而不能使用时发生的迂回，不能称为不合理运输。

3. 与运输量有关的不合理运输

（1）重复运输

应该直接将货物运到目的地，但是在未达目的地之处，或目的地以外的其他场所将货卸下，再重复装运送达目的地，这是重复运输的一种形式。另一种形式是，同品种货物在同一地点一面运进，同时又向外运出。重复运输的最大毛病是增加了非必要的中间环节，延缓了流通速度，增加了费用，增大了货损。

（2）无效运输

即不必要的运输，装运的货物中无使用价值的杂质含量过多，会造成运力的浪费。包装过度也会造成无效运输。由于收货人不在甚至信息不实，导致无人接收而使得运输无法完成，也是一种无效运输。

4. 与运输管理方式有关的不合理运输

不合理运输最严重的形式就是空车无货载行驶，即空驶，主要是由于运输管理不合理引起的，其形成原因有以下几点。

（1）由于运输计划不准确或沟通不善，造成货源不实，车辆空去空回，形成双程空驶。

（2）没充分利用社会化的运输体系，仅依靠自有车辆送货提货，往往会出现单程重车，单程空驶的不合理运输。

（3）由于运输车辆配备专用性过强，通用性差，只能运输特种货物，无法搭运回程货物，造成单程实车，单程空回等不合理现象。

5. 运输工具选择不当造成的不合理运输

（1）弃水走陆。在同时可以利用水运及陆运时，货运量较大的情况下应当选择水运或水陆联运，充分发挥水运的优势，弃水走陆则会造成不合理运输。

（2）铁路、大型船舶的过近运输。铁路运输和大型船舶的运输优势在于长距离运输时单位成本较低，但如果距离过多，相对应的工具准备时间、装卸时间所占的比重会加大，反而造成成本浪费。

（3）运输工具承载能力选择不当。选择运输工具不根据承运货物的数量的重量，会因超载造成车辆的损坏，或车辆不满载而浪费运力。

6. 托运方式选择不当造成的不合理运输

由于货主没有选择最好的托运方式而造成运力浪费及费用支出增加的一种不合理运输。如应选择整车运输却用了零担方式，应选择直达运输却选择了中转运输等。

（三）运输合理化的有效措施

1. 合理选择运输工具

在特定的自然条件下，结合运输工具的特点，根据不同货物的性质、运输货物的数量选择不同类型、额定吨位及对温度、湿度等有要求的运输车辆，充分发挥运输工具的效能。对一些特殊货物发展特殊运输技术和运输工具，如专用散装车，可以解决粉状货物运输过程中损耗大、安全性差的问题，专用的汽车运输车解决了汽车长途运输的安全性问题。

2. 提高运输工具实载率

合理利用运输工具进行配载运输，增加运输工具的实际载货量。提高运输实载率要借助于合理配载，最大限度地利用运输工具的额定载货能力，充分利用运输工具的装载容积，积极改进运输工具的装载方法，提高技术装载量。如在载货重量允许的范围内进行货物的轻重搭配以满足最大容积，减少运输工具不满载行驶时间，使得货物单位成本降低，实现运输的合理化。针对一些体积大且笨重，形状不是很规则，不易装卸又不易受损的货物可采用解体运输，即将其拆卸，分别包装，再装车，可以缩小所占用的空间位置，达到便于装卸和提高运输装载效率的目标。根据运输工具的尺寸以及不同货物的包装状态、形状，采取有效的堆码技术，提高每个单元的装载量，从而提高运输效率。改进包装技术，实行包装单元化、标准化，对提高运输工具的装载量也有重要意义。

3. 合理选择运输方式

在了解经济活动规律，分析物流需求的基础上，根据运输距离、货物特性等要求合理地选择运输方式，充分发挥各类运输方式的优势。如中短距离、货运量不大的的货物运输可以选择公路运输，而长距离、大批量运输则适合选择铁路、水路等运输方式，对不计成本只求速度的客户可选用航空运输。

4. 发展社会化的运输体系

运输社会化的含义是发展运输的大生产优势，实行专业分工，打破一家一户自成运输体系的状况。目前我国大力建设的物流工业园区正是为了解决这种状况,通过物流工业园区这一平台,将分散的、不成规模的小型运输企业集中起来,发挥各自的优势,追求规模效益。

5. 利用综合运输体系发展多式联运

综合运输体系是由各种运输方式组建起来的、相互协作有机结合的、联系贯通的交通运输体系。

多式联运是充分利用综合运输体系,通过协议的方式,由各运输区段的承运人共同完成货物的全程运输,即将货物的全程运输作为一个完整的单一运输过程来安排。多式联运实行一票到底,简化了运输手续,提高了客户满意度。统一安排运输,简化了中间环节,缩短了货物在途中转时间,提高了运输效率。集装箱方式的采用,减少了货物的装卸次数,减少了货损货差,提高了货运质量。避免了自成体系、各自为政的分散局面,能最大限度地发挥各种运输资源的作用,有利于选择最佳运输路线。通过多式联运,一方面降低了运输成本,提高了物流企业的经济效益,另一方面有益于物流行业的整体发展,提高社会效益。

6. 减少动力投入,增加运输能力

在运输活动中,少投入、多产出,必然能提高经济效益。

运输活动的投入主要是能耗和基础设施的建设,在设施建设已定型和完成的情况下,尽量减少能源投入,是少投入的核心。如在水路运输中,竹、木等物资的运输,利用竹、木本身浮力,不用运输工具载运,采取拖带法运输,可省去运输工具本身的动力消耗从而求得合理。

多产出是指在不增加动力投入的基础上增加运输量。如公路运输中利用汽车挂车进行拖挂运输,铁路运输中在机车能力允许的情况下加挂车皮,水路运输中的拖带行驶,都是在充分利用动力能力的基础上,在不增加投入的基础上加强了运输能力。

7. 合理安排运输线路

运输线路的选择,一般应选择最短路径,在条件允许的情况下尽可能缩短运输时间,或者可借鉴公交运输的特点,安排沿路和循环运输,以提高车辆的容积利用率和车辆的里程利用率,从而达到节省运输费用、节约运力的目的。

8. 发展直达运输

在组织货物运输过程中,尽量减少运输环节,减少货物的中转和换载,进行"门对门"的直达运输。一方面可以节约运输时间,另一方面可以减少换载装卸过程中的货损和货差,在时间和成本方面获得双重效益。需要注意的是,直达运输的合理性也是相对的,如果一次运输批量和客户一次需求量达到了整车时直达运输的优势突出,但如果批量较小,中转才是最合理的。

9. 利用其他物流活动,使运输合理化

利用仓库合理规划可适当减少运输距离,缩短运输时间;实行标准化包装,使包装规格充分适应运输工具的容积,避免运输空间上的浪费;通过流通加工,使运输合理化。有些产品,由于本身形态及特殊问题,会造成运输能力的浪费,如果进行适当的加工,就能够有效解决合理运输的问题。如一些大型木材超长,运输有困难,可提前根据需要加工成木板再组织运输。棉花等一些轻泡产品预先捆紧包装成规定尺寸,装车就能提高装载量。

【岗位实践】

实践目的:使学生对运输行业有整体认识。

实践方式:实地调研。

实践内容:组织学生参观从事运输业务的物流公司。

实践步骤:

(1) 了解运输业务和运输活动流程;

(2) 了解运输活动的组织调度过程;

(3) 了解不同运输方式之间的区别及适用性;

(4) 了解不同运输方式之间的转换程序;

(5) 撰写调研报告。

任务四 仓 储

【知识目标】

1. 明确仓储的含义及其功能;
2. 熟悉仓储的业务范围;
3. 了解仓储的类型;
4. 掌握入库作业、保管作业和出库作业流程。

【能力目标】

1. 能根据不同业务选择合适的仓库;
2. 能初步完成仓储的入库、出库和日常保管作业管理。

【任务描述】

某机械公司是一家以机械制造为主的企业,该企业长期以来一直以满足顾客需求为宗旨。为了保证供货,该公司建立了 500 多个仓库。但是仓库管理成本一直居高不下,每年大约有 1.2 亿元。

公司管理层为此聘请一家专业调查公司进行了详细调查。结果为,以目前情况,如果减少 202 个仓库,则会使仓库管理总成本下降 1 200～1 800 万元,但是由此可能会造成供货紧张,销售收入会下降 18%。

管理层是否应该就此结果来减少仓库数量呢?

【任务分析】

仓储是为生产和流通服务的,是物流系统中不可缺少的重要环节。它是生产过程顺利进行的必要保证,是加快商品流通、节约流通费用的重要手段,为货物顺利进入下一环节做好质量和数量的准备。如果仅仅为了降低成本而减少仓库数量,势必会带来经济上的损失和客户的流失,因此不应简单地从仓库数量上考虑成本问题,要利用仓储的综合管理,提高仓储利用率等方式来降低综合成本。

【任务实施】

步骤一：认知仓储

"仓"指仓库，是存放货物的场所或建筑物；"储"即储存、储备，表示收存以备使用，具有收存、保管、交付使用的意思。因此，仓储是指利用仓库及相关设施设备对货物进行储存和保管。根据《中华人民共和国国家标准物流术语》（GB/T 18354—2006）的定义，储存是指保护、管理、储藏物品，是一种能动的储存形式；保管是对物品进行保存及对其数量、质量进行管理控制的活动。因此，仓储既包括静态的物品储存（静态仓储），也包括动态的物品存取、保管、控制的过程（动态仓储）。

（一）仓储的地位

仓储是伴随着社会产品剩余和产品流通的需要而产生的，是保障商品持续不断地供应市场的重要环节之一，是物流的主要职能，是物流活动的重要支柱，同时也是商品流通不可缺少的环节。它是物流各环节的接合点，如生产与销售之间，批发与零售之间，采购与生产之间，不同运输方式转换之间等，均需要通过仓储来进行衔接。

（二）仓储的性质

（1）不增加产品价值，也不创造使用价值；
（2）是产品生产过程的持续；
（3）具有服务性质；
（4）仓储活动必须发生在仓库等特定的场所；
（5）仓储的对象既可以是生产资料，也可以是生活资料，但必须是实物动产。

（三）仓储的功能

1. 基本功能

基本功能是指为了满足市场的基本储存需求，仓储所具有的基本操作或行为。包括储存、保管、拼装、分类等基础作业。其中，储存和保管是仓储最基础的功能。

（1）储存功能

这是仓储产生的根本原因，是仓储的最基本功能。因为产品有了剩余，需要将剩余产品收存而产生了仓储。在物流过程中，为了满足社会生产和销售的需要，必须保持货物的必要的储存，就形成了仓储。

（2）保管检验功能

货物入库后必须对其进行有效保管，保持适当的温度、湿度等条件，防止货物性质发生变化，保持商品的使用价值。同时，为了保障商品的数量和质量准确无误，分清事故责任，维护各方面的经济利益，还要求必须对商品及有关注意事项进行严格的检验。仓储为组织检验提供了场地和条件。

（3）集散功能

仓储把生产企业生产的产品汇集起来，形成规模，然后根据需要分散发送到不同需求的客户手中，通过仓储的集散功能，衔接产需，均衡运输，提高物流速度，降低物流费用。

（4）商品陈列功能

存放在仓库里的商品，可以提供给购买方进行查看，这也是大多数现货交易的方法，因而仓储具有商品陈列的功能。

2. 增值功能

增值功能的典型表现方式包括，一是提高客户的满意度，二是信息的传递。

（1）客户服务功能

仓储可以为客户代储、代运、代加工、代服务，为顾客的生产、供应、销售等提供货物和信息的支持，以满足客户个性化、多样化要求，以优质服务支持企业的市场形象，从而吸引潜在客户，带来更好的经济效益。

（2）传递货物信息

利用仓储相关资料，如库存水平、库存地点、出入库频次、客户资料、设施空间利用情况等，能够直接反映出货物相关情况，以较低成本为客户提供准确的信息。

3. 社会功能

仓储的社会功能主要从三个方面理解：第一，时间调整功能；第二，价格调整功能；第三，衔接商品流通的功能。

（四）仓储的作用

1. 保障社会生产顺利进行的必要条件

随着社会生产专业化程度的日益加强，劳动生产率逐步提高，绝大多数产品不能及时消费，必然会出现产品剩余，需要通过仓储进行储存，才能避免生产的堵塞。另外，生产所需的原材料也必需有一定的储备，才能满足生产的不间断进行。

2. 调整供求，维持市场稳定

生产和消费往往存在时间的差别。有些商品全年性生产，却季节性消费，如空调、电扇；有些商品季节性生产，却全年性消费，如粮食、瓜果等。仓储的存在可以调节这种生产与消费的时间差别，以保障市场供应，满足消费者的需求。

另外，由于商品的供求不能总保持平衡，供求不平衡会造成价格失衡，需要仓储来调节供求矛盾，当供大于需时价格下降，供小于需时价格上升，需用仓储来调节商品供给，均衡地投放市场，以维持生产和市场的稳定。

3. 维持产品价值，实现物流增值服务

完善的物流管理不仅要做到维持产品价值、降低产品成本，还应该进行增值服务，提高产品销售的收益。

仓储过程可以对商品进行保管、养护，使生产出来的商品在使用前能保持它完好的使用价值。如肥皂不能干裂，服装不能发霉生虫，菜刀不能生锈变形，塑料制品不能老化变色等。

仓储还可以实现产品在物流中的增值。产品的增值主要来源于产品质量的提高、功能的扩展、及时性的时间价值、个性化服务的增值等。其中众多的物流增值服务在仓储环节进行，包括通过仓储内的流通加工实现产品增值；通过仓储的时间控制，使生产和消费节奏同步，实现物流管理的时间效用；通过仓储的商品整合，开展个性化服务等。

4. 衔接流通过程

利用仓储的商品集散功能，将不同生产者生产出来的产品通过仓储进行集结，再分散给不同地区的各类消费者。通过仓储可以进行不同运输工具之间的转换，有效地利用不同的运输工具实现经济运输。商品在储存过程中，还能进行整合、分类、包装、配送等处理，以满足销售的需要。

5. 传递市场信息

仓储货物的数量可以反映市场供需情况。生产者可以根据仓储货物的存量，适时调整生产；流通者可以根据仓储存量，决定订货量；消费者可以根据仓储存量，决定购买量。因而，现代物流管理特别注重仓储信息的收集和反馈，以作为各方决策的参考。

6. 调节物流活动

仓储是物流活动的重要环节，货物在物流过程中有相当一部分时间和功能在仓储之中完成。如进行运输整合和配载、进行分拣和产品组合，为配送做准备、进行流通加工、进行市场供给调整等。仓储成本也是物流成本的重要组成部分，所以，要做好物流管理，必须充分重视对仓储的管理。

7. 提供信用保证

在实物贸易过程中，购买方必须确定货物的数量和品质才能成交。由仓库保管人出具的仓单可以作为实物交易的凭证，为对方购买提供保证。还可作为融资工具，使用仓单进行质押贷款，以盘活资金，这是仓储的发展型业务。

8. 现货交易的场所

进行现货交易时，可在仓库查验商品数量和性能、取样化验，还可以在仓库进行洽谈和转让交割等。仓库具有存储和交易的双重功能。近年来，我国大量发展的仓储式商店，就是仓储交易高度发展、仓储与商业密切结合的结果。

步骤二：选择仓储类型

（一）按仓储经营主体划分

1. 自有仓库仓储

自有仓库是指某些企业建立的仅供本企业使用的仓库，这种仓库的仓储活动一般由企业自行管理。

企业可以依照自身的需要选择仓库地址和修建特殊的基础设施，可以根据货物存储需要进行灵活管理，可以根据企业特点加强仓储管理和控制，长期仓储时成本较低，可以展示企业实力，为企业树立良好形象。

自有仓库有其固有的缺陷：自有仓库固定的容量和成本使得企业的部分资金被长期占用；自有仓库一旦建成，其位置和结构就相对固定，因此也就具有了很大的局限性；自有仓库的修建成本较高。

2. 租赁公共仓库仓储

公共仓库是由国家或某个主管部门修建的，为社会物流服务的一种专业从事仓储经营管理的，独立于其他企业的仓库，这种仓库一般作为公用事业的配套服务设施，具有内部服务的性质，为车站、码头的运行提供配套仓储服务。对于存货人而言，具有营业仓储的性质，不单独订立仓储合同，仓储费包含在运费中，仓储服务关系列在作业合同中。

从财务角度上看，企业不需要资本投资而占用建设资金，无货时不需承担仓库场地空闲的无形损失；可以满足企业在库存高峰时大量额外的库存需求；有专门人员从事保管和进出货物的工作，专业性较强，可以适当减少管理难度；公共仓储的规模经济可以降低货主的仓储成本；使用公共仓储时企业的经营活动更加灵活；便于企业掌握保管和搬运成本。

但当货物流通量大到一定程度时，仓库保管费高于自有仓库；增加了企业的包装成本；增加了企业库存控制的难度；所保管的货物需遵守营业仓库的各种限制。

3. 合同制仓储

合同仓储或称为第三方仓储，是指专门的仓储经营人以其拥有的仓储设施，向社会提供综合性物流服务的仓储行为。包括提供货物仓储服务和提供仓储场地服务，收取仓储费。第三方仓储是现代化物流发展的趋势之一。

合同仓储的意义在于：合同仓储公司能够提供专业、高效、经济和准确的服务，促进专业化仓储服务的发展；合同仓储是生产企业和仓储企业之间建立的伙伴关系；合同仓储公司能为货主提供专门物流服务。

合同仓储的优势：有利于企业有效利用资源；有利于企业扩大市场；有利于企业进行新市场的测试；有利于企业降低运输成本。

合同仓储的缺点：对物流活动失去直接控制；管理不慎容易导致商业机密的泄露。

（二）按仓储对象划分

1. 普通物品仓储

普通物品仓储即不需要特殊保管条件的物品仓储，如普通的生产资料、普通工具和生活用品等，可采用无特殊装备的通用仓库或货场存放。

2. 特殊物品仓储

特殊物品仓储是在保管中有特殊要求和需要满足特殊条件的物品仓储，例如，危险品仓储需用监控并具备一定的防护措施，如调温、防爆、防毒、泄压等装置；冷库仓储需有制冷设备，保持一定温度；粮食仓储要求恒温恒湿；气调仓库用于存放要求控制库内氧气和二氧化碳浓度的物品等。特殊仓储应按物品的物理、化学、生物特性进行仓库建设和实施管理。

（三）按仓储功能划分

1. 储存仓储

储存仓储指货物需要进行较长时间存放的仓储。仓储过程中应特别注重对货物质量保管和维护。

2. 物流中心仓储

物流中心仓储是以物流管理为目的的仓储活动，是从事物流活动的场所和组织，主要面向社会服务。物流功能健全，具有完善的信息网络，辐射范围大；少品种，大批量，存储吞吐能力强；进行物流业务统一经营管理。如天津新港的北方集散地，上海的华东，广州和深圳的华南，成都的西南集散地，中国香港、新加坡的国际物流中心等。

3. 配送中心仓储

配送中心是从事配送活动的场所和组织。配送中心仓储是商品在配送交付消费者之前所进行的短期仓储，是在近客户端进行的在销售或供生产使用前的最后储存，一般在商品的消费经济区间内进行。主要面向特定用户提供服务，配送功能健全，信息网络完善，辐射范围小，适用于多品种小批量货物，以配送为主、存储为辅。如家乐福配送中心、沃尔玛配送中心等。

4. 运输转换仓储

运输转换仓储是为了衔接不同运输方式而进行的仓储。具有大进大出的特点，存期较短，特别注重货物的周转作业效率和周转率。如港口、车站所进行的仓储。

5. 保税仓储

保税仓储是指使用海关核准的保税仓库存放保税货物的仓储行为。保税货物是指不用于国内销售、暂时进境、海关予以缓税的货物。保税仓储要经海关监管。

（四）按仓储物的处理方式划分

1. 保管式仓储

保管式仓储也称为纯仓储，是指以保管物原样不变的方式进行的仓储，即到期保管人以原物交还给存货人。货物在保管过程中除自然损耗外，数量、质量不发生变化。

2. 加工式仓储

加工式仓储是指保管人在仓储期间根据存货人的要求对仓储物的外观、形状、成分构成、尺寸等进行一定加工的仓储方式。如木材的加工仓储，针对造纸厂需要将树木磨成木屑；针对家具厂需要将原木加工成板材或剪切成不同形状的材料；针对木板厂需要将树枝、树杈、碎木屑、掺入其他材料制成复合木板等。

3. 消费式仓储

保管人在保管同时接受保管物的所在权，保管人在保管期间有权对仓储物行使所有权。保管期满后，保管人将相同种类、品种和数量的替代物交还给委托人。即替代物返还所有权转移。此种方式特别适用于保质期较短、市场价格变化较大的商品的长期存放。

步骤三：管理仓储作业

仓储作业流程主要由入库作业、保管作业及出库作业组成。入库作业是根据货物入库计划和供货合同的规定进行的，包括一系列的作业活动，如货物的接运、验收、办理入库手续等。保管作业是货物在整个存储期间，为保持货物的使用价值，仓库需要采取的一系列维护、保养措施，如货物的堆码，盖垫物品的维护、保养，物品的检查、盘点等。出库作业是根据需货方提出的出库计划和要求，为使货物准确、及时、安全地发放出去而进行的一系列作业活动，如备料、复核、装车等。

（一）作业流程

仓储作业流程可分为三个阶段：货物入库阶段、货物保管阶段和货物出库阶段。

1. 货物入库阶段

（1）入库前的准备

① 编制计划。为了更好地组织货物入库，入库前要根据企业的进货计划编制入库计划。进货计划提供了进货时间、品种、规格、数量，仓储部门根据进货计划，结合仓库本身的存

储能力、设备条件、劳动力情况和各种业务操作过程所需要的时间，来确定入库计划。

②组织人力。根据货物到达的时间、地点、数量等，提前做好接运、装卸搬运、检验、堆码等作业的人力安排。

③准备物力。结合接运方式，根据入库货物的种类、数量、包装等情况，确定搬运、检验、计量的方法，配备好所需检验器材、度量衡器和装卸、搬运、堆码必备的工具，以及必要的防护用品用具等。

④安排仓位。按照入库货物的品种、特性、数量、存放时间等，结合货物的堆码要求，核算占用仓位的面积，合理安排仓位。

⑤备足苫垫用品。根据入库货物的性能、存储要求、数量和保管场地的具体条件等，确定入库货物的堆码形式和苫盖、下垫形式，准备好苫垫物料，在入库同时做好下垫及苫盖工作，以确保货物的安全和避免以后重复工作。

(2) 货物接运与卸货

到达仓库的货物一部分是由供应商直接运到仓库交货，其他则要通过铁路、公路、水运和空运等方式转运。经过转运的货物需经过接运才能入库检验。

接运是入库作业的重要环节，主要任务是及时而准确地提取入库货物，接运时要求严格履行手续，以分清责任，防止将一些在运输过程中已经损坏的货物带入仓库，为仓库验收工作创造有利条件。接运方式大致主要有到车站、码头提货，使用专用线接车，仓库自行接货及库内接货。

接运之后，要根据到达货物的数量、性质及包装单元，合理安排卸货站台的空间，合理组织人力及装卸搬运设备进行卸货。

(3) 分类及标示

为保证仓储作业准确而迅速进行，方便保管员对货物的管理，在入库作业时必须对货物进行清楚有效的分类和编号，可以按货物的性质、存储地点、仓库分区等情况对货物进行分类及编号，并在显著位置进行标示。

(4) 核对进货信息

到货货物通常需具备下列单据或相关信息：采购订单、采购进货通知单、供应商出具的提货单、发票及发货明细表等，有些货物还随货附有质量检验证书、材质证明书、合格证、装箱单等。入库前需检查相关资料是否齐全，并根据资料内容核对货物与单据反映的信息是否相符。如发现不符或出现差错应及时填写记录，由送货人员签字证明，以便区分责任。

(5) 验收

货物验收是按验收业务流程，对入库货物进行数量和质量检验的经济技术活动的总称。数量验收需将有关单据和进货信息等凭证的数量信息与实际清点的到货数量进行核对，确保入库货物数量准确无误。质量验收需根据合同要求的标准，通过目测或借助检验仪器对货物质量和包装情况进行检查，验收无误后填写验收单据和其他验收凭证等验收记录。对查出的问题及时进行处理，以保证入库货物在数量及质量方面的准确性，避免给企业造成损失。

(6) 办理入库手续

货物验收后，由保管人或收货人根据验收结果，在货物入库单上签收。同时将货物存放的库房、货位编号在入库单上标明，以备记账、查货和发货。经过复核签收的多联入库单,本单位留存需按管理要求进行传递,其中一联交给货主作为存货的凭证,具体手续包括登账、立卡、建档。

① 登账。即根据货物入库单和验收单等凭证建立货物明细账目,账目要按照入库货物的类别、品名、规格、批次、单价、金额等,合理设置账页,分别立账,还要标明货物存入的具体位置。

② 立卡。即填制货物的货位卡片。货位卡由负责该种货物保管的人员填制,标明货物的入库时间及数量等信息,挂放位置要明显、牢固,便于货物进出时及时核对和记录,以区分责任。

③ 建档。将货物入库全过程的有关资料、证明进行整理、核对,建立资料档案,为货物规范管理和查阅创造良好条件。

2. 货物保管阶段

货物进入仓库,需要安全、经济地保持货物原有的质量水平和使用价值,防止由于保管措施不当引起货损和变质,或出现短少损失等现象,具体步骤有以下几点。

(1) 堆码。仓库一般实行按区分类的库位管理制度,因而仓库管理员应当按照货物存储特性和入库单上指定的货区和库位进行堆码,既要充分利用仓库的空间,又能满足货物保管的要求。第一,要尽量采用立体存储的方式以充分利用库位空间。第二,堆码货物与仓库通道之间、货垛之间要保持适当的距离,以保障装卸搬运的作业空间,提高货物装卸的效率。第三,要根据货物的收发批量、包装外形、性质和盘点方法的要求,采取不同的堆码形式,危险品和其他货物、性质相互抵触的货物应该分开堆码,不得混放,避免相互影响造成货损。第四,货物货位保持相对固定,以方便保管员进行作业和管理。

(2) 养护。为了保持货物的质量,维持货物的使用价值,仓库管理员应当经常或定期对仓储货物进行检查和养护,对易变质或存储环境要求比较特殊的货物,应当有计划地安排检查和养护。通过检查可以及时发现存在和潜在的问题,及时处理存在的问题,找出潜在问题的成因,预防问题的实际发生。在仓储管理过程中,根据货物需要保持适当的温度、湿度,采取适当防护措施,预防破损、腐烂或失窃等,确保存储货物的安全。

(3) 盘点。为了保证数量的准确性,仓储保管中应当对货物进行定期或不定期盘点。一般货物可采用定期盘点,一般每月一次,货物量大的可适当减少盘点次数,对于价值较高的贵重货物和易变质的货物,盘点的次数越多越好。盘点时应当做好盘点记录,并与仓库相关账目进行核对,盘点时要求主管和相关账目管理人员到场监督并签字证明。对盘点中查明的问题,应当尽快查出原因,及时处理,防止损失扩大。

3. 货物出库阶段

(1) 核对出库凭证。业务受理人员首先认真审核出库凭证的日期、印签是否齐全相符,有无涂改痕迹,以确保凭证的真实性。确认无误之后,将出库凭证所列的货物品名、规格、数量与仓库明细账全面核对。审核无误后,在明细账上注明出库数量,将出库凭证移交仓库保管员。保管员复核无误后,即可做好货物出库前的准备工作,包括随货出库的货物技术证件、合格证、使用说明书、质量检验证书等相关资料。

(2) 配货出库。仓库接到提货通知时,应及时进行备货工作,以保证提货人可以按时完整提取货物。仓库保管员根据出库凭证上的品名、规格,从明细账上查找货物的保管位置,核对货位卡的规格、批次和数量,规定有发货批次的,按规定批次发货。未规定批次的,按先进先出等原则,确定应发货的具体货位,进行配货,准备出库。

(3) 复核。货物准备好后,为了避免和防止备货过程中可能出现的差错,应再进行一次全面的复核查对,仔细核对数量、品名、规格。

(4) 交接出库。经过反复核对无误后,可办理出库交接手续。如果是客户自提,应将货物向提货人当面点清。如果是代运方式送货上门,则应与运输人员点清交接,并由接收人签章,以分清责任。

(5) 销账存档。

点交清楚、出库发运之后,该货物的仓库保管业务即告结束,仓库保管员应做好后期清理工作,及时注销账目、货位卡,调整货位卡的数量,注明出库日期,以保持货物的账、卡、物三相符。将已空出的货位标注在货位图上,及时、准确地反映货物进出、存取的动态。

(二) 作业要求

在仓储作业中,符合一定要求对货物进行管理,可以提高作业绩效,方便运作,利于合理库存。基本要求有以下几点。

(1) 货物标记面向通道。为使货物容易识别,整理货物和方便出入库,码放货物时其关键信息和标记应面向通道位置摆放。

(2) 发出货物先进先出。由于商品的多样化、个性化发展变化和保质期要求,一般应根据货物入库时间决定发货次序,遵循先进先出原则。

(3) 同类货物统一货位。相同或类似的货物存放在相同或相近的位置,以便于分拣和整理,提高物流效率。

(4) 周转频率与货位对应。根据货物出入库频率来确定存入位置,进出频繁的货物应放在靠近仓库门口的位置,流动性差的货物放在离门口稍远的位置,季节性货物按季节要求选择位置放置,以便于货物的搬运。

(5) 重下轻上高度适中。较重的货物放置在地上或货架的底层,较轻的放置在货架的上层,以便于搬运,减少货损。

(6) 货物分层堆放保管。在货物承重能力范围内,应尽量向高处码放,以有效利用仓库容积,或结合配备货架等设备,以提高仓库利用效率。

步骤四:合理化仓储

(一) 合理进行仓储规划设计

1. 选择合理仓储方式

企业要实现仓储功能,可以选择自建仓库仓储、租赁公共仓库仓储或合同制仓储。不同方式具有不同的优势和劣势,企业必须配合自身实际业务量、结合货物特征和市场需求等因素,以经济、高效为原则,进行合理选择。

2. 合理确定仓储数量和规模

根据企业的规模大小、产品种类和特性、货物的存储量、货物的周转速度等,同时需要综合考虑物流系统中各项成本的影响，考虑仓库目前需要和长远规划，合理确定仓储数量及规模，以降低综合物流成本。

3. 选择合适的仓库地址

仓库的选址对货物流转速度和物流成本会产生直接的影响，并关系到企业对物流客户的服务质量，最终影响企业销售量及利润。一般来说，客户或原料商密集分布、交通与装运条件方便、地理条件适宜的地方，是合适的仓库地址。此外，选择库址时还应该考虑建造成本、距离成本和发展需要，尽可能节约投资，并留有仓库扩展所需的空间。

4. 合理建设库区

要根据库区场地条件、库区的业务性质和规模、储存货物的特征，以及仓储技术条件等因素，综合考虑仓库目前需要和长远规划，对仓库的主要建筑物、辅助建筑物、构筑物、货场、站台等固定设施进行合理配置和建设，最大限度地提高仓库储存能力和作业能力。库区建设要符合仓库作业的需要，有利于组织仓储作业活动，方便货物的入库、保管和出库。要便于安装和使用仓库设施和机械设备。要保证仓库安全，安全设施应符合安全保卫和消防工作的要求。

5. 合理进行库区布局，有效利用仓容

根据货物周转量、货物的特性、货物的周转速度等合理安排货位，尽量提高货物储存密度，以减少储存设施的投资，提高单位储存面（容）积的利用率，从而降低仓储成本。

（1）合理安排货位

根据货物不同特性安排货位，将流动性快、出入库频率高的货物放置在离拣货区较近的位置，将配套货物的货位尽量安排在一起，大件重货尽量安排在较低的货位。

（2）库内布置精细化

通道宽度要合理，在满足需求的前提下，尽可能缩小库内通道宽度以增加储存有效面积。通道长度要适中。通道数量要合理，在够用的基础上尽量减少库内通道数量以增加储存有效面积。按货物移动最小原则划分区域，减少仓库内的搬运成本。

（3）增加储存的高度

在符合货物堆码要求和地面承重需要的前提下，采用高垛的方法，尽量增加储存的高度，以充分利用仓库空间，保证在有限的区域内放置最多的货物。还可以通过增加货架等设备来增加存储的空间利用率。

（二）合理组织仓储作业活动

1. 作业流程的组织

合理整合和安排仓储入库、检验、出库等作业流程，在保障作业顺畅的前提下尽量简化程序，实现高质、高效作业。

2. 作业对象的组织

（1）对被储存货物进行 ABC 分类分析，实施重点管理

ABC 分类分析是实施储存合理化的基础分析，在此基础上可以进一步解决各类货物的储存结构、储存数量、有效管理、技术措施等合理化问题。在 ABC 分类分析基础上实施重点管理，分别确定各种货物的合理库存储备数量及保管方法。

(2) 对被储存物进行适度集中，实现规模经济

实践表明，规模越大单位成本越低，为实现储存规模优势，可将分散的小规模储存适度集中储存。集中储存需面对两个制约因素，储存费和运输费，这两项费用之间存在着效益悖反。储存过于分散，每处储存供应的对象有限，相互调剂时会增加运输费用，为了减少调剂次数就需分别确定库存量，库存量增加又会增加储存费用。集中储存易于相互调剂，储存总量可大大低于分散储存的总量，降低储存费。但过于集中储存会造成储存地点与用户之间距离拉长，虽降低了储存总量，但运输距离拉长加大了运输费支出，在途时间长，又迫使周转储备增加。所以，适度集中是要在这两方面平衡以取得最优集中程度。

3. 作业空间组织

合理安排仓储作业路线，保证货物运动路线最短并防止重复搬运、迂回运输。根据货物特性和承重要求，合理安排货物高度，配备仓储设施，实现空间利用率最大化。

4. 作业时间组织

合理安排各个环节的作业时间，尽量减少或消除停顿、等待的时间，以加速周转，实现仓储时间合理化。

仓储合理化的一个重要方面是将静态储存变为动态储存，动态仓储会带来一系列好处，如资金周转快、资本效益高、货损小、仓库吞吐能力增加、成本下降等。具体做法如采用单元集装存储、建立快递分拣系统都有利于实现快进快出，集进集出，加快周转速度。

采用有效的"先进先出"方式，也有利于保证被储存物的储存期不至于过长，从而减少总周转时间。有效的先进先出方式主要有以下三种。

(1) 重力式货架系统

重力式货架的每层均形成一个贯通的通道，从一端存入货物，另一端取出货物，货物在通道中自行按先后顺序排队，不会出现越位现象，有效地保证先进先出。

(2) "双仓法"储存

为每种储存物准备两个货位，轮换进行存取，加上一些配套的管理规定，则可在一定程度上保证实现"先进先出"。

(3) 计算机存取系统

采用计算机管理，在储存时将时间输入计算机，编一个简单地按时间顺序输出的程序，取货时计算机就能按时间给予指示，以保证"先进先出"。这种计算机存取系统还能将储存期和快进快出结合起来，即在保证一定先进先出前提下，将周转快的货物随机存放在便于出入之处，以加快周转速度，提高仓储效率。

(三) 合理利用现代化仓储设备和技术

1. 采用有效的储存定位系统

储存定位是指确定被储存货物的位置，充分利用定位系统，能在很大程度上节约查找、存入、取出的时间，节约劳动量，而且能防止差错，便于清点及实行订货点等管理方式。储存定位系统可采用先进的计算机管理方式，也可采取一般人工管理方式。

(1) "四号定位"方式

"四号定位"方式是用一组四位数位来确定存取位置的定位方法。"四号"是库房号、

货架号、层次号和货位号，提货时按四位数字的指示，很容易将货物拣选出来。这种定位方式是手工管理中采用的科学方法，但需事先对仓库存货区做出规划，才能有利于提高速度，减少差错。

（2）电子计算机定位系统

利用计算机储存容量大、检索迅速的优势，入库时，将存储货位输入计算机，出库时向计算机发出指令，并按计算机的指示人工或自动寻址，找到存储货位，拣选取货。一般采取自由货位方式，即计算机指示入库货物存放在就近易于存取之处，或根据入库货物的存入时间和特点，指示合适的货位，取货时可就近就便。这种方式可以充分利用每个货位，不需专位待货，有利于提高仓库的储存能力。

2．采用有效的监测清点方式

对储存货物数量和质量的监测，不但是掌握基本情况的必要条件，也是合理控制库存的必要条件。监测清点的有效方式主要有 3 种。

（1）"五五化"堆码

这是我国手工管理中采用的一种科学方法。储存货物堆垛时，以"五"为基本计数单位，堆成总量为"五"的倍数的垛形，如梅花五、重叠五等。堆码后，有经验者可过目成数，大大加快了人工清点速度，并能减少差错。

（2）光电识别系统

在货位上设置光电识别装置，对被储存物扫描，并将准确数目自动显示出来。这种方式不需要人工清点就能准确掌握库存的实有数量。

（3）电子计算机监控系统

用计算机指示存取，可以防止人工存取时易于出现的差错。如果在被储存物上采用条码技术，使识别计数和计算机联线，每存、取一件货物时，识别装置自动将条码识别并将其输入计算机，计算机会自动做出存取记录。只需通过计算机查询，就可了解所存货物的准确情况。

3．采用现代储存保养技术

（1）气幕隔潮

在潮湿地区或雨季，可适当采用气幕隔潮技术，在库门上方安装鼓风设施，在门口处形成一道气流，由于这道气流有较高压力和流速，在门口会形成一道气墙，可以有效阻止库内外空气交换，防止湿气侵入。

（2）气调储存

气调储存是指调节和改变储存环境的空气成分，抑制被储存货物的化学变化和生物变化，抑制害虫生存及微生物活动，从而保持被储存物质量。气调方法对有自身具有新陈代谢作用的水果、蔬菜、粮食等货物的长期保质、保鲜储存是很有效的。

（3）塑胶薄膜封闭

塑胶薄膜虽不能完全隔绝气体，但能隔水隔潮，用塑胶薄膜封垛、封袋、封箱，可阻缓内外空气交换，完全隔绝水分，从而有效地造就封闭、稳定的小环境。如在某些药品的仓储过程中，在药品集装单元外用塑料薄膜进行封闭，可以在一定程度上稳定药性。

4．采用集装技术

利用集装技术，将散货或小件货物装入集装箱、集装袋、托盘等形成储存单元。如采用集装箱后,本身便可作为一栋仓库,不再需要传统意义的库房,在物流过程中,也省去了入库、验收、清点、堆垛、保管、出库等一系列作业,因而对改变传统仓储作业有很重要的意义,是仓储合理化的一种有效方式。

5. 采用虚拟仓库和虚拟库存

在网络经济时代,利用信息技术和网络技术实现虚拟库存,可以防止实际库存带来的一切弊端,以更经济、有效的方式实现仓储的各项功能,优化整个物流系统。

【岗位实践】

实践目的:掌握仓储作业基本业务流程。

实践方式:仓储型物流企业参观。

实践内容:

(1) 仓储型物流企业的业务内容;
(2) 仓储型物流企业各种单证的种类及其填写方法。

实践步骤:

(1) 了解仓库的基本布局,画出仓区平面图;
(2) 熟悉仓储物品的入库、出库作业流程;
(3) 掌握物品在托盘上合理码放方法;
(4) 学会盘点货物并编制盘点表;
(5) 撰写实训报告。

任务五　流通加工

【知识目标】

1. 明确流通加工的含义;
2. 熟悉流通加工的特点和作用;
3. 掌握流通加工的形式和内容。

【能力目标】

1. 能正确区分流通加工和生产加工;
2. 能正确区分流通加工的形式;
3. 能对流通加工进行基本管理。

【任务描述】

我国目前的消费品市场大都属于买方市场,因此我们经常见到商场以打折和降价来吸引顾客,产生这种现象的原因主要是由于生产的产品不能适销对路,不能满足顾客的个性化要求,因此造成库存积压,最后只能以降价来处理。

我们的生产企业是否有更好的解决办法呢?

【任务分析】

流通加工是为了提高物流速度和物品利用率,降低生产及物流成本,在物品进入流通领域后,按客户的要求进行的加工活动,既是流通中的一种特殊形式,也是现代物流系统的重要组成部分。在物流过程中主要担负的任务是:提高物流系统对于用户的服务水平,同时提高物流效率和实现物流活动的增值。

【任务实施】

步骤一：认知流通加工

流通加工是指物品在从生产地到使用地的过程中，根据需要施加包装、分割、计量、分拣、刷标志、拴标签、组装等作业的总称。即商品从生产者向消费者流通的过程中，为了增加附加值、满足客户需求、促进销售而对商品进行的一定程度的加工作业。

流通加工是产品从生产到消费之间的一种增值活动，属于一种产品的初加工，是社会化分工、专业化生产的一种形式，是使物流的大小、形状、数量等发生变化的物流方式。

（一）流通加工发展的原因

1. 流通加工是社会化分工的产物

2. 流通加工创造附加价值，提供个性化服务

流通加工在生产者和消费者之间，起着承上启下的作用。它是把分散的用户需求集中起来，使零星的作业集约化，作为广大终端用户的汇集点发挥作用。生产者几乎无法直接满足用户的要求，也达不到服务标准，只有利用流通加工业来弥补。

3. 流通加工可节约材料，降低社会物流成本

流通加工可以实现"物尽其用"，节约大量原材料；大量运输合理分散；实现物流的合理流向；物流网络的最佳配置；避免了不合理的重复、交叉、迂回运输，大幅度节约运输、装卸搬运和保管等费用，降低物流总成本。

（二）流通加工与生产加工的差别

流通加工和一般生产加工相比较，在加工方法、加工组织、生产管理方面无显著区别，但在加工对象、加工程度方面差别较大。其差别主要体现在以下几方面。

1. 加工对象不同

流通加工的对象是进入流通过程的商品，具有商品的属性。而生产加工对象是原材料、零配件及半成品等，不是最终产品。

2. 加工程度不同

流通加工大多是简单加工，主要是解包分包、裁剪分割、组配集合、刷标贴签等，是生产加工的一种辅助及补充。而生产加工一般是复杂加工。

3. 加工目的不同

流通加工的目的主要是为了方便流通和方便消费，充分满足客户需求。而生产加工的目的在于创造货物的使用价值，使它们能成为人们所需要的商品。

4. 加工的组织者不同

流通加工的组织者是从事流通工作的人员，由流通或物流企业完成。而生产加工处在生产领域，由生产企业完成。

5. 价值观点不同

从价值观点看，生产加工目的在于创造价值及使用价值。而流通加工则在于完善其使用价值并在不做大改变情况下提高价值，更好地满足客户的多样化需要，降低物流成本，提高物流质量和效率。

（三）流通加工的作用

1. 提高原材料的利用率

利用流通加工环节进行集中下料，是将生产厂直接运来的简单规格产品，按使用部门的要求进行下料。例如，将钢板进行剪板、切裁；钢筋或圆钢裁制成毛坯；木材加工成各种长度及大小的板、方等。集中下料可以优材优用、小材大用、合理套裁，有很好的技术经济效果。

2. 进行初级加工，方便用户

用量小或临时需要的使用单位，缺乏进行高效率初级加工的能力，依靠流通加工可使使用单位省去进行初级加工的投资、设备及人力，从而搞活供应，方便了用户。

3. 提高加工效率和设备利用率

由于建立集中加工点，可以采用效率高、技术先进、加工量大的专门机具和设备。这样做的好处是提高了加工质量，提高了设备利用率，提高了加工效率，其结果是降低了加工费用及原材料成本。

4. 充分发挥各种输送手段的最高效率

流通加工环节将实物的流通分成两个阶段。一般来说，由于流通加工环节设置在消费地，因此，从生产厂到流通加工这一阶段输送距离长，而从流通加工到消费环节的第二阶段距离短。第一阶段是在数量有限的生产厂与流通加工点之间进行定点、直达、大批量的远距离输送，因此可以采用船舶、火车等大批量的运输手段。第二阶段则是利用汽车和其他小型车辆来运送经过流通加工后的多规格、小批量、多用户的产品。这样可以充分发挥各种运输手段的最高利用效率，加快输送速度、节省运力运费。

5. 减少损失，降低成本

通过流通加工，可以使物流过程减少损失、加快速度，因而能降低整个物流系统的成本。还可以提高物流对象的附加价值，着眼于满足用户的需要来提高服务功能，使物流系统可能成为新的"利润中心"。

步骤二：确定流通加工的形式和内容

（一）流通加工的形式

1. 为适应多样化需要的流通加工

生产部门为了实现高效率、大批量的生产，其产品往往不能完全满足用户的要求。这样，为了满足用户对产品多样化的需要，同时又要保证高效率的大生产，可将生产出来的单一化、标准化的产品进行多样化的改制加工。例如，对钢材卷板的舒展、剪切加工；平板玻璃按需要规格的开片加工；木材改制成枕木、板材、方材等加工。

2. 为方便消费、省力的流通加工

根据下游生产的需要将商品加工成生产直接可用的状态。例如，根据需要将钢材定尺、定型，按要求下料；将木材制成可直接投入使用的各种型材；将水泥制成混凝土拌合料，使用时只需稍加搅拌即可使用等。

3. 为保护产品所进行的流通加工

在物流过程中，为了保护商品的使用价值，延长商品在生产和使用期间的寿命，防止商品在运输、储存、装卸搬运、包装等过程中遭受损失，可以采取稳固、改装、保鲜、冷冻、涂油等方式。例如，水产品、肉类、蛋类的保鲜、保质的冷冻加工、防腐加工等；丝、麻、棉织品的防虫、防霉加工等。还有，为防止金属材料的锈蚀而进行的喷漆、涂防锈油等措施，运用手工、机械或化学方法除锈；木材的防腐朽、防干裂加工；煤炭的防高温自燃加工；水泥的防潮、防湿加工等。

4. 为弥补生产领域加工不足的流通加工

由于受到各种因素的限制，许多产品在生产领域的加工只能到一定程度，而不能完全实现终极的加工。例如，木材如果在产地完成成材加工或制成木制品的话，就会给运输带来极大的困难，所以，在生产领域只能加工到圆木、板、方材这个程度，进一步的下料、切裁、处理等加工则由流通加工完成。钢铁厂大规模的生产只能按规格生产，以使产品有较强的通用性，从而使生产能有较高的效率，取得较好的效益。

5. 为促进销售的流通加工

流通加工也可以起到促进销售的作用。例如，将过大包装或散装物分装成适合依次销售的小包装的分装加工；将以保护商品为主的运输包装改换成以促进销售为主的销售包装，以起到吸引消费者、促进销售的作用；将蔬菜、肉类洗净切块以满足消费者要求等。

6. 为提高加工效率的流通加工

许多生产企业的初级加工由于数量有限，加工效率不高。而流通加工以集中加工的形式，解决了单个企业加工效率不高的弊病。它以一家流通加工企业的集中加工代替了若干家生产企业的初级加工，促使生产水平有一定的提高。

7. 为提高物流效率、降低损失的流通加工

有些商品本身的形态使之难以进行物流操作，而且商品在运输、装卸搬运过程中极易受损，因此需要进行适当的流通加工加以弥补，从而使物流各环节易于操作，提高物流效率，降低物流损失。例如，造纸用的木材磨成木屑的流通加工，可以极大提高运输工具的装载效率；自行车在消费地区的装配加工可以提高运输效率，降低损失；石油气的液化加工，使很难输送的气态物转变为容易输送的液态物，也可以提高物流效率。

8. 为衔接不同运输方式的流通加工

在干线运输和支线运输的结点设置流通加工环节，可以有效解决大批量、低成本、长距离的干线运输与多品种、少批量、多批次的末端运输和集货运输之间的衔接问题。在流通加工点与大生产企业间形成大批量、定点运输的渠道，以流通加工中心为核心，组织对多个用户的配送，也可以在流通加工点将运输包装转换为销售包装，从而有效衔接不同目的的运输方式。例如，散装水泥中转仓库把散装水泥装袋、将大规模散装水泥

转化为小规模散装水泥的流通加工，就衔接了水泥厂大批量运输和工地小批量装运的需要。

9. 生产——流通一体化的流通加工

依靠生产企业和流通企业的联合，或者生产企业涉足流通，或者流通企业涉足生产，形成的对生产与流通加工进行合理分工、合理规划、合理组织，统筹进行生产与流通加工的安排，这就是生产—流通一体化的流通加工形式。这种形式可以促成产品结构及产业结构的调整，充分发挥企业集团的经济技术优势，是目前流通加工领域的新形式。

10. 为实施配送进行的流通加工

这种流通加工形式是配送中心为了实现配送活动，满足客户的需要而对物资进行的加工。例如，混凝土搅拌车可以根据客户的要求，把沙子、水泥、石子、水等各种不同材料按比例要求装入可旋转的罐中。在配送路途中，汽车边行驶边搅拌，到达施工现场后，混凝土已经均匀搅拌好，可以直接投入使用。

（二）流通加工的内容

流通加工的内容有装袋、定量化小包装、拴牌子、贴标签、配货、挑选、混装、刷标记等。流通加工不仅能够提高物流系统效率，而且对于标准化的建设、销售效率的提高、商品价值的改进也越来越重要。

按照加工对象，流通加工又分为以下几种。

1. 食品的流通加工

流通加工最多的是食品行业。食品的流通加工的类型和种类很多。

为了便于保存，提高流通效率，食品的流通加工是不可缺少的，如鱼和肉类的冷冻、蛋品加工、生鲜食品的原包装、大米的自动包装、牛奶的灭菌等。

超市里的货柜就可以看到，那里摆放的各类洗净的蔬菜、水果、各种分割肉类、各处包装的粮食、副食等都是流通加工的结果。这些商品的分类、清洗、贴商标和条形码、包装、装袋等都是通过加工作业完成的，这些加工是脱离了生产领域，进入了流通领域后进行的，因此属于流通加工的范畴。食品流通加工的具体项目主要有如下几类。

（1）冷冻加工

为了保鲜而进行的流通加工。为了解决鲜肉、鲜鱼在流通中保鲜及装卸搬运的问题，采取低温冻结方式的加工。这种方式也用于某些液体商品、药品等。

（2）分选加工

为了提高物流效率而进行的对蔬菜和水果的加工，如去除多余的根叶等。农副产品规格、质量离散情况较大，为获得一定规格的产品，采取人工或机械分选的方式加工称为分选加工。这种方式广泛用于果类、瓜类、谷物、棉毛原料等。

（3）精制加工

农、牧、副、渔等产品的精制加工是在产地或销售地设置加工点，去除无用部分，甚至可以进行切分、洗净、分装等加工，可以分类销售。这种加工不但大大方便了购买者，而且还可以对加工过程中的淘汰物进行综合利用。例如，鱼类的精制加工所剔除的内脏可以制成某些药物或用作饲料，鱼鳞可以制高级黏合剂，头尾可以制鱼粉等；蔬菜的加工剩余物可以制饲料、肥料等。

（4）分装加工

许多生鲜食品零售起点较小，而为了保证高效输送出厂，包装一般比较大，也有一些是采用集装运输方式运达销售地区。这样为了便于销售，在销售地区按所要求的零售起点进行新的包装，即大包装改小包装，散装改小包装，运输包装改销售包装，以满足消费者对不同包装规格的需求，从而达到促销的目的。

此外，半成品加工、快餐食品加工也成为流通加工的组成部分。这种加工形式，节约了运输等物流成本，保护了商品质量，增加了商品的附加价值。如葡萄酒是液体，从产地批量地将原液运至消费地配制、装瓶、贴商标，包装后出售，既可以节约运费，又安全保险，以较低的成本，卖出较高的价格，附加值大幅度增加。

2. 日用品的流通加工

日用品的流通加工是以服务客户、促进销售为目的，如衣料品的标志和商标印记、粘贴标签、家具的组装等。

3. 生产资料的流通加工

典型的生产资料流通加工有以下几种。

（1）钢材的流通加工

各种钢材（钢板、型钢、线材等）的长度、规格有时不完全适用于客户，如热轧厚钢板等板材最大交货长度可达 7～12 米，有的是成卷交货，对于使用钢板的用户来说，如果采用单独剪板、下料方式，设备闲置时间长、人员浪费大、不容易采用先进方法，那么采用集中剪板、集中下料方式，可以避免单独剪板、下料的一些弊病，提高材料利用率。

剪板加工是在固定地点设置剪板机进行下料加工或设置种种切割设备将大规格钢板裁小，或切裁成毛坯，降低销售起点，便利用户。

钢板剪板及下料的流通加工，可以选择加工方式，加工后钢材的晶体组织很少发生变化，可保证原来的交货状态，有利于进行高质量加工。加工精度高，可以减少废料、边角料，减少再进行机加工的切削量，既提高了再加工效率，又有利于减少消耗。由于集中加工可保证批量及生产的连续性，可以专门研究此项技术并采用先进设备，从而大幅度提高效率和降低成本。使用户能简化生产环节，提高生产水平。

和钢板的流通加工类似，还有薄板的切断，型钢的熔断，厚钢板的切割，线材切断等集中下料，线材冷拉加工等。为此，国外有专门进行钢材流通加工的钢材流通中心，不仅从事钢材的保管，而且进行大规模的设备投资，使其具备流通加工的能力。中国物资储运企业 20 世纪 80 年代便开始了这项流通加工业务。中国储运股份有限公司近年与日本合作建立了钢材流通加工中心，利用现代剪裁设备从事钢板剪板和其他钢材的下料加工即钢板剪切流通加工。

如汽车、冰箱、冰柜、洗衣机等的生产制造企业每天需要大量的钢板，除了大型汽车制造企业外，一般规模的生产企业如若自己单独剪切，难以解决因用料高峰和低谷的差异引起的设备忙闲不均和人员浪费问题。如果委托专业钢板剪切加工企业，可以解决这个矛盾。专业钢板剪切加工企业能够利用专业剪切设备，按照用户设计的规格尺寸和形状进行套裁加工，精度高、速度快、废料少、成本低。专业钢板剪切加工企业在国外数量很多，大部分由流通企业经营。这种流通加工企业不仅提供剪切加工服务和配送服务，还出售加工原材料和加工后的成品。

（2）木材的流通加工

木材流通加工可依据木材种类、地点等，决定加工方式。在木材产区可对原木进行流通加工，使之成为容易装载、易于运输的形状。

① 磨制木屑、压缩输送

这是一种为了实现流通的加工。木材是容重轻的物资，在运输时占有相当大的容积，往往使车船满装但不能满载。同时，装车、捆扎也比较困难。从林区外送的原木中有相当一部分是造纸材，木屑可以制成便于运输的形状，以供进一步加工，这样可以提高原木利用率、出材率，也可以提高运输效率，具有相当客观的经济效益。例如，美国采取在林木生产地就地将原木磨成木屑，然后压缩使之成为容重较大、容易装运的形状，而后运至靠近消费地的造纸厂，取得了较好的效果。根据美国的经验，采取这种办法比直接运送原木节约一半的运费。

② 集中开木下料

在流通加工点将原木锯截成各种规格锯材，同时将碎木、碎屑集中加工成各种规格板，甚至还可进行打眼、凿孔等初级加工。过去用户直接使用原木，不但加工复杂、加工场地大、加工设备多，更严重的是资源浪费严重，木材平均利用率不到50%，平均出材率不到40%。实行集中下料、按用户要求供应规格料，可以使原木利用率提高到95%，出材率提高到72%左右，有相当好的经济效果。

（3）煤炭的流通加工

煤炭流通加工有多种形式，包括除矸加工、煤浆加工、配煤加工等。

① 除矸加工

是以提高煤炭纯度为目的的加工形式。一般煤炭中混入的矸石有一定发热量，混入一些矸石是允许的，也是较经济的。但是，有时则不允许煤炭中混入矸石，在运力十分紧张的地区要求充分利用运力、降低成本，多运"纯物质"，少运矸石。在这种情况下，可以采用除矸的流通加工方法排除矸石。除矸加工可提高煤炭运输效益和经济效益，减少运输能力浪费。

② 煤浆加工

用运输工具载运煤炭，运输中损失浪费比较大，又容易发生火灾。采用管道运输是近代兴起的一种先进技术。管道运输方式运输煤浆，减少煤炭消耗、提高煤炭利用率。目前，某些发达国家已经开始投入运行，有些企业内部也采用这一方法进行燃料输送。

在流通的起始环节，将煤炭磨成细粉，本身便有了一定的流动性，再用水调和成浆状，则具备了流动性，可以像其他液体一样进行管道输送。将煤炭制成煤浆采用管道输送是一种新兴的加工技术。这种方式不和现有运输系统争夺运力，输送连续、稳定、快速，是一种经济的运输方法。

③ 配煤加工

在使用地区设置集中加工点，将各种煤及一些其他发热物质，按不同配方进行掺配加工，生产出各种不同发热量的燃料，称为配煤加工。配煤加工可以按需要发热量生产和供应燃料，防止热能浪费和"大材小用"，也防止发热量过小，不能满足使用要求。工业用煤经过配煤加工还可以起到便于计量控制、稳定生产过程的作用，具有很好的经济和技术价值。

煤炭消耗量非常大，进行煤炭流通加工潜力也很大，可以大大节约运输能源，降低运输费用，具有很好的技术和经济价值。

（4）水泥的流通加工

① 水泥熟料的流通加工

在需要长途运入水泥的地区，变运入成品水泥为运进熟料这种半成品，即在该地区的流通加工（磨细工厂）磨细，并根据当地资源和需要的情况掺入混合材料及外加剂，制成不同品种及标号的水泥供应给当地用户，这是水泥流通加工的一种重要形式。在国外，采用这种物流形式已有一定的比重。

② 集中搅拌混凝土

改变以粉状水泥供给用户，由用户在建筑工地现场拌制混凝土的习惯方法，而将粉状水泥输送到使用地区的流通加工点，搅拌成混凝土后再供给用户使用，这是水泥流通加工的另一种重要加工方法。这种流通加工方式，优于直接供应或购买水泥在工地现场搅拌制作混凝土的技术经济效果。因此，这种流通加工方式已经受到许多国家的重视。

步骤三：合理化组织流通加工

（一）不合理流通加工的几种形式

流通加工是在流通领域中对生产的辅助性加工。从某种意义来讲，它不仅是生产过程的延续，更是生产本身或生产工艺在流通领域的延续。这个延续可能有正、反两方面的作用，即一方面可能有效地起到补充完善的作用，但是，也可能对整个过程产生负效应。几种不合理流通加工形式如下。

1. 流通加工地点设置的不合理

流通加工地点设置即布局状况是使整个流通加工是否有效的重要因素。一般而言，为衔接单品种大批量生产与多样化需求的流通加工，加工地宜设置在需求地区，这样才能实现大批量的干线运输与多品种末端配送的物流优势。为方便物流的流通加工环节应设在产出地，设置在进入社会物流之前，如果将其设置在物流之后，即设置在消费地，则不但不能解决物流效率问题，反而在流通中增加了一个中转环节。

即使是产地或需求地设置流通加工的选址是正确的，还有一个流通加工在小地域范围的正确选址问题，如果处理不善，仍然会出现不合理现象。这种不合理主要表现在交通不便，流通加工与生产企业或客户之间距离较远，流通加工点的投资过高（如受选址的地价影响），加工点周围社会、环境条件不良等。

2. 流通加工方式选择不当

流通加工方式包括流通加工对象、流通加工工艺、流通加工技术、流通加工程度等。

如果不能进行合理分工，本来应由生产加工完成的，却由流通加工完成，本来应由流通加工完成的，却由生产加工完成，都会造成不合理。

流通加工不是对生产加工的代替，而是一种补充和完善。所以，如果工艺复杂，技术装备要求较高，或加工可以由生产过程延续或轻易解决的都不宜再设置流通加工，尤其不宜与生产过程争夺技术要求较高、效益较高的生产环节，更不宜利用一个时期市场的压力使生产者变成初级加工或前期加工，而流通企业完成装配或最终形成产品的加工。如果流通加工方式选择不当，就会出现与生产夺利的后果。

3. 流通加工作用不大,形成多余环节

有的流通加工过于简单,甚至是盲目的,对生产者和消费者的作用都不大,未能解决品种、规格、质量、包装等问题,相反却实际增加了环节。

4. 流通加工成本过高,效益不好

流通加工之所以能够有生命力,重要优势之一是有较大的产出投入比,因而有效地起着生产加工补充完善的作用。如果流通加工成本过高,则不能实现以较低投入实现更高使用价值的目的。除了一些必需的、政策要求即使亏损也应进行的加工之外,其他所有加工都可以看成是不合理的。

(二) 流通加工合理化措施

为避免各种不合理现象,对是否设置流通加工环节,在什么地点设置,选择什么类型的加工,采用什么样的技术装备等,需要做出正确抉择。常见的合理化措施有以下几方面。

1. 加工和配送相结合

将流通加工设置在配送点中,一方面按配送的需要进行加工,另一方面加工又是配送业务流程中分货、拣货、配货的一环,加工后的产品直接投入配货作业,无需单独设置一个加工的中间环节,使流通加工有别于独立的生产,并且使流通加工与中转流通巧妙结合在一起。同时,由于配送之前有加工,可使配送服务水平大大提高。这是当前流通加工合理化的重要形式,在煤炭、水泥等产品的流通中已表现出较大的优势。

2. 加工和配套相结合

在对配套要求较高的流通中,配套的主体来自各生产单位,但是,完全配套有时无法全部依靠现有的生产单位。进行适当的流通加工,可以有效促成配套,大大提高流通作为生产与消费的桥梁和纽带的能力。

3. 加工和合理运输相结合

流通加工能有效衔接干线运输与支线运输,促进两种运输形式的合理化。

利用流通加工,在支线运输转干线运输或干线运输转支线运输这本来就必须停顿的环节中,进行适当加工,可以大大提高运输及运输转载水平。

4. 加工和合理商流相结合

通过加工有效促进销售,使商流合理化,也是流通加工合理化的考虑方向之一。加工和配送的结合,是加工与合理商流相结合的一个成功的例证。通过加工提高了配送水平,强化了销售。此外,通过简单改变包装加工,形成方便的购买量,通过组装加工消除客户使用前进行组装、调试的困难,都是有效地促进商流的例子。

5. 加工和节约相结合

节约能源、节约设备、节约人力、节约耗费是实现流通加工合理化考虑的重要因素,也是目前我国设置流通加工、考虑其合理化的较普遍形式。

对于流通加工合理化的最终判断,是看其是否能实现社会的和企业本身的两个效益,而且是否取得了最优效益。对流通加工企业而言，与一般生产企业一个重要的不同之处是，流通加工企业更应树立社会效益为第一观念。如果只是追求企业的微观效益，不适当地进行加工，甚至与生产企业争利，这就有违于流通加工的初衷，或者其本身已不属于流通加工范畴了。

【岗位实践】

实践目的：使学生充分认识流通加工的必要性，熟悉流通加工的形式和内容。

实践方式：实地调研。

实践内容：组织学生参观从事流通加工业务的物流公司。

实践步骤：

（1）熟悉不同类型流通加工的内容；

（2）了解不同类型流通加工的流程；

（3）撰写调研报告。

任务六　信息管理

【知识目标】

1. 明确物流信息的含义；
2. 熟悉物流信息的功能；
3. 掌握物流信息技术的构成。

【能力目标】

1. 能区分物流信息编码标志技术；
2. 会简单使用物流信息技术；
3. 会简单使用物流信息系统。

【任务描述】

海尔的产品质量和服务质量有目共睹。在生产上，海尔集团的每台家电自开始生产就都带有唯一可识别的条形码，以此作为该产品的身份识别，跟踪单台产品的整个生命周期。在物流运作的关键环节建立扫描点，将扫描的信息及时与后台管理信息系统进行交互、自动校验，实现实时准确的信息采集。在服务上，海尔在售后服务系统中增加了地理信息处理能力，售后服务系统可以在很短时间内计算出距离用户最近的网点，以及网点到用户家的详细路径描述和距离，并及时将这些信息派送到最合理的服务网点。

通过上述描述，你认为围绕企业生产和物流有关的信息活动有哪些呢？如何应用物流信息技术对企业进行管理呢？

【任务分析】

物流信息功能是随着现代物流的不断发展而逐渐发展完善的物流职能，被称为物流的中枢神经，物流活动的顺利开展离不开物流信息的联系和信息技术的支持。在现代物流运作过程中，通过使用计算机技术、通信技术、网络技术等手段，大大加快了物流信息的处理和传递速度，使物流活动的效率和快速反应能力得到提高。信息是管理的基础，没有物流的信息化，也就没有先进的物流。

【任务实施】

步骤一：认识物流信息

根据《中华人民共和国国家标准物流术语》（GB/T 18354—2006）的定义，物流信息是反映物流各种活动内容的知识、资料、图像、数据、文件的总称。物流信息是伴随物流活动产生的，在包装、装卸搬运、运输、仓储、流通加工、配送等环节都会产生大量的信息，而这些信息又对物流活动的正常运作提供了支撑。由于物流信息贯穿于物流活动的整个过程中，并通过其自身对整体物流活动进行有效的控制，物流信息被称为物流的中枢神经。

从狭义上讲，物流信息是指与物流活动有关的信息，即物流系统内部信息，是伴随着物流活动而发生的信息，包括物料流转信息、物流作业层信息、物流控制层信息和物流管理层信息。

从广义上讲，物流信息不仅指与物流活动有关的信息，还包括与其他流通活动有关的信息，如商品信息和市场信息。商品交易信息主要包含与进行交易有关的信息，如货源信息、物价信息、资金信息、合同信息和付款结算信息等。市场信息包含与市场活动有关的信息，如消费者需求信息、竞争者信息等。

（一）物流信息的特征

随着人类需求向着个性化的方向发展，物流过程也在向着多品种、少量生产和高频度、小批量配送的方向发展，因此物流信息除具有准确性、完整性、实用性、共享性等信息的一般特点外，和其他领域的信息相比，还具有以下几个方面的特征。

1. 信息量大

物流活动涉及的范围很广，在供应链的各个环节及各种活动中均会产生信息，信息源点多，信息量大。为了使物流信息适应企业的开放性和社会性发展要求，企业必须对大量的物流信息进行有效管理。

2. 更新快

由于各种物流作业活动频繁发生，市场状况及用户需求的变化多端，物流信息变化和更新速度快。多品种少量生产、多频度小数量配送、利用 POS 的即时销售使得各种作业活动频繁发生，从而要求物流信息不断更新，而且更新的速度越来越快。

3. 来源多样化

物流信息不仅包括企业内部的物流信息（如生产信息、库存信息等），而且还包括企业间的物流信息和与物流活动有关的基础设施的信息。企业竞争优势的体现需要各供应链与企业之间相互协调合作。协调合作的手段之一是信息即时交换和共享。许多企业把物流信息标准化和格式化，利用 EDI 在相关企业间进行传送，实现信息分享。另外，物流活动往往利用道路、港湾、机场等基础设施，为了高效地完成物流活动，必须掌握与基础设施有关的信息，如在国际物流过程中必须掌握保管所需信息、港湾作业信息等。

4. 趋于标准化

由于物流信息的种类繁多、量大、分布广等特点，所以增大了物流信息工作的难度，随着信息处理手段的电子化、国际化、标准化，物流信息也将趋于国际化、标准化。

（二）物流信息的作用

现代物流信息在物流活动中起着神经系统的作用，通过物流信息的收集、传递、存储、处理和输出等，成为决策依据，对整个物流活动起指挥、协调、支持和保障作用。物流信息的作用主要体现在以下几个方面。

1. 物流信息是物流企业的中枢神经

物流信息产生于物流活动和与物流活动相关的其他活动中，反映了商流和物流的运动过程，物流信息对商流和物流活动进行记录和控制，通过各种指令、计划、文件、数据、报表、凭证、广告及商情等形式，沟通生产厂、批发商、零售商、物流服务商和消费者，满足各方面的需要。因此，物流信息是物流的核心，是沟通物流活动各环节之间联系的桥梁。

2. 物流信息是物流进步的基础

物流是连接供给和消费、克服空间和时间差异从而实现物的使用价值的综合活动。物流信息随着物资、货币及物流当事人的行为等信息载体进入物流系统中，同时信息的反馈也随着信息载体反馈给系统中的各个环节，依靠物流信息及其反馈可以引导物流运作的变动和物流布局的优化。物流信息能够促进物流系统的整合和合理使用，是物流进步的基础。

3. 物流信息是物流作业的关键因素

物流的订货管理、配送作业、运输仓储等活动产生大量的物流信息，这些信息的传递速度直接关系到工作程序的衔接和平衡，关系到作业过程中的时间控制，直接影响到物流的作业效率。通过移动通信、计算机信息网、电子数据交换、全球定位系统等技术实现物流活动的电子化，保证物流信息真实、全面、及时传递和反馈，实现物流运行、服务质量和成本等的管理控制。

4. 物流信息是制订物流计划的保障

物流信息是制订计划方案的重要基础和关键依据，物流管理决策过程的本身就是对物流信息进行深加工的过程，是对物流活动的发展变化规律性认识的过程。充分、准确的物流信息是制订物流计划的有效保障，物流信息可以协助物流管理者鉴别、评估、比较物流计划中的可选方案，如车辆调度、库存管理、设施选址、资源选择、流程设计以及有关作业比较和安排的成本——收益分析等，以做出科学的计划和决策。

（三）物流信息的分类

在处理物流信息和建立物流信息系统时，对物流信息进行分类是一项基础工作，物流信息可以按照不同的分类标准进行分类，主要从信息的来源、物流的功能、管理层次来分类，见表2-1所示。

表 2-1 物流信息分类统计表

分类标准	种类名称	含义	表现形式
信息的来源	物流系统内信息	伴随着物流活动而产生的信息	交通运输信息、仓储信息、装卸搬运信息、包装信息、流通加工信息、配送信息
	物流系统外信息	在物流活动以外发生的信息，但与物流活动有一定相关性	商流信息、资金流信息、生产信息、消费信息、国内外政治、经济、文化信息
物流的功能	计划信息	尚未实现但已当做目标确认的一类信息	物流量计划、仓库吞吐量计划、车皮计划、与物流活动有关的基础设施建设计划信息
	控制及作业信息	物流活动过程中发生的信息	库存种类、库存量、在运量、运输工具状况、运费、货物发运情况
	统计信息	物流活动结束后，针对整个物流活动的一种终结性、归纳性的信息	上一年度或月度发生的物流量、物流种类、运输方式、运输工具使用量、仓储量等
	支持信息	对物流计划、业务、操作有影响的文化、科技、产品、法律、教育等方面的信息	物流技术革新信息、物流人才需求信息
管理层次	操作管理信息	在操作管理层反映和控制企业的日常生产和经营工作的信息	产品质量指标、用户订货合同、供应厂商原材料信息
	知识管理信息	知识管理部门相关人员对企业自己的知识进行收集、分类、存储和查询，并进行知识分析得到的信息	专家决策知识、物流企业相关业务知识、工人的技术和经验形成的知识信息
	战术管理信息	部门负责人作关系局部和中期决策所涉及的信息	月销售计划完成情况、单位产品的制造成本、库存费用、市场商情信息
	战略管理信息	企业高层管理决策者制定企业年经营目标、企业战略决策所需要的信息	企业全年经营业绩综合报表、消费者收入动向和市场动态、国家有关政策法规

步骤二：应用物流信息技术

计算机及网络技术的进步，使物流信息技术达到了一个全新的高度，物流信息技术是应用于物流作业环节中的各种现代信息技术的总称，是物流现代化的重要技术基础。常见的信息技术有网络技术、多媒体技术、数据库技术、Web 技术等。除此之外，应用于物流领域的信息技术主要包括，条码技术、射频技术、EDI 技术、地理信息技术、全球卫星定位技术等。在这些信息技术的支撑下，形成了以移动通信、资源管理、监控调度管理、自动化仓库管理、企业资源计划管理等多种业务集成的一体化现代物流信息管理系统。

物流信息技术从构成要素上来看可以分为以下四个方面。

1. 物流信息基础技术

有关元件、器件的制造技术，是整个物流信息技术的基础。包括微电子技术、光子技术、光电子技术、分子电子技术等。

2. 物流信息系统技术

有关物流信息的采集、处理、储存、传输和交换的设备与系统，是整个物流信息技术的核心。包括物流信息采集技术、物流处理传输技术、物流信息储存技术、物流信息传输技术和物流信息交换技术。

3. 物流信息应用技术

基于管理信息系统技术、优化技术和计算机集成制造技术而设计出的各种物流自动化设备和物流信息管理系统，是信息技术在应用领域的重要体现。包括自动化立体仓库、自动导向系统、集装箱自动装卸设备、配送管理系统等。

4. 物流信息安全技术

即确保物流信息安全的技术，是整个信息技术顺利实施的保障。包括密码技术、防火墙技术、病毒防治技术、身份鉴别技术、访问控制技术备份与恢复技术和数据库安全技术等。

（一）条码识别技术

1. 条码构成

条码（《中华人民共和国国家标准物流术语》GB/T 18354—2006）是由一组规则排列的条、空及其对应字符组成的，用以表示一定的信息的标志。条码通常用来对物品进行标志。这个物品可以是用来进行交易的一个贸易项目，如一瓶啤酒或一箱可乐，也可以是一个物流单元，如一个托盘。

条码是一组黑白相间的条纹，这种条纹由若干黑色的"条"和白色的"空"所组成，其中，黑色的"条"对光的反射率低而白色的"空"对光的反射率高，再加上"条"与"空"的宽度不同，就能使扫描光线产生不同的反射接收效果，在光电转换设备上转换成不同的电脉冲，形成可以传输的电子信息。由于光的传输速度极快，所以可以准确无误地对运动中的条码予以识别。

一个完整的条码符号是由两侧空白区、起始字符、数据字符、校验字符（可选）和终止字符以及供人识读字符组成，如图2-45所示。

| 空白区 | 起始字符 | 数据字符 | 校验字符 | 终止字符 | 空白区 |

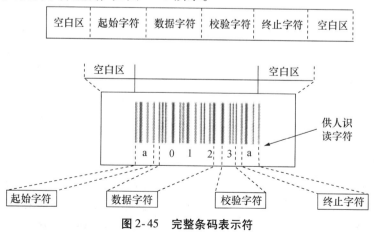

图2-45 完整条码表示符

 知识链接

条码相关术语解释

相关术语的解释如下：

1. 空白区（Clear Area）

条码起始符、终止符两端外侧与空的反射率相同的限定区域。

2. 起始符（Start Character；Start Cipher；Start Code）

位于条码起始位置的若干条与空。

3. 终止符（Stop Character；Stop Cipher；Stop Code）

位于条码终止位置的若干条与空。

4. 条码数据符（Bar Code Character Set）

表示特定信息的条码字符。

5. 条码校验符（Bar Code Check Character）

表示校验码的条码字符。

6. 供人识别的字符

位于条码字符的下方，与相应的条码字符相对应的、用于供人识别的字符。

2. 条码技术的特点

随着科学技术的发展，条码识读设备的成本飞速下降，使条码成为最经济、快速、准确、实用的一种自动识别技术。条码技术的优越性主要体现在以下几个方面。

（1）输入速度快。用条码枪扫描一个条码只需 0.2 s，比键盘输入速度快很多倍。

（2）可靠性高。键盘输入数据的出错率比较高，而且人容易疲劳，使可靠性降低，利用光学字符识别技术出错率就很低，采用条码技术的误码率不足百万分之一。

（3）采集信息量大。利用传统的一维条码一次可采集几十位字符的信息，二维条码更可以携带数千个字符的信息，并有一定的自动纠错能力。

（4）灵活实用。条码标签易于制作、设备简单、操作容易，对场地和材料没有特殊要求，任何一个商场、工厂和仓库都可配置使用，可以实现自动化识别。

3. 条码的分类

条码可分为一维条码和二维条码。一维条码是我们通常所说的传统条码。一维条码按照应用可分为商品条码和物流条码。商品条码包括 EAN 码和 UPC 码，物流条码包括 128 条码、ITF 码、39 条码、库德巴（Codabar）码等。二维条码根据构成原理和结构形状的差异可分为两大类型，一类是行排式二维条码（2D stacked bar code），另一类是矩阵式二维条码（2D matrix bar code）。

（1）商品条码

① EAN 条码

EAN 码是国际物品编码协会制定的一种商品用条码，其长度固定、无含义、不具备自动校验功能、所表达的信息全部为数字，主要用于商品标志。EAN 码有标准版 EAN——13 和缩短版 EAN——8 两种，如图 2-46 和图 2-47 所示。我国商场中的商品包装上所印的

条码一般就是 EAN 码。标准版商品条码所表示的代码由 13 位数字组成，这 13 位数字分别代表不同的意义，前 2～3 位是国家代码，随后是厂商代码、商品代码和一位校验码。

我国的代码是 690～695，美国的代码是 00～13，中国香港的代码是 489，中国台湾的代码是 471，法国的代码是 30～37。

缩短版商品条码由 8 位数字组成，即 $X_8X_7X_6X_5X_4X_3X_2X_1$。其中，$X_8X_7X_6$ 的含义同标准版商品条码的 $X_{13}X_{12}X_{11}X_{10}X_9X_8X_7X_6X_5X_4X_3X_2$，表示商品项目代码，由 EAN 编码组织统一分配。在我国，由中国物品编码中心统一分配 "X_1" 校验码。在计算校验码时，需在缩短版商品条码代码前加 5 个 "0"，然后按标准版商品条码校验码的计算方法计算。

图 2-46　EAN——13 条码

图 2-47　EAN——8 条码

② UPC 码

1973 年美国统一编码协会（简称 UCC）建立了 UPC 条码系统，并率先在国内的商业系统中应用。随后，加拿大也开始使用 UPC 条码系统。其字符集为数字 0～9，如图 2-48、图 2-49 所示。

图 2-48　UPCA 条码　　　　　　　图 2-49　UPCE 条码

需要注意的是，EAN 商品条码是国际上通用的、企业最常用的商品代码，通常情况下，不选用 UPC 商品条码。当产品出口到北美地区并且客户指定时，才使用 UPC 商品条码。

（2）物流条码

物流条码包括 25 条码、39 条码、交插 25 条码、库德巴（Codebar）码、ITF 码等。

① 25 条码

25 条码是一种只有条表示信息的非连续型条码。每一个条码字符由按规则排列的 5 个条组成，其中有两个条为宽单元，其余的条和空以及字符间隔是窄单元，所以称为 "25 条码"，如图 2-50 所示。

图 2-50　25 条码

② 39 条码

39 条码是第一个可表示字母数字的编码，1974 年由 Intermec 公司推出。其字符集为数字 0～9，26 个大写字母和 7 个特殊字符（-、。、Space、/、%、¥），共 43 个字符。每个字符由 9 个元素组成，其中有 5 个条（2 个宽条，3 个窄条）和 4 个空（1 个宽空，3 个窄空），它常用 "*" 作为起始、终止符，是长度可变的离散型自校验码制，如图 2-51 所示。39 条码在工业、图书及票证的自动化管理中得到了广泛应用。

图 2-51　39 条码

③ 交插 25 条码

交插 25 条码（Interleaved 2 of 5 Barcode）是在 25 码的基础上发展起来的，是一种条、空均表示信息的连续型、非定长、具有自动校验功能的双向条码，弥补了 25 条码的许多不足，增大了信息容量和可靠性。交叉 25 条码起初广泛应用于仓储及重工业领域，1987 年开始用于运输包装领域。1997 年我国制定了交叉 25 条码的标准，主要应用于运输、仓储、工业生产线、图书情报等领域的自动识别管理。如图 2-52 所示。

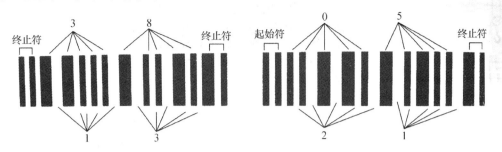

图 2-52 交插 25 条码

④ EAN128 条码

EAN128 条码是唯一能表示 EAN、UPC 标准补充码的条码符号，是一种连续型、非定长、有含义的高密度代码，广泛应用于物流领域，如图 2-53 所示。

图 2-53 EAN128 条码

⑤ 库德巴码

库德巴码（Codebar）出现于 1972 年，其字符集为数字 0～9 和 6 个特殊字符（－、：、／、°、＋、￥），共 16 个字符，长度可变，能自动校验，如图 2-54 所示。主要用于仓库、图书情报、血库和航空快递包裹等方面的自动识别。

图 2-54　库德巴码

⑥ ITF 码

ITF——14 和 ITF——6 条码是连续型、定长、具有自校验功能，且条空都表示信息的双向条码。它的条码字符集、条码字符的组成与交插 25 条码相同，如图 2-55 所示，主要用于储运领域。

图 2-55　ITF——14 条码

4. 条码识读设备

条码技术属于自动识别技术中的一种，条码识读设备是用于读取条码所包含信息的设备。从原理上可分为光笔、CCD 和激光扫描器三类。从使用方式上分为接触式、非接触式、手持式和固定式。

光笔是最简单的扫描器，外形像笔，笔尖的镜头发出一个小光点，在条码上划过时产生一个变化的电压，用于识别条码。

CCD 是利用光电耦合原理，将发光二极管发出的光照射到条码上，由光敏电阻接收反射光以读取条码。

激光扫描器发射激光并收集反射光以识读条码。它比 CCD 扫描光照强、景深长、扫描速度快、精确可靠。

5. 条码技术在物流中的应用

条码技术提供了一种对物流中的物品进行标志和描述的方法，借助自动识别技术，企业可以随时了解有关产品在供应链上的位置，并及时做出反应。

（1）货物运输

铁路运输、航空运输、邮政通信等许多行业都存在货物的分拣搬运问题，大批量的货物需要在很短的时间内准确无误地装到指定的车厢或航班。解决这个问题的办法就是应用物流标志技术，使包裹或产品自动分拣到不同的运输机上。

（2）仓储保管

有时，通用商品代码不能满足仓储的需要，除了商品的生产厂家和产品种类外，还需要产品的数量、保质期、重量、体积等很多信息，采用物流条码可以通过应用标志符分辨不同的信息，经过计算机对信息进行处理后，更有利于对商品的采购、保管和销售。

(3) 货物配送

货物配送是一个特殊的流通环节，它集合了仓储、运输和简单加工业务。在这些业务中，使用条码可以大大提高流通效率，能更及时地把货物送到用户手里，并且能降低成本。在进货环节，必须全面登记货物，以便于计算机管理。要做到这一点，最有效的途径就是用条码技术。它比人的效率高，而且准确，不易出错。入库时，扫描条码，并把数据传入计算机系统，由计算机系统统一管理。出库时，先查询计算机，再确定货物，并及时减少库存。平时，为使配送中心能减少损失，提高经济效益，可由计算机定期或不定期通报畅销和滞销货物。

(4) 产品跟踪

用条码技术能更有效地收集用户信息。产品出厂时，要用条码建立资料档案，各中间环节也要建立档案。各专业维修点通过扫描条码，记录维修过程，并将数据传回厂家。各销售点收到的用户反馈，也要按条码传回厂家。这样，厂家就有了及时、正确的反馈信息，据此，厂家可调整生产，改进产品质量，也可安排短期或长期的生产计划。

在产品的跟踪服务过程中，要经历很多企业和环节，各中间环节企业使用的条码可能不太相同，为了让产品的条码标志在各个环节中均有效，就要采用通用的条码，让各中间环节都可识别。

(二) 射频识别技术

射频识别技术 RFID（Radio Frequency Identification）是 20 世纪 90 年代开始兴起的一种自动识别技术。与其他自动识别系统一样，射频识别系统也是由信息载体和信息获取装置组成的。其中装载识别信息的载体是射频标签（在部分识别系统中也称作应答器、射频卡等），获取信息的装置称为射频读写器（在部分系统中也称作问询器、收发器等）。射频标签与射频读写器之间利用感应、无线电波或微波能量进行非接触双向通信，实现数据交换，从而达到识别的目的。

1. RFID 系统的组成

RFID 系统主要由三部分组成，读写器、射频标签和计算机网络系统，如图 2-56 所示。

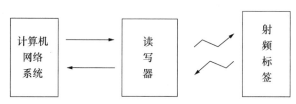

图 2-56　RFID 系统的组成

(1) 射频标签

射频识别系统的标签安装在被识别对象上，存储被识别对象相关信息的电子装置。标签存储器中的信息可由读写器进行非接触读/写。标签可以是"卡"，也可以是其他形式的装置。

(2) 读写器

射频读写器是利用射频技术读取射频识别标签信息、或将信息写入标签的设备。读写器读出的标签的信息通过计算机网络系统进行管理和信息传输。

(3) 计算机通信网络

在射频识别系统中，计算机网络通信系统是对数据进行管理和通信传输的设备。在射频识别系统工作过程中，通常由读写器在一个区域内发射射频能量形成电磁场，作用距离的大小取决于发射功率。射频识别标签通过这一区域时被触发，发送存储在标签中的数据，或根据读写器的指令改写存储在射频识别标签中的数据。读写器可接收射频识别标签发送的数据或向标签发送数据，并能通过标准接口与计算机通信网络进行对接，实现数据的通信传输。

2. 射频识别技术在物流领域的应用

随着大规模集成电路技术的进步以及生产规模的不断扩大，RFID 产品的成本也在不断降低，更由于射频识别技术的自身优势及特点，其应用越来越广泛。当前，射频识别技术主要有以下六个方面的应用。

(1) 车辆的自动识别；
(2) 高速公路收费及智能交通系统（ITS）；
(3) 电子钱包、电子票证；
(4) 货物的跟踪、管理及监控；
(5) 生产线的自动化及过程控制；
(6) 对动物的跟踪及管理。

射频技术可以应用在物流过程中的货物库存管理、运输管理以及货物分拣管理中，可以大大提高物流作业效率，降低物流作业成本。

 知识链接

物联网

物联网（Internet of Things）就是把所有物品通过无线射频识别（RFID）等信息传感设备与互联网连接起来，实现智能化识别和管理。目前，物联网在物流行业的应用，在物品可追溯领域的技术与政策等条件都已经成熟，应加快全面推进；在可视化与智能化物流管理领域应该开展试点，力争取得重点突破，取得有示范意义的案例；在智能物流中心建设方面需要物联网理念进一步提升，加强网络建设和物流与生产的联动；在智能配货的信息化平台建设方面应该统一规划，全力推进。

（三）EDI 技术

EDI（Electronic Data Interchange）即电子数据交换，是指通过电子方式，采用标准化格式，利用计算机网络进行结构化数据的传输和交换。

EDI 是按照统一规定的一套通用标准格式，将标准的经济信息，通过通信网络传输，在贸易伙伴的电子计算机之间进行数据交换和自动处理，被称为"无纸化贸易"。EDI 是一个电子平台，无论是物流领域还是其他领域，都是 EDI 的一个具体的应用对象或应用实例。

1. EDI 构成

EDI 系统一般由以下五个部分构成。

(1) 硬件设备。贸易伙伴的计算机和调制解调器以及通信设施等。

(2) 增值通信网络及网络软件。增值网（VAN）指利用现有的通信网，增加 EDI 服务功能而实现的计算机网络，即网络增值。通信网目前有如下几种，分组交换数据网（PSDV），电话交换网（PSTN），数字数据网（DDN），综合业务数据网（ISDN），卫星数据网（VSAT），数字数据移动通信网。

(3) 报文格式标准。EDI 是以非人工干预方式将数据及时准确地录入应用系统数据库中，并把应用数据库中的数据自动地传送到贸易伙伴的电脑系统，因此必须有统一的报文格式和代码标准。

(4) 应用系统界面与标准报文格式之间相互转换的软件。该软件的主要功能包括代码和格式的转换等。

(5) 用户的应用系统。EDI 是 EDP（Electronic Data Process）电子数据处理的延伸，要求各通信伙伴事先作好本单位的计算机开发工作，建立共享数据库。

2. EDI 在物流管理中的应用

EDI 的目的是充分利用现有计算机及通信网络资源，提高贸易伙伴间通信的效益，降低成本。近年来，EDI 在物流中被广泛应用，称为物流 EDI。所谓的物流 EDI 是指货主、承运业主以及其他相关的单位之间，通过 EDI 系统进行物流数据交换，并以此为基础实施物流作业活动的方法。物流 EDI 的参与对象有货主（如生产厂家、贸易商、批发商、零售商等）、承运业主（如独立的物流承运企业等）、实际运送货物的交通运输企业、协助单位（如政府有关部门、金融企业等）和其他的物流相关单位（如仓库业者、配送中心等）。

具体说来，EDI 主要应用于以下企业。

(1) 制造业。准时供货（Just in Time，JIT）以减少库存量及生产线待料时间，降低生产成本。

(2) 贸易运输业。快速通关报检、经济使用运输资源能够降低贸易运输空间、成本与时间的浪费。

(3) 流通业。QR 快速响应，减少商场库存量与空架率，以加速商品资金周转，降低成本。建立物资配送体系，以完成产、存、运、销一体化的供应线管理。

(4) 金融业。EFT 电子转账支付，减少金融单位与其用户间交通往返的时间，降低现金流动风险，缩短资金流动所需的处理时间，提高用户资金调度的弹性。在跨行服务方面，更可使用户享受到不同金融单位所提供的服务，以提高金融业的服务品质与项目。

(5) 零售业。EDI 应用获益最大的是零售业、制造业和配送业。在这些行业中的供应链上应用 EDI 技术，使传输发票、订单过程达到了很高的效率，而这些业务代表了这些行业的核心业务活动——采购和销售。EDI 在密切贸易伙伴关系方面有潜在的优势。

（四）GIS 技术

GIS（Geographical Information System）即地理信息系统，是指以地理空间数据为基础，采用地理模型分析方法，适时地提供多种空间和动态的地理信息，为地理研究和地理决策服务的计算机技术系统。

GIS 系统是 20 世纪 60 年代开始迅速发展起来的地理学研究成果，是多种学科交叉的产物。地理信息系统的主要作用是将表格型数据（无论它来自数据库、电子表格文件或直接在程序中输入）转换为地理图形显示，然后对显示结果浏览、操作和分析。其显示范围可以从洲际地图到非常详细的街区地图，显示对象包括人口、销售情况、运输线路以及其他内容。

1. GIS 类型

地理信息系统按内容、功能和作用可分为两类，即工具型地理信息系统和应用型地理信息系统。

应用型地理信息系统按研究对象性质和内容又可分为专题地理信息系统和区域地理信息系统。

（1）专题地理信息系统（Thematic GIS）。它是具有有限目标和专业特点的地理信息系统，为特定专门目的服务。

（2）区域地理信息系统（Regional GIS）。它主要以区域综合研究和全面信息服务为目标，可以有不同的规模。

2. 地理信息系统在物流领域的应用

GIS 应用于物流分析，主要是指利用 GIS 强大的地理数据功能来完善物流分析技术。完整的 GIS 物流分析软件集成了车辆路线模型、最短路径模型、网络物流模型、分配集合模型和设施定位模型等。

（1）车辆路线模型。用于解决一个起始点、多个终点的货物运输中，如何降低物流作业费用并保证服务质量的问题，包括决定使用多少辆车以及每辆车的路线等。

（2）网络物流模型。用于解决、寻求最有效的分配货物路径问题，也就是物流网点布局问题。如将货物从 N 个仓库运往 M 个商店，每个商店都有固定的需求量，因此需要确定由哪个仓库提货送给哪个商店，所耗的运输代价最小。

（3）分配集合模型。可以根据各个要素的相似点把同一层上的所有或部分要素分为几个组，用以解决确定服务范围和销售市场范围等问题。如某一公司要设立 X 个分销点，要求这些分销点必须覆盖某一地区，而且要使每个分销点的顾客数目大致相等。

（4）设施定位模型。用于确定一个或多个设施的位置。在物流系统中，仓库和运输路线共同组成了物流网络，仓库处于网络的节点上，节点决定路线，如何根据供求的实际需要并结合经济效益等原则，在既定区域内设立一定数目的仓库、每个仓库的位置、每个仓库的规模以及仓库之间的物流关系等，运用此模型均能很容易地得到解决。

（五）GPS 技术

GPS（Global Positioning System）即全球定位系统，是利用卫星星座（通信卫星）、地面控制部分和信号接收机对对象进行动态定位的系统。GPS 能对静态、动态对象进行动态空间信息的获取，能快速、精度均匀、不受天气和时间的限制地反馈空间信息。

1. GPS 的系统组成

（1）空间部分。空间卫星系统由均匀分布在 6 个轨道平面上的 24 颗高轨道（距地面约 20 000 千米）工作卫星构成，其中三颗是用来及时更换老化或损坏的卫星，以保障整个系统的正常工作。

（2）地面控制部分。GPS 工作卫星的地面监控部分包括 1 个主控站、5 个监控站和 3 个数据注入站。

（3）GPS 信号接收机。GPS 信号接收机主要由接收机硬件和处理软件组成，用于接收 GPS 卫星发射信号，经信号处理而获得用户位置、速度等信息，再通过数据处理完成导航和定位。GPS 接收机硬件一般由主机、天线和电源组成，接收机软件主要是机内监控程序和导航与定位数据的后处理软件包。

2. GPS 技术在物流领域的应用

（1）车辆导航。有专门提供 GPS 定位服务的公司，通过通信或图示为装有 GPS 接收终端的车辆进行导航服务。车载导航器可以收集到各种路况信息，从而可以避免堵车，选择最佳路线快速行驶。

（2）车船的管理、跟踪和调度。通过地面计算机终端，实时显示出车船的实际位置。监控中心的智能化调度管理软件可以根据工作需要和车船的当前位置来分配任务调度管理，实现工作派遣和车辆调度最佳化。

（3）铁路运输管理。我国开发的基于 GPS 的计算机管理信息系统，可以收集全路列车、机车、车辆、集装箱及所运货物的动态信息，实现列车、货物追踪管理。

（4）军事物流。GPS 系统是为军事目的而建立的，在军事保障等方面应用相当普遍。以美国为例，其在世界各地驻扎的军队，无论是在战时还是在平时，都借助 GPS 系统保障后勤补给以及满足军队的相关要求。

步骤三：使用物流信息系统

物流信息系统是计算机信息技术和网络信息技术在物流领域应用的技术与管理系统，物流信息系统通过对物流运作信息的收集、存储、加工处理和传递，对物流活动实施有效的控制与管理。

物流信息系统是企业信息化的基础，它利用信息技术对物流中各种信息进行实时、集中、统一的管理，使物流、资金流和信息流同步，及时反馈市场、客户和物流的动态管理，为客户提供实时的信息服务。

根据《中华人民共和国国家标准物流术语》（GB/T 18354—2006）的定义，物流信息系统（Logistics Information System，LIS）是由人员、计算机硬件、软件、网络通信设备及其他办公设备组成的人机交互系统，其主要功能是进行物流信息的收集、存储、传输、加工整理、维护和输出，为物流管理者和其他组织管理人员提供战略、战术及运作决策的支持，提高物流管理运作的效率和效益。

（一）物流信息系统功能

物流系统的各个层次以及不同作业环节之间是通过信息流紧密联系在一起的，因此物流信息系统中都需要具备以下基本功能。

（1）信息的收集和输入。物流信息的收集和输入，首先是将信息通过收集子系统从系统内部或者外部收集到预处理系统中，并整理成系统所要求的格式或形式，然后再通过输入子系统输入到物流信息系统中。这一功能是物流信息系统的其他功能发挥作用的前提和基础。

（2）信息的存储。物流信息进入到系统之后，在其得到处理之前，必须在系统中存储下来。在信息得到处理之后，如果还没有完全丧失价值，往往也要将结果保存下来以供使用。无论哪一种类型的物流信息系统，在涉及信息的存储问题时，都要考虑存储量、信息格式、存储方式、使用方式、存储时间、安全保密性等问题。物流信息系统的不同层次对信息存储的要求是有所不同的。一般情况下，作业层需要存储的信息格式往往比较简单，存储的时间相对较短，但是信息的数量很大。控制层与管理层的信息格式比较复杂，存储的时间也较长，要求的检索方式比较灵活。

（3）信息的传输。物流系统中的各种信息和数据，必须及时准确地传输到各个物流作业环节才能发挥其功效，所以良好的物流信息系统应该具备克服空间障碍进行信息传输的能力。现代化的信息传输是以计算机为中心，通过通信线路与近程终端或远程终端相连接形成的联机系统，或者通过通信线路将中、小、微型计算机联网形成的分布式系统。

（4）信息的处理。收集到的物流信息大都是零散的、相互孤立的、形式各异的，这些不规范的信息要变成有用的信息，需要经过一定的整理加工程序。采用科学的方法对收集到的物流信息精心筛选、分类、比较、计算、存储，使之条理化、有序化、系统化、规范化，才能成为综合反映某一物流现象特征的真实、可靠、适用的并且富有价值的信息。信息处理能力是衡量物流信息系统能力的一个极其重要的方面。

（5）信息的输出。物流信息的输出必须采用便于人或计算机理解的形式，在输出形式上要力求易读易懂、直观醒目。这是评价物流信息系统的重要指标之一。目前物流信息系统正在向数据采集的在线化、数据存储的大型化、信息传输的网络化、信息处理的智能化以及信息输出的多媒体化方向发展。

（二）物流信息系统特点

物流信息系统具有集成化、模块化、实时化、网络化和智能化等主要特点。随着社会经济的发展，科技的进步，物流信息系统正在向信息分类的集成化、系统功能的模块化、信息采集的在线化、信息存储的大型化、信息传输的网络化、信息处理的智能化以及信息处理界面的图形化方向发展。

（1）集成化。集成化指物流信息系统将业务逻辑上相互关联的部分连接在一起，为企业物流活动中的集成化信息处理工作提供基础。在系统开发过程中，数据库的设计，系统结构以及功能的设计等都应该遵循统一的标准、规范和规程（集成化），以避免出现"信息孤岛"现象。

（2）模块化。模块化指把物流信息系统划分为各个功能模块的子系统，各子系统通过统一的标准来进行功能模块的开发，然后集成、组合起来使用，这样既能满足物流企业的不同管理部门需要，也保证了各个子系统的使用和访问权限。

（3）实时化。实时化借助于编码技术、自动识别技术、GPS 技术及 GIS 技术等现代物流技术，对物流活动进行准确实时的信息采集，并采用先进的计算机与通讯技术，实时地进行数据处理和传送物流信息，将供应商、分销商和客户按业务关系连接起来，使整个物流信息系统能够及时地掌握和分享属于供应商、分销商和客户的信息。

（4）网络化。网络化通过 Internet，将分散在不同地理位置的物流分支机构、供应商及客户等连接起来，形成一个复杂但有密切联系的信息网络，从而通过物流信息系统这个联系方式，实时地了解各地业务的运作情况。物流信息中心将对各地传来的物流信息进行汇总与分类，并进行综合分析，然后通过网络把结果反馈传达下去，以指导、协调以及综合各个地区的业务工作。

（5）智能化。智能化是物流信息系统努力的方向，包含很多方面的内容，对技术水平要求较高。以物流企业决策支持子系统为例，智能化物流信息系统负责收集、存储和智能化处理在决策过程中所需要的物流领域知识、专家决策知识和经验知识。

（三）物流信息系统构成

根据系统的观点，构成物流企业信息系统的主要组成要素有硬件、软件、数据库和数据仓库、相关人员以及企业管理制度与规范等，物流信息系统将这些结合在一起，对物流活动进行管理、控制和衡量。

1. 硬件

硬件包括计算机和必要的通信设施等，如计算机主机、外存、打印机、服务器、通信电缆及通信设施，它是物流信息系统的物理设备和硬件资源，是实现物流信息系统的基础，它构成了系统运行的硬件平台。

2. 软件

在物流信息系统中，软件一般包括系统软件、实用软件和应用软件。

（1）系统软件。包括操作系统（Operation System，OS），网络操作系统（Network Operation System，NOS）等，它们控制、协调硬件资源，是物流信息系统必不可少的软件。

（2）实用软件。包括数据库管理系统（Database Management System，DBMS）、计算机语言、各种开发工具、浏览器，主要用于开发应用软件、管理数据资源、实现通信等。

（3）应用软件。面向问题的软件，与物流企业业务运作相关，实现辅助企业管理的功能。不同的企业可以根据应用的要求，来开发或购买软件。

3. 数据库与数据仓库

数据库与数据仓库用来存放与应用相关的数据，是实现辅助企业管理和支持决策的数据基础。随着国际互联网的深入应用以及计算机安全技术、网络技术及通信技术的发展，以及市场专业化分工与协作的深入，企业和企业之间的数据交换趋势日益增强，企业许多物流信息来源于外部，因此，企业数据库的设计将面临采取集中、部分集中及分层式管理的决策。同时，随着物流信息系统应用的深入，采用数据挖掘技术的数据仓库也应运而生。

4. 相关人员

无论物流信息系统的开发、运行还是维护，都离不开各级人员的参与。这些人员既有专业人员、终端用户，还要有管理人员、业务人员等，不同的人员在物流信息系统开发、运行和维护中起着不同的作用。对于企业而言，不仅要考虑开发、选择合适的物流信息系统，还要注意对员工计算机系统使用能力的培养。

5. 企业管理制度与规范

物流企业管理制度与规范是物流信息系统成功开发和运行的基础和保障，是构造物流信息系统模型的主要参考依据，制约着系统硬件平台的结构、系统计算模式、应用软件的功能。

（四）物流信息系统的内容

1. 物流信息支持系统

（1）电子订货系统

电子订货系统（Electronic Ordering System，EOS），是指将批发商、零售商所发生的订货数据输入到计算机，即刻通过计算机通信网络连接的方式将资料传送至总公司、批发商、商品供货商或制造商处。

(2) 销售时点信息系统

POS 系统（Point of Sales），称为销售时点信息系统，它是由电子收款机和计算机联机构成的商店前后台网络系统。商业应用的 POS 系统对商店零售柜台的所有交易信息进行加工整理，实时跟踪销售情况、分析数据、传递反馈，为强化商品销售管理提供服务。POS 系统包括前台 POS 系统和后台 MIS 系统。

(3) EFT 系统

EFT（Electronic Funds Transfer），又称电子资金转账。这是当前计算机在银行业务中得到应用后，银行利用计算机、终端机、电子信息网络等电子通信设备建立的高速划拨资金的电子支付系统。该系统明显地改变了支付结算方式，降低了成本，提高了效益。

电子支付与传统支付方式的区别，电子支付是采用先进的技术通过数字流转来完成信息传输，其各种支付方式都是采用数字化的方式进行款项支付的。而传统的支付方式是通过现金的流转、票据的转让及银行的汇兑等物理实体的流转来完成款项支付的。

2. 物流信息管理系统

(1) 决策支持子系统

决策支持子系统（Decision Support System，DSS）是在管理信息系统的基础上发展起来的，以管理信息系统所产生的信息为基础，应用模型或其他方法和手段（如数据库技术、经济管理数学模型等）实现辅助决策和预测功能。在现代物流管理中，经常需要运用运输路线优化、配送中心选择、存货管理等模型，这些模型的开发和使用使物流信息系统进入了一个更高的层次。

(2) 订单处理子系统

订单处理子系统是办理从客户处（用料单位）接受订单、准备货物、明确交货时间与交货期限、剩余货物管理等作业的系统。办理接受订货手续是交易活动的始发点，所有物流活动均从接受订货开始。为了迅速、准确地将商品送到，必须迅速、准确地办理接受订货的各种手续，高效、有序地处理各种订单。

(3) 仓储管理子系统

仓储管理子系统包含以下几方面的含义：正确把握库存数量的"库存数量"；按照正确的数量补充库存的"库存控制"，也称为补充订货；保管场所的管理。

为了满足销售，必须在必要的场所备齐所需商品，必须储备原材料和零部件。这就要求仓储管理子系统以最少的库存数量满足需求，防止库存浪费，避免保管费用增加。另外，与库存控制有关的信息系统的目的是防止出现库存不足，维持正常库存量，进而决定补充库存的数量及何时补充订货，使企业在满足客户需求的前提下库存成本最小。

(4) 运输管理子系统

运输管理子系统是指为提高运输企业的运输能力、降低物流成本、提高服务质量而采取现代信息技术手段建立的管理信息系统，是多个专门信息系统的集合，从而实现运输方式（或承运人）的选择、路径的设计、货物的整合与优化，以及运输车辆、线路与时间的选择来完成对运输工具和运送过程的信息管理。

(5) 配送管理子系统

配送管理子系统有一定的综合性，主要目的有：向各营业点提供配送物资的信息，根据订货查询库存及配送能力发出配送指示、结算指示及发货通知，汇总及反馈配送信息；配送中心的成败决定着企业和经营部门对市场的占有和控制。

配送中心主要是为满足各店铺的需求而产生的，基本上以集合多家店铺的作业量来达到大量采购、节省运输成本的目的。因此配送中心信息系统所体现出来的作用及结构管理应以销售出库及采购入库管理为系统管理重点，是对保管、货品集中、流通加工及配送等进行全面管理的信息系统。

（6）货物追踪子系统

货物追踪子系统是指在货物流动范围内，对货物的状态进行实时把握信息的系统。

【岗位实践】

实践目的：

（1）通过调研，使学生充分认识企业信息管理的必要性；

（2）熟悉物流信息技术基本知识，掌握物流信息系统在物流活动中的应用方式。

实践方式：物流企业调研与校内实训基地相结合。

实践内容：了解企业使用物流信息技术的情况，包括使用了哪些信息技术，各种信息技术分别应用在哪些领域，使用情况如何、效果如何，结合所学内容，为企业的物流信息技术建设提出可行性方案。

实践步骤：

（1）学生分组；

（2）设计调查问卷；

（3）分组实地调研；

（4）小组讨论；

（5）分组完成调研报告；

（6）调研报告展示。

实践考核：

考核要素	评价标准	分值	自评（20%）	小组（20%）	教师（60%）	小计（100%）
内容的完整性	内容完整、介绍充分	20				
分析的深入性	了解物流信息技术运行的现状并能指出不足	20				
建议的针对性	针对不足，结合实际给出措施和对策	20				
方案的可行性	从合理性和性价比方面进行评估	30				
团队的合作性	从团队精神、合作效率方面评估	10				
合计		100				

任务七　配　　送

【知识目标】

1. 明确配送的含义；
2. 了解配送的功能和分类；
3. 掌握配送中心的组织及功能。

【能力目标】

1. 能够进行简单配送作业流程设计；
2. 具有配送作业管理初步技能。

【任务描述】

有一销售企业，主要对自己的销售点和大客户进行配送，配送方法为销售点和大客户有需求就立即组织装车送货，结果经常造成送货车辆空载率过高，同时往往出现所有车都派出去而其他用户需求满足不了的情况。所以销售经理一直要求增加送货车辆，由于资金原因一直没有购车。如果你是公司决策人，你会买车来解决送货效率低的问题吗？请为销售经理提出合理解决办法。

【任务分析】

配送被称为"小物流"，几乎包含了物流所有的功能要素，是物流中一种特殊的、综合的活动形式，是商流和物流的结合。销售经理的职责就是要负责商品配送的业务，配送管理岗位的职责主要是负责配送中心的统筹管理，负责配送计划制定和实施，负责所配送产品的搬运、储存、养护、交付等工作，并协调各方面的关系，做好配送业务，提升客户满意度。

【任务实施】

步骤一：认识配送管理

配送是集"配"与"送"为一体的，对货物进行集中、分拣和组配，并以各种不同的方式将货物送达指定地点或用户手中的一种特殊而综合的物流活动，是资源配置的重要手段，也是商流与物流结合的产物。

配送在英语中的原词是 delivery，是交货、送货的意思。根据《中华人民共和国国家标准物流术语》（GB/T 18354—2006）的定义，配送（Distribution）是指在经济合理区域范围内，根据客户要求，对物品进行拣选、加工、包装、分割、组配等作业，并按时送达指定地点的物流活动。

 知识链接

配送的起源

配送一词属外来语，源于日本，是在 20 世纪 50 年代，日本专家对美国进行访问后提出的新名词。我国转学于日本，直接用了配送这一名词。日本关于配送的概念有两种基本说法：一是《日本工业标准（JIS）物流用语》提出的概念，即配送是"把货物从物流据点送交购货人"，这一概念强调的是"送货"。二是 1991 年日本出版的《物流手册》对配送作的解释，即"与城市之间和物流据点之间的运输相对而言，将面向城市内和区域范围内需要者的运输，称之为配送"。这一解释从性质上把配送看成是一种运输形式，并局限在一个区域（城市）范围内。以上两种说法都强调了"送货"的内容，对于"配"没有明确的解释。究其原因主要是，对于发达国家而言，在买方市场环境中，"配"是完善"送"的经济行为，是送货的前提，是顾客的需求和合理的计划，是进行市场竞争和提高自身经济效益的必然延伸，是一种必然行为。

（一）配送的特征

1. 配送是多种物流功能的集合

配送不是一般性的、单纯的送货活动，而是多环节、多项目的综合型、一体化的物流活动。"合理地配"是"送"的基础和前提，"送"是"合理地配"的结果。只有"有计划、有组织"的"配"才能实现现代物流管理中所谓的"低成本、快速度"的"送"，进而有效地满足顾客的需求。从现代意义上讲，配送一般集装卸、包装、保管、分拣、配货、运输于一身，是物流的一个缩影或在较小范围内物流活动的全部体现。

2. 配送需要现代化技术和装备的保证

配送需要配备现代化装备和管理信息系统，尤其要重视计算机网络的应用和现代化的配送设施、配送网络。现代化的大生产、大流通对物流手段的现代化提出了更高的要求，如对自动分拣输送系统、立体仓库、自动导向系统、商品条码技术、物联网技术等新型的物流信息技术手段产生了迫切的需求。

3. 配送以分拣和配货为主要手段

在物流成本中，分拣和配送两个项目几乎占整个物流成本的80%，配送费用的发生大多在生产企业外部，影响因素难以控制，拣选成本约是其他装卸、搬运、运输等成本总和的9倍。配送活动包含了某一段的运输活动，但又不是运输的全部。也包含某一段的装卸、包装、流通加工等活动，但又不是这些活动的全部或全过程。因此，配送虽然综合了多项物流功能，但其主要手段是分拣及配货。

4. 配送的空间范围有限性

配送既要满足用户的需要，又要有利于实现配送的经济效益。远距离的物品配送批量小、批次多、规模经济性较差、运力浪费严重、不能实现经济合理性。因此，配送不宜在大范围内实施，通常仅仅局限在一个城市或地区范围内进行。

5. 配送是一种专业化的分工方式

以往的送货只是作为推销的一种手段，配送服务面对着成千上万的供应商和消费者以及瞬息万变的市场，承担着为众多用户的商品配送和及时满足他们不同需要的任务。因此配送以用户需求为出发点，提供的是一种"门到门"的服务。

（二）配送的作用

1. 完善了输送及整个物流系统

配送环节处于支线运输，灵活性、适应性、服务性都很强，能将支线运输及小搬运统一起来，使输送过程得以优化和完善。

2. 提高末端物流的经济效益

配送中所包含的那一部分运输活动，在整个运输过程中是处于末端输送的位置，其起止点是物流结点至用户。它将各种用户的需要集中在一起进行一次发货，可以代替过去的分散发货，并使用户以去一处订货代替过去的去多处订货，以一次接货代替过去的频繁接货等。配送以灵活性、适应性、服务性的特点，解决了过去末端物流的运力安排不合理、成本过高等问题，从而提高了末端物流的经济效益。

3. 实现企业的低库存或零库存

实现了高水平的配送之后,在同样的服务水平上,可以使系统总库存水平降低,既降低了存储成本,也节约了运力和其他物流费用。尤其是采取准时配送方式之后,生产企业可以完全依靠配送中心的准时配送而不需要保持自己的库存,或者只需要保持少量保险储备而不必留有经常储备,这就可以实现生产企业多年追求的"零库存",将企业从库存的包袱中解脱出来,同时解放出大量储备资金,从而改善企业的财务状况。

4. 简化手续,方便用户

由于配送可以实施全方位的物流服务,采用配送方式后,用户只需要向配送供应商进行一次委托就可以得到全过程、多功能的物流服务。用户不必考虑运输方式、路线及装卸货物等问题,就能在自己的工厂或流水线处接到所需的物品,大大减轻了客户的工作量,节省了开支,方便了客户。

5. 提高物资供应保证程度

采用配送方式,配送中心比任何单独供货企业都有更强的物流能力,可使用户降低缺货分险。配送企业依靠自己联系面广、多方组织货源的优势,按用户的要求,及时供应。配送企业还可利用自己的加工能力进行加工改制,以适应用户的需要并及时地将货物送到用户手中。所以,配送的发展在某种程度上可以提高供应的保证程度,促进整个社会生产协调快速的发展。

 知 识 链 接

配送与运输、送货、物流的区别

1. 配送和运输的区别

由于功能的不同,配送与运输相辅相成,互相补充,而不是互相代替。物流系统要求企业将物品送达客户手中。从运输与配送的各自特点可以看出,仅有运输或仅有配送都无法满足客户的需要。配送具有小批量、多批次的特点,容易实现门到门的服务,但只适合短距离运送。而运输则刚好相反,因此两者相互配合、相互补充,才能实现物流效益的最大化。

(1) 从运输性质方面讲,配送是支线运输、二次运输、区域内运输、末端运输,而运输则属于干线运输。

(2) 从货物性质方面讲,配送所运送的是多品种、少批量的货物,而运输则以少品种、大批量为主。

(3) 从运输工具方面讲,配送所使用的是小型货车,而运输使用的是大型货车或铁路运输、水路运输等重吨位运输工具。

(4) 从管理方面讲,配送始终以服务优先,相对而言,运输更注重效率。

(5) 从其附加功能方面讲,配送所附属的功能较多,主要包括装卸、保管、包装、分拣、流通加工、订单处理等。

2. 配送与传统送货的区别

传统送货是一种推销手段或售后服务,配送则是一种专业化的流通分工方式,是大生产、专业化分工在流通领域的反映。两者的区别主要体现在以下几点。

(1) 从事传统送货的是专职流通企业，不是生产企业，而配送可以是生产企业。
(2) 传统送货尤其从工厂至用户的送货往往是直达型，配送一般是"中转"型送货。
(3) 传统的送货是生产什么或有什么就送什么，配送则是需要什么送什么。
(4) 传统送货和配货存在着内容和时代的差别。

3. 配送与物流的区别

物流包括七大功能，分别是储存、运输、配送、包装、装卸搬运、流通加工、信息处理，其中前三者是物流的主要功能，后四项是物流的辅助功能。不论是主要功能还是辅助功能，它们都是物流系统中不可缺少的部分，只有共同协作，才能构成完整的物流系统。从物流整个环节来看，配送处于"末端运输"的位置，是物流系统的终端，是直接与客户相联系的部分。所以配送功能完成的质量及其达到的服务水平，直观而具体地体现了物流系统完成的优劣。因此，配送是物流的主要功能之一，但不能说配送是物流的主要组成部分，配送只是物流的终端，占着很小的一部分。

（三）配送的分类

1. 按配送主体所处的行业不同进行分类

（1）制造业配送

制造业配送是指围绕制造业企业进行的原材料、零部件的供应配送，各生产工序上的生产配送以及企业为销售产品而进行的对客户的销售配送。一般来说，制造业配送由供应配送、生产配送和销售配送三部分组成，各个部件在客户需求信息的驱动下连成一体，通过各自的职能分工与合作，贯穿于整个制造业配送过程中。

（2）物流企业配送

物流企业是指专门从事物流活动的企业，它是根据所服务客户的需求，为客户提供配送支持服务。现在，比较常见的物流企业配送形式是快递业提供的门到门物流服务。

（3）商业配送

商业企业的主体一般包括批发企业和零售企业，对于批发商业企业来说，要求配送系统不断满足其零售客户多批次、少批量的订货及流通加工等方面的需求。对于零售企业来说，其配送的客户是流通环节终点的各类消费者。因此，一方面，由于经营场所的面积有限，它们希望上游供应商能提供小批量的商品配送。另一方面，为了满足各种不同客户的需要，它们又都希望尽可能多地配备商品种类。

（4）农业配送

农业配送是指在与农业相关的经济合理区域范围内，根据客户要求，对农业生产资料、农产品进行分拣、加工、包装、分割、组配等作业，并按时送达指定地点的农业物流活动。农业配送是一种特殊的、综合的农业物流活动，它是在农业生产资料、农产品的送货基础上发展起来的。

2. 按配送组织者不同分类

（1）商店配送

商店配送的组织者是零售商店或门市网点。连锁商店配送也是商店配送的一种形式，它分为两种情况：一种是独立成立专门从事为连锁商店服务的配送企业，兼有为其他用户服务的职能；另一种是存在于连锁商店内的配送，它不承担其他用户的配送业务。

(2) 配送中心配送

这种配送的场所是配送中心，它的特点是配送中心规模大、能力强、配送品种多、数量大，有一套配套的实施配送的设施、设备和装备等。但由于服务对象固定，其灵活机动性较差。

(3) 仓库配送

一般是以仓库为场所进行的配送，也可以是以原仓库在保持储存保管功能前提下，增加一部分配送职能，或经对原仓库的改造，使其成为专业的配送中心。

(4) 生产企业配送

这种配送的组织者是生产企业，尤其是进行多品种生产的生产企业，直接由本企业开始进行配送而无需将产品发运到配送中心再进行配送。生产企业配送由于避免了一次物流中转，有一定成本优势。

3. 按配送商品的种类和数量不同分类

(1) 少品种大批量配送

这种配送适用于需要数量较大的商品，单独一种或少数品种就可以达到较大运输量，可实行整车运输。这种商品往往不需要再与其他商品进行搭配，多由生产企业或专业性很强的配送中心直达客户。此种配送形式主要适用于大宗货物，如煤炭等。由于配送量大、品种单一或较少，可提高车辆利用率，配送成本较低。

(2) 多品种少批量配送

多品种少批量配送是按客户要求，将所需的各种商品配备齐全、凑整装车后由配送中心送达用户手中，日用商品的配送多采用这种方式。配送作业水平要求高，使用设备较复杂，计划难度大，需要有高水平的组织工作保障配合。多品种、少批量的配送，适应了现代消费多样化、需求多样化的新观念。

(3) 设备成套、配套配送

设备成套、配套配送是为满足企业的生产需要，按其生产进度将装配的各种零部件、部件成套设备定时送达生产线进行组装的一种配送形式。这种配送形式完成了生产企业的大部分供应工作，使生产企业专门致力于生产。

4. 按配送时间与数量的不同分类

(1) 定时配送

按规定的时间间隔进行配送，配送品种和数量可根据用户的要求有所不同。定时配送由于时间固定，企业易于根据自己的经营情况，按照最理想的时间进货并安排工作计划，也易于车辆运输计划安排，同时也便于用户合理地做好接货力量（如人员、设备等）准备工作。但是，配送货物的具体要求变化较快，难以掌握，导致配货、装货难度较大。定时配送有日配送、准时配送和快递配送几种具体形式。

(2) 定量配送

定量配送是指在一个指定的时间范围内，每次配送商品的品种数量一定的配送形式。这种配送计划性强，备货工作简单，配送成本较低。定量配送适合下述几种情况下采用：用户对于库存控制不十分严格，有一定的仓储能力；配送路线优化难度较大，用户对配送业务的准时性要求不高；难以对多个用户随时进行共同配送，只有达到一定配送规模后，才能使配送成本降低到供、需双方都能接受的水平。

（3）定时定量配送

定时定量配送是指按照规定的配送时间和配送数量进行配送的形式。它兼有定时配送和定量配送的两种特点，对配送企业的服务要求较高。这种方式计划难度大，适应的对象不多，对管理和作业的要求较高，仅适合于生产量大且稳定的用户，如汽车、家用电器、机电产品制造业等。

（4）定时定量定点（确定的用户）配送

定时定量定点配送是指按照确定的时间、确定的商品品种和数量、确定的客户进行配送的形式。此种配送一般先由配送中心与客户签订协议，双方严格按照协议执行。它既保证了客户的重点需求，又降低了企业的库存，特别适用于重点企业和重点项目。

（5）即时配送

是一种灵活性很高的应急配送方式。这种方式是对其他配送服务方式的完善和补充，它主要是应对用户由于事故、灾害、生产计划突然改变等因素所导致的突发性需求，以及普通消费者的突发性需求所采用的高度灵活的应急方式，它考验的是配送企业快速反应的能力。采用这种配送方式的物品，用户可以实现保险储备为零的零库存，即以完善而稳定的即时配送服务代替了保险储备，降低了库存数量。

5. 按配送的职能形式分类

（1）销售配送

销售配送是以销售经营为目的、以配送为手段的配送形式。这种配送主体是销售企业，或销售企业作为销售战略措施，即所谓的促销型配送。销售配送的对象一般是不固定的，用户也不固定。配送对象和用户取决于市场的占有情况，其配送的经营状况也取决于市场状况。因此，配送的随机性较强，而计划性较差。多种类型的商店配送一般都属于销售配送。

（2）供应配送

供应配送是大型企业集团或连锁店中心为自己的零售店所开展的配送业务。它们通过自己的配送中心或与消费品配送中心联合进行配送，零售店与供方变为同一所有者的公司内部业务，从而减少了许多手续，缓和了许多业务矛盾，各零售店在订货、退货、增加经营品种上也得到更多的便利。这种方式可以提高供应水平和供应能力，可以通过大批量进货取得价格折扣的优惠，达到降低供应成本的目的。

（3）"销售——供应"一体化配送

这种配送方式是销售企业对于那些基本固定的用户及其基本确定的所需物品，在进行销售的同时还承担着用户有计划地供应职能，既是销售者，同时又是用户的供应代理人。对于销售者来说，能取得稳定的客户和销售渠道，有利于扩大销售渠道，也有利于本身的稳定持续拓展。对于客户来说，能获得稳定的供应，同时节省本身为组织供应所要耗费的大量资源。销售者能有效控制进货渠道，这是任何企业供应机构难以做到的，因而对供应保证程度可大大提高。这种配送有利于形成稳定的供需关系，有利于采取先进的计划手段和技术，有利于保持流通渠道的稳定。

（4）代存代供配送

用户将属于自己的商品委托配送中心代存、代供，有时还委托代订，然后组织配送，这种配送在实施前不发生商品所有权的转移，配送中心只是用户的代理人，商品在配送前后都属于用户所有，配送中心仅从代存、代理中获取收益。

(5) 共同配送

共同配送是为了提高物流效益，多个客户联合起来共同由一个第三方物流服务公司来提供配送服务，以追求配送合理化为目的的一种配送形式。它是在配送中心的统一计划、统一调度下展开的，本质是通过作业活动的规模化降低作业成本，提高物流资源的利用效率。

步骤二：配送作业管理

（一）配送的基本环节

配送的基本环节主要包括备货、储存、分拣及配货、配装、配送运输、送达服务和配送加工等。

1. 备货

备货是准备货物的系列活动，是配送的基础环节，备货工作包括筹集货源、订货或购货、集货、进货及有关的质量检查、结算、交接等。配送可以集中用户的需求进行一定规模的备货。备货是决定配送成败的初期工作，如果备货成本太高，会大大降低配送的效益。

2. 储存

储存货物是购货、进货活动的延续，配送中的储存有储备及暂存两种形态。配送储备是按一定时期的配送经营要求，形成的对配送的资源保证。这种类型的储备数量较大，储备结构也较完善，视货源及到货情况，可以有计划地确定周转储备和保险储备结构及数量。暂存形态的存储是按分拣配货要求，在理货场地所做的少量货物存储。暂存是为了适应适配、即时配送的需要而设置的，这部分暂存数量只会对工作方便与否造成影响，而不会影响储存的总效益。

3. 分拣及配货

分拣及配货是配送独特的基本业务活动，也是关系到配送成败的一项重要支持性工作。分拣及配货是完善送货、支持送货准备性工作，是不同配送企业在送货时进行竞争和提高自身经济效益的必然延伸。有了分拣及配货就会大大提高送货服务水平，所以，分拣及配货是决定整个配送系统水平的关键要素。

4. 配装

在单个用户配送数量不能达到车辆的有效载运负荷时，就存在如何集中不同用户的配送货物，进行搭配装载以充分利用运能、运力的问题，这就需要配装。和一般送货不同之处在于，通过配装送货可以大大提高送货水平及降低送货成本。所以，配装是配送系统中有现代特点的功能要素，也是现代配送不同于传统送货的重要区别之处。

5. 配送运输

配送运输是较短距离、较小规模、频度较高的运输形式，一般使用汽车做运输工具。配送运输由于配送用户多，一般城市交通路线又较复杂，如何组合成最佳路线，如何使配装和路线有效搭配等，是配送运输的特点，也是难度较大的工作。配送运输管理的重点是合理做好配送车辆的调动计划。

6. 送达服务

配好的货运输到用户还不算配送工作的完结，这是因为送达货和用户接货往往还会出现不协调，使配送前功尽弃。因此，要圆满地实现货物的合理移交，并有效地、方便地处理相关手续并完成结算，还应讲究卸货地点、卸货方式等。送达服务也是配送所拥有的独具的特殊性能。

7. 配送加工

在配送活动中，为便于流通和消费，改进商品质量，促进商品销售，有时需要根据用户的要求或配送对象的特点，需要对商品进行套裁、简易组装、分装、贴标、包装等加工活动。配送加工这一环节不具有普遍性，但往往通过配送加工，可以大大提高用户的满意程度。

（二）配送作业流程

配送作业是按照用户的要求，将货物分拣出来，在配送中心或其他物流节点进行商品配备，按时按量发送到指定地点的过程。配送作业一般包含了进货、储存、拣货作业、补货、配装、送货、配送加工等内容。配送作业流程如图 2-57 所示。

1. 进货

进货作业是实现商品配送的前置工作，在配送的基本作业流程中，进货作业可以划分为订货、接货、验收入库三个环节，如图 2-58 所示。

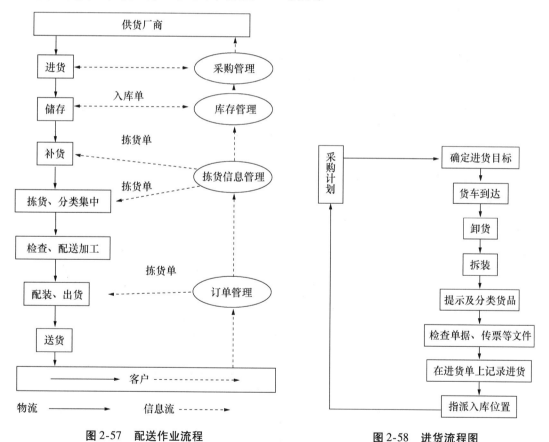

图 2-57 配送作业流程   图 2-58 进货流程图

在进货作业流程中，确定进货目标的内容一般包括以下几个方面。

第一，掌握货物的到达日期、品种、数量。

第二，配合停泊信息协调进出货车的交通问题。

第三，为了方便卸货及搬运，计划好货车的停车位置。

第四，预先计划临时存放位置。

(1) 订货

配送中心或其他配送节点收到和汇总客户的订单以后，首先确定配送商品的种类和数量，然后查询现有存货数量是否能满足配送需要。如果存货数量低于某一水平，则必须向供应商发出订单，进行订货。配送中心也可能根据预测的需求情况提前订货，以备发货。在只负责物流工作的配送中心中，进货工作则从接货开始。订货工作一般包括向供应商发出订单，确定货物的品种、数量；与供应商沟通确定货物发出日期；尽可能准确预测送货车的到达日程，配合停泊信息协调进出货车的交通问题；为了方便卸货及搬运，计划好货车的停车位置；预先计划临时存放位置等几个方面。

(2) 接货

当供应厂商根据订单组织供货后，配送中心必须及时组织人力、物力接收货物，有时还需要到站（港）、码头接运货物。接货的主要工作有卸货、搬运、拆装、货物编码、分类等。

配送中心卸货一般在收货站台上进行。送货方到指定地点卸货物，并交验送货凭证、增值税发票。卸货方式通常有人工卸货、输送机卸货和码托盘叉车卸货等方式。

货物分类的方式主要有六种：① 按照货物特性分类；② 按照货品使用目的、方法及程序分类；③ 按照交易行业分类；④ 按照会计科目分类；⑤ 按照货品状态，如货物的内容、形状、尺寸、颜色、重量等分类；⑥ 按照信息，如货品送往的目的地、顾客等分类。

(3) 验收入库

货物的验收就是对产品质量和数量进行检查。在验收质量时，应按照验收标准对质量进行物理、化学和外形等方面的检查。在验收数量时，首先要核对货物号码，然后按订购合同规定对货物进行包装、长短、大小和重量的检查。验收合格的货物即办理有关登账、录入信息及货物入库手续，组织货物入库。

入库货物按不同类别经初步整理、查点数量后，必须依据送货单和有关订货资料，按货物品名、规格、等级、产地、牌号进行核对，以确保入库货物准确无误。

 知识链接

货物验收的方法

货物在运输和卸货、交接过程中，因种种原因会发生变质现象，在验收货物时，可采用"看、闻、听、摇、拍、摸"等检查方法，范围只能是包装外表。

在验收流汁商品时，应检查包装箱外表有无污渍，若有污渍，必须拆箱检查并调换包装。

在验收玻璃制品时，要逐件摇动或倾倒细听声响，发现破碎声响，应当场拆箱检查破碎程度，以明确交接责任。

在验收香水、花露水等商品时，除了"听声响"外，还可以在箱子封口处"闻"一下，如果闻到香气刺鼻，可以判定内部商品必有异状。

在验收针棉制品等怕湿商品时，要注意外包装表面有无水渍。

在验收有效期商品时，必须严格注意商品的出厂日期，并按要求严格把关，防止商品失效或变质。

包装验收的目的是为了保证商品在运行途中的安全。物流包装一般在正常的保管、装卸和运送中，经得起颠簸、挤压、摩擦、污染等影响。在包装验收时，应具体检查纸箱封条是否破裂，箱盖（底）摇板是否黏结，纸箱内包装或商品是否外露，纸箱是否受过潮湿等。

2. 储存

储存作业的主要任务是把将来要使用或者要出货的物料保存，且经常要作库存品的检查控制，不仅要善于利用空间，也要注意存货的管理。存货可分为两种情况：一种是需要在配送系统中储存的货物，另一种是通过性的货物，这种货物只是在配送中心作短暂停留，经过分拣、配货后就直接送货。

储存作业要充分考虑最大限度地利用空间，最有效地利用劳动力和设备，最安全和经济地搬运货物，最良好地保护和管理货物。良好的储存策略可以减少出入库移动距离，缩短作业时间，充分利用储存空间。一般常见的储存方法有固定货位储放、随机货位储放、分类储放、分类随机储放和共同储放五种。

3. 拣货

拣货作业是依据客户的订货要求或配送中心的送货计划，迅速、准确地将商品从其储位或其他区域拣取出来，并按一定的方式进行分类、集中，等待配装送货的作业过程。拣货作业在配送作业环节中不仅工作量大，工艺复杂，而且要求作业时间短，准确度高，服务质量好。因此，加强对拣货作业的管理非常重要。在拣货作业中，根据配送的业务范围和服务特点，即根据顾客订单所反映的商品特性、数量多少、服务要求、送货区域等信息，采取科学的拣货方式，进行高效的作业是配送作业中关键的一环。

拣货作业最简单的划分方式，是将其分为按订单拣取、批量拣取与复合拣取三种方式。按订单拣取是分别按每份订单拣货；批量拣取是多张订单累积成一批，汇总后形成拣货单，然后根据拣货单的指示一次拣取商品，再进行分类；复合拣取是将以上两种方式组合起来的拣货方式，即根据订单的品种、数量及出库频率，确定哪些订单适应于按订单拣取，哪些适应于批量拣取，然后分别采取不同的拣货方式，表2-2展示了各种拣货方式的优缺点。

表2-2　各种拣货方式的优缺点

	按单拣取	批量拣取	复合拣取
优点	1. 作业前置时间短，作业方式单纯 2. 作业人员责任明确，易安排人力 3. 拣货后不用进行分类作业，适合于批量大的订单	1. 适合于批量大的订单 2. 可以缩短拣货时的行走，增加单位时间的拣货量 3. 对少量、次数多的配送较合适	是将订单拣取、批量拣货结合起来的一种方式
缺点	1. 商品品种多时拣货行走的路径加长，拣货效率低 2. 拣货区域大时，搬运系统设计困难 3. 少量多次拣取时，造成拣货路径重复，效率低	对紧急订货无法做及时处理	

4. 补货

补货是指在拣货区的存货低于设定标准的情况下,将货物从仓库保管区域搬运到拣货区的工作。其目的是保证拣货区有货可拣。

(1) 补货方式

补货的目的是将正确的产品,在正确的时间和正确的地点,以正确的数量和最有效的方式送到指定的拣货区。方式主要有以下几种。

① 整箱补货。以整箱为单位由货架保管区补货到流动货架的拣货区。这种补货方式适合于体积小、少量多样出货的货物。

② 托盘补货。以托盘为单位进行补货,适合于体积大、出货量多的货物。

③ 货架上层与货架下层的补货方式。将货架的上层作为储存区,下层为拣货区,当下层存货低于设定标准时,商品由上层货架向下层货架进行补货。这种补货方式适合于体积不大、存货量不高,且多为中小量出货的货物。

(2) 补货流程

如图 2-59 所示。

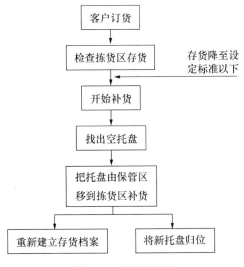

图 2-59 补货流程图

(3) 补货时机

补货作业的发生与否主要看拣货区的货物存量是否符合要求,当货物存量不足时才进行补货,可采用批次补货、定时补货和随机补货三种方式。

① 批次补货。在每天或每一批次拣取之前,经电脑计算所需货物的总拣取量和拣货区的货品量,计算出差额并在拣货作业开始前补足货品。这种补货方式适合于一天内作业量变化不大、紧急追加订单不多,或是每一批次拣取量事先掌握的情况。

② 定时补货。将每天划分为若干个时段,补货人员在时段内检查拣货区货架上的货品存量,如果发现不足,马上进行补货。这种补货方式适合分批拣货时间固定且处理紧急追加订货的时间也固定的情况。

③ 随机补货。随机补货是一种指定专人从事补货作业方式,这些人员随时巡视拣货区的分批存量,发现不足随时补货。这种补货方式较适合于每批次拣取量不大、紧急追加

订货量较多，以至于一天内作业量不易事前掌握的场合。

5. 配货

配货作业是指把拣取分类完成的货品经过配货检查过程后，装入容器和做好标示，再运到配货准备区，待装车后发送。配货作业既可采用人工作业方式，也可采用人机作业方式，还可采用自动化作业方式，但组织方式有一定区别。

配装装车时要注意以下几点。

（1）重的货物在下，轻的货物在上。

（2）后送先装，即按客户的配送顺序。后送的、远距离的客户的货物先装车，先送的、近距离的客户的货物后装车。

（3）根据货物的特性选择配载，如不相容的货物不用同一辆车送货，需要不同送货条件的货物也不用同一辆车送货。

（4）外观相近、容易混淆的货物尽量分开装载。

6. 送货

送货作业是指利用配送车辆把用户订购的物品从制造厂、生产基地、批发商、经销商或配送中心送到用户手中的过程。配送送货通常是一种短距离、小批量、高频率的运输形式，它以服务为目标，以尽可能满足客户需求为宗旨。送货主要做好以下几个工作。

（1）划分基本配送区域

为使整个配送有一个可循的基本依据，应首先将客户所在地的具体位置作系统统计，并将其作区域上的整体划分，将每一客户囊括在不同的基本配送区域之中，以作为下一步决策的基本参考。如按行政区域或依交通条件划分不同的配送区域，在这一划分的基础上再作弹性调整来安排配送。

（2）车辆配载

由于配送货物品种、特性各异，为提高配送效率，确保货物质量，首先必须对特性差异大的货物进行分类，接到订单后，将货物按特性进行分类，分别采取不同的配送方式和运输工具。如按冷冻食品、速食品、散装货物、箱装货物等分类配载。其次，配送的货物也有轻重缓急之分，必须初步确定哪些可配于同一辆车，哪些不能配于同一辆车，以做好车辆的初步送货工作。

（3）暂定配送先后顺序

在考虑其他影响因素，做出确定的配送方案前，应根据客户订单要求的送货时间将配送的先后作业次序作初步排定，为后面车辆积载做好准备。计划工作的目的，是为了保证达到既定的目标。所以，预先确定基本配送顺序既可以有效地保证送货时间，又可以提高动作效率。

（4）车辆安排

车辆安排要解决的问题是安排什么类型、吨位的配送车辆进行最后的送货安排。首先在安排前，要掌握哪些车辆可供调派并符合要求，即这些车辆的容量和额定载重是否满足要求。其次，还必须分析订单上货物的信息，如体积、重量、数量、对装卸的特别要求等，综合考虑各方面因素的影响，做出最合适的车辆安排。

（5）选择配送线路

如何选择配送距离短、配送时间短、配送成本低的线路，需要根据客户的具体位置、沿途的交通情况等作出选择和判断。此外，还必须考虑有些客户或其所在地环境对送货时间、车型等方面的特殊要求，如有些客户不在中午或晚上收货，有些道路在某高峰期实行特别的交通管制等。

（6）确定最终的配送顺序

做好车辆及选择好最佳的配送线路后，依据各车负责配送的具体客户的先后，即可将客户的最终配送顺序加以明确的确定。

（7）完成车辆积载

如何将货物装车，以什么次序装车的问题，就是车辆的积载问题。原则上，知道了客户的配送顺序先后，只要将货物依"后送先装"的顺序装车即可。但有时为有效利用空间，可能还要考虑货物的性质，如怕震、怕压、怕撞、怕湿，形状、体积及重量等作出调整。此外，对于货物的装卸方法也必须依照货物的性质、形状、重量、体积等来具体决定。

 知识链接

特殊货物配送流程

1. 食品的配送：进货—储存—分拣—送货
2. 煤炭等散货的配送：进货—储存—送货
3. 木材、钢材等原材料的配送：进货—加工—储存—分拣—配货—配装—送货
4. 机电产品中的散件、配件的配送：进货—储存—加工—储存—装配—送货

（三）选择配送模式

1. 配送模式

（1）企业内自营型配送模式

这种模式目前被广泛采用和使用。企业或企业集团通过独立组建配送中心，实现对其内部各部门、厂、站的货物供应——配送。这种模式的配送中心只服务于企业内部，不对外提供任何配送服务。实践表明这种模式保证和满足了企业内部对货物的需要，对企业的业务发展发挥了重要作用。美国沃尔玛公司所属的配送中心是一种典型的该类模式，它专门为本公司所属的连锁门店提供配送服务。这种模式适用于大企业或社会物流企业不能提供配送服务的场合。

（2）单项服务外包型配送模式

这是一种具有相当规模的物流设施设备（包括库房、站台、车辆与操作机械）、专业经验、批发技能、储运以及其他物流业务的经营企业，利用自身优势，承担和经营制造业或流通企业在本地区或以外地区的市场开拓、商品营销而进行纯配送业务。这种模式下，制造业或流通企业通过租用物流硬件设施，在现场设置办公系统来开展配送业务，提供场所的物流企业收取相应的费用。因此，可能缺乏经济收入的合理性。

（3）社会化的中介型配送模式

这是指从事配送业务的企业，通过与制造业或加工企业建立广泛的代理或买断关系，与零售商企业形成的稳定契约关系，从而组合配送信息，按客户或用户的货物需求，实现

配送。这是一种比较完整意义上的配送模式，得到多数物流、配送企业的重视。

（4）共同配送模式

一般是指几个配送中心联合起来，共同制订配送计划，相互之间资源共享，共同对某个地区的用户进行配送。另外一种方式是生产企业或流通企业由一家发起倡议，联合另外几家共同出资建立一个配送中心，共同为参股企业提供配送服务。这是配送经营企业之间为实现整体的配送合理化，以互惠互利为原则，互相提供便利的配送服务的一种协作型配送模式。

2. 选择配送模式

选择何种配送模式，主要取决于以下几个方面的因素，配送对企业的重要性、企业的配送能力、市场规模与地理范围、保证的服务及配送成本等。一般来说，配送模式的选择方法主要有矩阵图决策法、比较选择法等。矩阵图决策法主要是通过两个不同因素的组合，利用矩阵图来选择配送模式的一种决策方法，基本思路是选择决策因素，然后通过其组合形成不同区域或象限再进行决策。比较选择法是企业对配送活动的成本和收益等进行比较而选择配送模式的一种方法，一般有确定型决策方法、非确定型决策方法和风险型决策方法等。

步骤三：合理化配送

（一）不合理配送的表现形式

配送的效果直接取决于配送方法的优劣、配送决策的正确程度。市场的多变性与复杂性、用户需求的个性化特征、配送过程的多环节，这些决定了配送要综合考虑各方面因素，统筹兼顾，尽可能降低配送各环节中不合理现象。配送的不合理主要表现在以下几个方面。

1. 资源配置的不合理

配送是根据用户的需求对企业的可供资源进行充分合理地配置，满足顾客的要求，提高自身的经济效益。过高地配置配送资源，导致企业的供应保障能力过高，超过了实际的需要，会降低企业的整体效益。配送资源配置不到位，直接影响用户出现特殊情况时特殊供应保障能力，如果不是集中多个用户需要进行批量筹措资源，而仅仅是为某一、两户代购代筹，对用户来讲，就不仅不能降低资源筹措费，相反却要多支付一笔配送企业的代筹代办费，因而是不合理的，以致出现配送的能力及速度达不到用户以前的供应保证水平。

2. 库存决策不合理

配送应充分利用集中库存总量低于各用户分散库存总量，从而大大节约供应环节总体资源，同时降低每个用户实际分摊的库存负担。因此，配送企业必须依靠科学管理来实现一个总量的低库存。配送企业库存决策不合理常常表现在储存量不足，不能保证客户发生的随机需求，降低了配送企业的信誉，失去了应有的市场。

3. 价格不合理

如果配送价格普遍高于用户自己进货价格，损伤了用户利益，就是一种不合理表现。价格制定过低，使配送企业处于无利或亏损状态下运行，会损伤销售者，也是不合理的。

4. 运输方式不合理

配送企业可以针对多个用户进行合理地配装并进行配送路线优化，大大节省运力和运费。如果不能利用这一优势，仍然是一户一送，而车辆达不到满载（即时配送过多过频时会出现这种情况），则属于不合理。

5. 经营观念的不合理

配送企业在库存过大时，强迫用户接货，以缓解自己库存压力；在资金紧张时，长期占用用户资金；在资源紧张时，将用户资源挪作他用等都是不合理的。这些有损企业的形象，降低自身的信誉。

（二）配送合理化的判断标志

配送合理化与否的判断，是配送决策系统的重要内容。按一般认识，配送合理化从以下几个标志进行考察。

1. 库存标志

库存是判断配送合理与否的重要标志。为取得共同比较基准，具体数据都以库存储备资金计算，而不以实际物资数量计算。具体指标有以下两个方面。

（1）库存总量

在一个配送系统中，库存总量从分散的各用户手中转移给配送中心，配送中心库存数量加上各用户在实行配送后库存量之和应低于实行配送前各用户库存量之和，即库存总量应有所下降。

（2）库存周转

由于配送企业的调剂作用，以低库存保持高的供应能力，库存周转一般总是快于原来各企业库存周转。各用户在实行配送前后的库存周转比较，也是判断合理与否的标志。

2. 资金标志

（1）资金总量

用于资源筹措所占用的流动资金总量，随储备总量的下降及供应方式的改变必然有一个较大的降低。

（2）资金周转

从资金运用来讲，由于整个节奏加快，资金充分发挥作用，同样数量资金，在实施配送之后，应该在较短时期内满足用户的需求。所以资金周转是否加快，是衡量配送合理与否的标志。

（3）资金投向的改变

实行配送后，资金必然应当从分散投入改为集中投入，以能增加调控作用。这是资金调控能力的重要反映。

3. 成本和效益标志

总效益、宏观效益、微观效益、资源筹措成本都是判断配送合理化的重要标志。对于不同的配送方式，可以有不同的判断侧重点。不但要看配送的总效益，而且还要看对社会的宏观效益及供需双方企业的微观效益，不顾及任何一方，都必然出现不合理。

由于总效益及宏观效益难以计量，在实际判断时，常以是否按国家政策进行经营，是否完成国家税收、配送企业及用户的微观效益来判断。

对于配送企业而言（投入确定的情况下），企业利润水平反映配送合理化程度。

对于用户企业而言，在保证供应水平或提高供应水平（产出一定）前提下，供应成本的降低，反映了配送的合理化程度。

4. 供应保证标志

实行配送的重要一点是必须提高而不是降低对用户的供应保证能力，这样才算实现了合理。供应保证能力可以从以下方面判断，缺货次数，实行配送后，对各用户来讲，缺货情况发生的概率应该明显下降。配送企业集中库存量，对每一个用户来讲，其数量所形成的保证供应能力高于配送前单个企业保证程度，从供应保证来看才算合理。即时配送的能力及速度，实行配送的效果必须高于未实行配送前用户紧急进货能力及速度才算合理。

5. 社会运力节约标志

运力使用的合理化是依靠送货运力的规划和整个配送系统的合理流程及与社会运输系统合理衔接来实现的。

送货运力的规划依赖于配送中心及物流系统的整体优化，其合理化程度，判断起来比较复杂。可以简化判断如下，社会车辆总数减少，而承运量增加为合理。社会车辆空驶减少为合理。一家一户自提自运减少，社会化运输增加为合理。

6. 物流合理化标志

物流合理化的问题是配送要解决的大问题，也是衡量配送本身的重要标志。配送对物流合理化的影响是否利于物流的发展，可以从以下几方面判断。是否降低了物流费用；是否减少了物流损失；是否加快了物流速度；是否发挥了各种物流方式的最优效果；是否有效衔接了干线运输和末端运输；是否不增加实际的物流中转次数；是否采用了先进的技术手段。

（三）实现配送合理化的基本途径

1. 推行一定综合程度的专业化配送

通过采用专业设备、设施及操作程序，取得较好的配送效果并适度调整配送综合化的复杂程度及难度，从而追求配送合理化。

2. 推行加工配送

通过加工和配送结合，减少货物中转次数并求得配送合理化。加工借助于配送，加工目的更明确，和用户联系更紧密，更避免了盲目性。这两者有机结合，投入不增加太多却可追求两种优势、两个效益，是配送合理化的重要方式。

3. 推行共同配送

通过联合各企业共同配送，可以充分利用运输工具的容量，提供运输效率，以最近的路程、最低的配送成本满足用户的需要，从而追求合理化。

4. 推行双向配送

配送企业与用户建立稳定、密切的协作关系。配送企业不仅成了用户的供应代理人，而且承担用户储存据点，甚至成为产品代销人。在配送时，将用户所需的物资送到，再将该用户生产的产品用同一车运回，这种产品也成了配送中心的配送产品之一，或者作为代存代储，免去了生产企业库存包袱。这种送取结合，使运力充分利用，也使配送企业功能有更大的发挥，从而追求合理化。

5. 推行准时配送

准时配送是配送合理化的重要内容。配送做到了准时，用户才有资源把握，可以放心地实施低库存或零库存，可以有效地安排接货的人力、物力，以追求最高效率的工作。准时供应配送系统是现在许多配送企业追求配送合理化的重要手段。

6. 推行即时配送

即时配送是指完全按照用户突然提出的时间、数量方面的配送要求，随即进行配送的方式。即时配送是配送企业快速反应能力的具体化，是配送企业能力的体现。即时配送成本较高，但它是整个配送合理化的重要保证手段。此外，即时配送也是用户实行零库存的重要保证手段。

步骤四：构建配送中心

根据《中华人民共和国国家标准物流术语》（GB/T 18354—2006）的定义，配送中心是从事配送业务的物流场所或组织。应基本符合下列要求：主要为特定的用户服务；配送功能健全；具有完善的信息网络；辐射范围小；多品种，小批量；以配送为主，储存为辅。

（一）配送中心分类

1. 专业配送中心

专业配送中心大体上有两个含义。一是配送对象、配送技术是属于某一专业范畴，在某一专业范畴有一定的综合性，综合这一专业的多种物资进行配送。例如，多数制造业的销售配送中心，我国目前在石家庄、上海等地建的配送中心大多采用这一形式。专业配送中心第二个含义是，以配送为专业化职能。基本不从事经营的服务型配送中心，如《国外物资管理》杂志介绍的"蒙克斯帕配送中心"。

2. 柔性配送中心

这种配送中心不向固定化、专业化方向发展，而向能随时变化、对用户要求有很强适应性、不固定供需关系、不断向发展配送用户和改变配送用户的方向发展。

3. 供应配送中心

专门为某个或某些用户（如联营商店、联合公司）组织供应的配送中心。例如，为大型连锁超级市场组织供应的配送中心；代替零件加工厂送货的零件配送中心，使零件加工厂对装配厂的供应合理化。

4. 销售配送中心

销售型配送中心是指配送中心执行销售的职能，以销售商品为主要目的，以开展配送为手段而组建的配送中心属销售型配送中心。销售型配送中心的用户一般是不确定的，而且用户的数量很大，每一个用户购买的数量又较少，属于消费者型用户。这种配送中心很难像供应型配送中心一样，实行计划配送，计划性较差。

5. 城市配送中心

以城市范围为配送范围的配送中心，由于城市范围一般处于汽车运输的经济里程，这种配送中心可直接配送到最终用户,且采用汽车进行配送。所以,这种配送中心往往和零售经营相结合,由于运距短,反应能力强,因而从事多品种、少批量、多用户的配送较有优势。

6. 区域配送中心

以较强的辐射能力和库存准备,向省(州)际、全国乃至国际范围的用户配送的配送中心。这种配送中心配送规模较大,一般而言,用户也较大,配送批量也较大,而且,往往是配送给下一级的城市配送中心,也配送给营业所、商店、批发商和企业用户,虽然也从事零星的配送,但不是主体形式。这种类型的配送中心在国外十分普遍。

7. 储存型配送中心

有很强储存功能的配送中心。一般来讲,在买方市场下,企业成品销售需要有较大库存支持,其配送中心可能有较强储存功能。在卖方市场下,企业原材料,零部件供应需要有较大库存支持,这种供应配送中心也有较强的储存功能。大范围配送的配送中心,需要有较大库存,也可能是储存型配送中心。我国目前拟建的配送中心,都采用集中库存形式,库存量较大,多为储存型。

8. 流通型配送中心

基本上没有长期储存功能,仅以暂存或随进随出方式进行配货、送货的配送中心。这种配送中心的典型方式是,大量货物整进并按一定批量零出,采用大型分货机,进货时直接进入分货机传送带,分送到各用户货位或直接分送到配送汽车上,货物在配送中心里仅做少许停滞。

9. 加工配送中心

加工型配送中心以加工产品为主,因此,在其配送作业流程中,储存作业和加工作业居主导地位。由于流通加工多为单品种、大批量产品的加工作业,并且是按照用户的要求安排的,因此,对于加工型的配送中心,虽然进货量比较大,但是分类、分拣工作量并不太大。此外,因为加工的产品品种较少(指在某一个加工中心内加工的产品品种),一般都不单独设立拣选、配货等环节。通常,加工好的产品(特别是生产资料产品)可直接运到按用户户头划定的货位区内,并且要进行包装、配货。

(二)配送中心管理

1. 选址

(1)客户的分布。配送中心选址时,首先要考虑的就是所服务客户的分布。对于零售商型配送中心,其主要客户是超市和零售店,这些客户大部分是分布在人口密集的地方或大城市,配送中心为了提高服务水准及降低配送成本,配送中心多建在城市边缘接近客户分布的地区。

(2)供应商的分布。物流的商品全部是由供应商所供应的,物流愈接近供应商,则其商品的安全库存可以控制在较低的水平。由于国内一般进货的输送成本是由供应商负担的,有时不重视此因素。

(3)交通条件。交通的条件是影响物流的配送成本及效率的重要因素之一,交通运输的不便将直接影响车辆配送的进行。因此必须考虑对外交通的运输通路,以及未来交通与邻近地区的发展状况等因素。地址宜紧临重要的运输线路,以方便配送运输作业的进行。

(4) 土地条件。土地与地形的限制。对于土地的使用，必须符合相关法规及城市规划的限制，尽量选在物流园区或经济开发区。建设用地的形状、长宽、面积与未来扩充的可能性，与规划内容有密切的关系。因此在选择地址时，有必要参考规划方案中仓库的设计内容，在无法完全配合的情形下，必要时需修改规划方案的内容。还要考虑土地大小与地价，在考虑现有地价及未来增值状况下，配合未来可能扩充的需求程度，决定最合适的面积大小。

(5) 自然条件。在物流用地的评估当中，自然条件也是必须考虑的，事先了解当地自然环境有助于降低建设的风险。在自然环境中有湿度、盐分、降雨量、台风、地震、河川等几种自然现象，有的地方靠近山边湿度比较高，有的地方湿度比较低，有的地方靠近海边盐分比较高，这些都会影响商品的储存品质。另外降雨量、台风、地震及河川等自然灾害，对于配送中心的影响也非常大，必须特别留意并且避免被侵害。

(6) 人力资源条件。在仓储配送作业中，最主要的资源需求为人力资源。由于一般物流作业仍属于劳力密集的作业形态，在配送中心内部必须要有足够的作业人力，因此在决定配送中心位置时必须考虑劳工的来源、技术水准、工作习惯、工资水准等因素。人力资源的评估条件有附近人口、上班交通状况、薪资水准等几项。如果物流的选址位置附近人口不多且交通又不方便时，则基层的作业人员不容易招募。如果附近地区的薪资水准太高，也会影响到基层的作业人员的招募。

(7) 政策环境。政策环境条件也是物流选址评估的重点之一，尤其是物流用地取得困难的现在，如果有政府政策的支持，则更有助于物流业者的发展。政策环境条件包括企业优惠措施（土地提供，减税）、城市规划（土地开发，道路建设计划）、地区产业政策等。

2. 配送中心分区

(1) 收货区。工作人员完成接收货物的任务和货物入库之前的准备工作。
(2) 储存区。储存验收后的货物，分为暂时储存区和常规储存区。
(3) 理货区。配送中心人员进行拣货和配货作业。
(4) 配装区。有些分拣出来并配备好的货物不能立即发送，集中在某一场所等待统一发货。在配装区内，工作人员根据每个门店的位置、货物数量进行分放、配车，并选择运输方式。
(5) 发货区。工作人员将组配好的货物装车外运。
(6) 加工区
对特殊商品进行加工。
(7) 办公区。协调组织各种活动，指挥调度各部门人员及设备。

3. 配送中心设施设备

(1) 搬运设备。搬运作业是物流配送中心的主要作业之一。随着物流产业的发展，根据物流配送中心的实际需要，设计和生产的搬运设备品种繁多，规格齐全。主要包括叉车、输送机系统、装卸平台设备等。

(2) 输送设备。输送机系统是由两个以上输送机及其附件，组成一个比较复杂的工艺输送系统，完成物料的搬运、装卸、分拣等功能。广泛应用于物流配送中心物料的快速输送和拣选。包括带式输送机、链式输送机、辊道输送机、垂直输送机、各类分拣输送机、AGV 等。

（3）升降平台系统。自动升降平台搭设在车辆与建筑物之间，以调整车辆底部与地面的高度差。人员、货物和装卸设备通过装卸平台，减少了事故危险性。自动升降平台系统的装置包括自动升降平台、升降平台密封装置、拖车约束系统。

（4）自动堆垛机。自动堆垛机是在高层货架的窄巷道内作业的起重机，可大大提高仓库的面积和空间利用率，是自动化仓库的主要设备，又称有轨堆垛机。按照用途的不同可分为单元型、拣选型、单元—拣选型三种。按照控制方式的不同可分为手动、半自动和全自动三种。按照转移巷道方法的不同可分为固定式、转移式和转移车式三种。

（5）牵引车。牵引车是具有牵引一组无动力台车能力的搬运车辆的牵引车。牵引车作业时，台车的物料装卸时间与牵引车的运输时间可交叉进行，且可牵引一组台车，从而提高工作效率。

（6）人力搬运设备。包括手动托盘搬运车、手推台车等。

手动托盘搬运车在使用时将其承载的货叉插入托盘孔内，由人力驱动液压系统来实现托盘货物的起升和下降，并由人力拉动完成搬运作业。它是托盘运输中最简便、最有效、最常见的装卸、搬运工具。

手推台车是一种以人力为主的搬运车。轻巧灵活、易操作、回转半径小，广泛应用于车间、仓库、超市、食堂、办公室等，是短距离、运输轻小物品的一种方便而经济的搬运工具。

（7）货架系统。货架泛指存放货物的架子。在仓库设备中，货架是指专门用于存放成件物品的保管设备。

（8）集装设备。包括托盘和集装箱。托盘和集装箱作为重要的集装方式形成了集装系统的两大支柱，托盘和集装箱在许多方面优势互补，难以利用集装箱的地方用托盘，托盘难以完成的工作由集装箱完成。

（9）自动分拣系统。自动分拣系统（Automated Sorting System）是将随机的、不同类别、不同去向的物品，按其要求自动进行分类（按产品类别或产品目的地不同分）的一种物料搬运系统。

4. 配送中心作业流程

（1）集货。集货过程包括集货采购、接货、验货和收货等具体内容。配送中心的信息中心每天汇总各用户销售和生产信息，汇总库存信息，然后向总部采购部门发出以上信息，由采购部门与制造商联系，发出订单，组织货物采购。配送中心根据制造商送来的订购货物组织入库作业，通过接货、验货和收货等不同程序，最终将合格货物存入库中。

（2）储存。储存的目的是保证货物生产和销售的需要，在保持合理库存期间，同时还要求货物储存时，不发生任何数量和质量变化。

（3）分拣、配货及分放。分拣和配货作业是在配送中心理货区内进行。分拣是对确定需要配送的货物种类和数量进行挑选，其方式是采用自动化分拣设备和手工方式两种。配货也有两种基本形式：播种方式和摘果方式。所谓播种方式是指将需要配送的同种货物从库区集中于发货区，再根据每个用户对货物的需求进行二次分配。这种方式使用于品种集中或相同数量比较大的情况。摘果方式适用于货物品种多但分散、数量少的情况。分放往往是对已经分拣并配备好的货物，由于不能立即发送，而需要集中在配装区或发货区等待统一发货。

(4)配装。为了提高装货车厢容积和运输效率，配送中心把同一送货路线上不同客户的货物组合、配装在同一载货车上，这样不但可以降低送货成本，而且减少运输数量，避免交通拥挤状况。

(5)送货。送货是配送中心作业流程的最终环节。一般情况下，配送中心利用自备运输工具或借助社会专业运输力量来完成送货作业。有的送货按照固定时间和路线进行，有的不受时间和路线的限制，机动灵活地完成送货任务。

5. 配送中心的部门设置

配送中心的部门设置应该由配送中心的组织结构模式和作业流程来决定，一般可以设置如下部门：采购或进货部、储存部、搬运装卸部、机修部、配货部、流通加工部、运输部、商务部和财务部等。

【岗位实践】

实践目的：通过方案设计，了解配送作业的流程以及各环节需要注意的问题。

实践方式：方案设计。

实践内容：模拟一个零售商向若干配送中心订货。配送中心接到订单后，负责向零售商配送货物。零售商可以通过普通采购方式向配送中心下订单，也可以采用招标采购方式下订单。配送中心可以向另一个配送中心购买或置换所缺货物。

实践步骤：

(1) 接收订单与订单处理；

(2) 商品到货；

(3) 商品保管；

(4) 商品加工处理；

(5) 商品拣选；

(6) 商品动态保管、补货；

(7) 商品包装；

(8) 商品出库；

(9) 商品配送及作业计费。

【项目考核】

一、单项选择题

1. (　　)被称为生产物流的终点，同时也是社会物流的起点的物流活动。

　　A. 存储　　　　　B. 运输　　　　　C. 装卸搬运　　　D. 包装

2. 使用量最大的一种托盘是(　　)。

　　A. 柱式托盘　　　B. 平托盘　　　　C. 箱式托盘　　　D. 轮式托盘

3. 下列选项中不属于装卸搬运合理化措施的是(　　)。

　　A. 消除无效搬运　　　　　　　　　B. 提高搬运活性

　　C. 尽量采用人工操作　　　　　　　D. 采用集装单元化

4. 下列运输方式中，成本最低的是(　　)。

　　A. 铁路运输　　　B. 航空运输　　　C. 水路运输　　　D. 公路运输

5. 下列运输方式中，哪一种运输方式能实现门到门的运输服务(　　)。

　　A. 公路运输　　　B. 铁路运输　　　C. 水路运输　　　D. 航空运输

6. 公路运输的适用范围是（　　）。
   A. 远距离、大批量　　　　　　　B. 近距离、小批量
   C. 远距离、小批量　　　　　　　D. 近距离、大批量
7. 仓储最基本的功能是（　　）。
   A. 集散功能　　B. 客服功能　　C. 储存功能　　D. 检验功能
8. 保管人在保管同时接受保管物的所有权的仓储类型是（　　）。
   A. 保管式仓储　　　　　　　　　B. 消费式仓储
   C. 加工式仓储　　　　　　　　　D. 保税仓储
9. 当前，条码技术比射频技术应用广泛是因为条码的（　　）。
   A. 输入速度更快　　　　　　　　B. 准确性更高
   C. 采集信息量更大　　　　　　　D. 价格更低
10. 商品条码 EAN-13 的校验码由（　　）位数字组成，用以校验条码的正误。
    A. 1　　　　　B. 2　　　　　C. 3　　　　　D. 4
11. 由于 GPS 卫星数目共有（　　）颗，数量较多且分布合理，所以在地球上任何地点均可连续同步地观测到至少 4 颗卫星，从而保障了全球、全天候连续实时导航与定位的需要。
    A. 12　　　　B. 24　　　　C. 5　　　　D. 10
12. 下列不是物流技术的发展方向的是（　　）。
    A. 信息化　　　B. 自动化　　　C. 智能化　　　D. 分散化
13. 借助 GIS 这个信息系统（　　）。
    A. 可以进行路线的选择和优化　　B. 可以对运输车辆进行监控
    C. 可以向司机提供有关的地理信息　D. 进行全球定位
14. 配送中心进货作业不包括（　　）。
    A. 订货　　　　B. 盘点　　　　C. 接货　　　　D. 验收入库
15. 组织合理化配送作业不包括（　　）。
    A. 订货发货合理化　　　　　　　B. 商品检验合理化
    C. 备货作业合理化　　　　　　　D. 送货时间合理化
16. 配送中心在物流系统中处于（　　）物流过程。
    A. 准备　　　　B. 末端　　　　C. 干线　　　　D. 首端
17. 配送中心除了具有集货中心、分货中心的职能外，还有比较强的（　　）能力。
    A. 分拣　　　　B. 理货　　　　C. 信息处理　　D. 流通加工

二、多项选择题

1. 包装按功能不同分为（　　）。
   A. 单件包装　　B. 物流包装
   C. 商流包装　　D. 集合包装　　E. 专用包装
2. 叉车按性能分主要有（　　）。
   A. 内燃式叉车　　B. 侧面式叉车
   C. 前移式叉车　　D. 插腿式叉车　　E. 平衡重式叉车
3. 下列情况下应考虑采用公路运输（　　）。
   A. 运输批量较大　　B. 运输批量较小

C. 运输距离长　　　D. 运输距离短

E. 要求门对门运输

4. 合理的运输形式包括（　　　　）。

A. 重复运输　　　B. 对流运输

C. 迂回运输　　　D. 倒流运输　　　E. 配载运输

5. 按经营主体划分可分为（　　　　）。

A. 自有仓库仓储　　　　　　　B. 租赁公共仓库仓储

C. 合同制仓储　　　　　　　　D. 保管式仓储

6. 作业流程主要包括哪几个阶段：（　　　　）。

A. 货物入库阶段　　　　　　　B. 货物验收阶段

C. 货物保管阶段　　　　　　　D. 货物出库阶段

三、判断题

1. 物流包装又称之为销售包装。（　）
2. 运输是一种服务。（　）
3. 公路汽车运输是速度最快的运输方式。（　）
4. 虽然多式联运采取全程负责的方式，但是需要办理多次托运手续。（　）
5. 仓储活动具有生产性，是因为它也创造价值。（　）
6. 仓储的对象必须是实物资产。（　）
7. 配送中心规模设计中一般需要考虑竞争对手的情况就可以了。（　）
8. 一般来说，企业配送中心的硬件设备系统常常被看做是配送中心的先进性标志。（　）
9. 在配送系统中，库存量较大，满足率越高，反之亦然。（　）
10. 配送中心位置是否恰当关系到配送效率、物流成本和顾客服务水平，因此配送中心的选址十分重要。（　）

项目三 企业物流活动

任务一 感知企业物流

【知识目标】
1. 了解企业物流活动含义；
2. 熟悉企业物流活动流程；
3. 掌握企业各环节的物流活动内容。

【能力目标】
会简单进行企业物流运作的流程设计。

【任务描述】
海尔集团 CEO 张瑞敏曾说过，在网络时代，一个现代企业如果不搞现代物流，就没有生路。海尔搞物流的出发点是使企业每时每刻都能够对市场做出最快的反应。海尔集团从 1999 年年初开始进行物流改革——首先选择库存资金占用比较大的零部件作为突破口，建立现代化的立体库，开发库存管理软件；之后，由于车间、分货方和经销商的管理水平跟不上，就向他们推荐标准化的托盘和塑料周转箱，带动机械化搬运和标准化包装；现在，海尔物流注重整个供应链全流程最优与同步工程，不断消除企业内部与外部环节的重复、无效的劳动，让资源在每个过程中流动时都实现增值，使物流业务能够支持客户，实现快速获取订单与满足订单的目标。

作为一家大型生产制造企业，海尔集团物流活动包括哪几个阶段？企业物流又是怎样运作的？

【任务分析】
企业物流的过程是从原材料供应开始，经过生产和服务加工，再到产成品和服务产品的销售，最后将生产与消费过程中产生的废物回收及再处理，从而实现了企业物流从输出到转换，再到输出，然后资源再生产反馈的整个系统运行，即企业物流的一体化。海尔集团正是做到这些，使其从接到客户的订单开始，在 10 天内即可完成从采购、制造到配送的全过程。

【任务实施】

步骤一：初步了解企业物流

（一）企业物流

企业物流属于具体、微观物流活动的典型领域，是指以企业经营为核心的物流活动。"投入—转换—产出"构成了企业系统活动，而物流活动便是伴随着企业的投入—转换—产出而发生的。相对于"投入"的是企业外供应或企业外输入的物流，相对于"转换"的是企业内生产物流或企业内转换物流，相对于"产出"的是企业外销售物流或企业外服务物流。由此可见,在企业经营活动中,物流是渗透到各项经营活动中的活动。

(二) 企业物流与社会物流、物流企业的关系

社会物流属于宏观物流的范畴,它关注的是如何形成服务于社会、面向社会,又在社会环境中运行的物流,关注社会中物流体系结构和运行。社会物流这种社会性很强的物流主要是由专门的物流服务提供商承担的;企业物流属于微观物流的范畴,是指企业这一特定社会主体的物流活动,包括供应(采购)物流、生产物流、销售物流、回收与废弃物流等。物流企业是指至少从事运输(含运输代理、货物快递)或仓储一种经营业务,并能够按照客户的物流需求对运输、储存、装卸、包装、流通加工和配送等基本功能进行组织和管理,具有与自身业务相适应的信息管理系统,实行自主经营、独立核算、独立承担民事责任的经济组织。

(三) 不同类型的企业物流活动分析

1. 生产企业物流

生产企业物流,也称为制造企业物流,是指购进生产所需要的原材料、设备为始点,经过生产线的生产、加工,最终形成新的产品,然后供应给社会需要部门为止的全过程。根据生产企业物流活动顺序,物流可以分为四个阶段:供应阶段的物流,生产阶段的物流,销售阶段的物流,回收、废弃阶段的物流。

2. 流通企业物流

商品流通活动由生活资料的商品流通和生产资料的商品流通两大类构成。在生活资料和生产资料的流通中必然存在衔接产需双方的商业部门和物资供销部门。流通企业物流可分为采购(供应)物流、流通企业内部物流和销售物流三个阶段:采购(供应)物流是流通企业组织货源,将物资从生产厂家集中到流通部门的物流活动;流通企业内部物流包括流通企业内部的储存、保管、装卸、运送、加工等各项物流活动;销售物流是流通企业将物资转移到消费者手中的物流活动。

3. 服务企业物流

服务企业是指从事现行营业税"服务业"科目规定的经营活动的企业。人力资本是服务企业的"第一资源",即人力资本在服务企业资本中所占比例高,这是服务企业一个最大的特点。服务业包括以下几个方面和业务范围:代理业、旅店业、饮食业、旅游业、仓储业、租赁业、广告业、其他服务业等。服务型企业的经营理念是一切以顾客的需求为中心,其工作重心是以产品为载体,为顾客提供完整的服务,其利润总额中,提供服务所创造的利润占据重要比例。在这里我们所提到的服务企业物流,特指提供物流及物流相关服务的企业,即第三方物流、第四方物流等。这部分内容将在项目五中提到。

本项目主要是从生产(制造型)企业的角度分析企业的物流活动。企业物流就是指企业在生产经营过程中,物资从原材料供应,经过生产加工、成品销售、废弃物的回收以及再利用所发生的运输、储存、装卸搬运、包装、配送、信息处理等活动,即供应(采购)物流、生产物流、销售物流、回收废弃物流几个阶段。

(四) 生产、制造型企业物流活动过程

从生产企业内部作业的考察,将所有物流业务与具体经营活动结合起来,形成企业内部物流的一体化,搭建起了企业物流运行的平台,如图 3-1 所示。

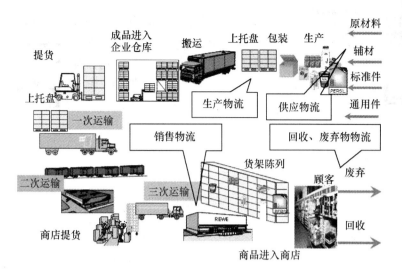

图 3-1 生产、制造型企业物流活动示意图

步骤二：熟悉企业物流的各个阶段

企业物流的各个阶段如图 3-2 所示。

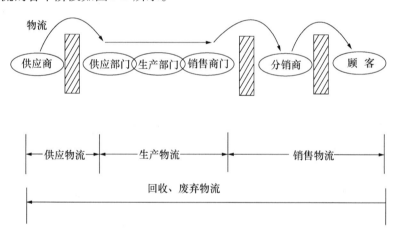

图 3-2 企业物流的各个阶段示意图

（一）企业供应物流

企业供应物流是指企业为保证本身的生产节奏，不断组织原材料、零部件、辅助材料等供应的物流活动过程，这种物流活动对企业生产的正常、高效进行起着重大作用。企业供应物流不仅要保证供应，而且还要以最低成本、最少消耗、最大的保证来组织供应物流活动，如此才能实现企业的供应目标。为此，企业供应物流就必须解决有效的供应网络问题、供应方式问题及零库存问题等。

（二）企业生产物流

企业生产物流是指企业在生产工艺中的物流活动过程。这种物流活动是与整个生产工艺过程伴生的，实际上已构成了生产工艺过程的一部分，即生产物流与生产过程同步。企业生产物流的过程大体描述为：原材料、零部件、辅助材料从企业仓库开始，进入到生产线的开始端，再进一步随生产加工过程一个一个环节地流动，在流动的过程中，物资本身被加工，同时产生一些废料与余料，直到生产加工终结，最后流动至成品仓库，如此构成企业生产物流的全过程。事实上，在产品的一个生产周期中，物流活动所用的时间远多于实际生产加工的时间。所以，企业生产物流研究的潜力、时间节约的潜力以及劳动节约的潜力是非常大的。

（三）企业销售物流

企业销售物流是指企业为保证本身的经营利益，不断伴随销售活动，将产品所有权转给用户的物流活动过程。销售物流活动带有极强的服务性，以满足买方市场的要求，最终实现销售。在这种市场前提下，销售往往以送达用户并经过售后服务才算终止，因此，销售物流的空间范围很大。所以说企业销售物流的特点就是通过包装、送货及配送等一系列的物流活动实现销售，如此一来，就需要研究送货方式、包装水平及运输路线等并采取各种措施，如少批量、多批次、定时及定量配送等物流方式实现合理化销售，达到用户满意。

（四）企业回收物流

企业在供应、生产及销售的活动过程中总会产生各种边角余料和废料，这些物品回收是通过物流活动来实现的，而且，在一个企业中，如果回收物品处理不当，往往会影响整个生产环境，甚至会影响企业的产品质量，并且会占用很大空间，造成大量的浪费。

（五）企业废弃物流

企业废弃物流是对企业排放的无用物进行运输、装卸搬运及处理等的物流活动过程。

步骤三：掌握企业物流的内容

企业物流所处阶段不同，具体运作时的内容也不尽相同。企业物流已经从单纯的产品配送向综合物流，甚至供应链管理阶段发展，包含的内容也不断地得到增加与丰富，所涉及的领域也在不断地扩大。所以说，企业物流几乎贯穿着企业的整个运营过程，包括采购、运输、存储、物资搬运、生产计划、订单处理、工业包装、客户服务以及存货预测等内容。

（一）采购

把企业采购活动归入企业物流，是因为企业运输成本与生产所需要的原材料、零部件、辅助材料等物资的地理位置有直接关系，采购的数量与物流中的运输与存储成本也有直接关系。将采购归入企业物流领域，如此一来企业就可以通过协调原材料等物资在采购地、采购数量、采购周期以及存储方式等方面有效地降低运输成本，为企业创造更多的价值。

（二）运输

运输是物流的主要功能，也是企业物流系统中非常重要的一部分。同时，运输还是企业物流最为直接的表现形式，因为它完成了物流中物资的实体移动及移动物资的网络。通常情况下，企业的物流经理负责选择运输方式运输原材料、零部件、辅助材料以及产成品，或建立企业自有的运输能力，来实现物资的转移。

(三) 存储

存储即存货管理与仓储。事实上，运输与存货水平及所需仓库数量之间存在着直接的关系。企业许多重要的决策与存储活动有关，包括仓库数目、存货量、仓库的选址及仓库设计等。

(四) 物资搬运

物资搬运影响着仓库作业效率的提高，并且，物料搬运直接影响生产的效率。在生产企业中，物流经理要对货物搬运入库、货物在仓库中的存放、货物从存放地点到订单分拣区域的移动，以及最终到达出货区准备运出仓库等一系列环节负责。

(五) 生产计划

在激烈的市场竞争中，生产计划与物流的关系越来越密切，这表现在两方面：一方面，生产计划常常依赖于物流的能力和效率的发挥；另一方面，企业的生产计划与存货能力、存货预测有关。在实际工作中，企业采用 ERP 进行资源的整合，组织生产。

(六) 订单处理

订单处理就是指完成客户订单的所有活动过程。之所以在物流领域要直接涉及订单的完成过程，是因为产品物流的一个重要方面是它的前置期，即备货周期，是从客户下达订单开始，直至货物完好交于客户为止的时间。从时间或者前置期的角度来看，订单处理是非常重要的物流活动，订单处理效率直接影响备货周期，进而影响企业的客户服务质量及承诺。

(七) 工业包装

工业包装就是指外包装。企业物流中运输方式的选择将直接影响对包装的要求。不同的运输方式对货物的损耗存在差异，通常情况下，铁路与水路所引起货损的可能性较大，从而需要支出额外的包装费用。

(八) 客户服务

客户服务也是一项重要的企业物流活动。客户服务水平与物流领域的各项活动有关，运输、存储的决策等取决于客户服务要求。

(九) 存货预测

有效存货控制是准确的存货、采购物资预测的基础，特别是使用零库存和物料需求计划方法控制存货的企业。因此，存货预测也是企业物流的一项重要活动。

除了上述提到的九项主要活动内容外，企业物流还包含工厂和仓库选址、维修与服务支持、回收及废弃物品处理等活动。当然，不同的企业或企业的不同发展阶段，其企业物流的内容也会存在差异。

任务二 组织企业供应物流

【知识目标】
1. 明确供应物流的含义及其在企业中的作用；
2. 掌握采购的分类；

3. 掌握供应商的选择方法。

【能力目标】

1. 会进行采购流程设计，执行采购方案；
2. 能结合实际制定供应商选择标准并应用。

【任务描述】

沃尔玛的核心竞争力在于其完善的供应商管理系统。有效的商品配送、存货周转是保证沃尔玛达到销售量最大而成本最低的核心。沃尔玛有一套完善的采购系统，利用高效的信息和物流系统降低成本，从而做到"天天低价"。如果供应商参与了企业价值链的形成过程，就会对企业的经营效益有着举足轻重的影响，所以建立战略性合作伙伴关系是供应链管理的重点。沃尔玛不收取供应商任何进场费，几乎不拖欠货款，而且还带动供应商改进产品工艺，降低劳动成本，甚至可以与供应商分享沃尔玛的信息系统等。

沃尔玛为什么要与供应商建立战略性的伙伴关系？怎样才能确保采购到企业所需要的物品，同时能避免库存的积压呢？

【任务分析】

供应物流是包括企业原材料在内的一切生产物资的采购、进货运输、仓储、库存控制、用料管理以及供应管理。它是企业物流系统中相对独立的系统，是企业经营的起始环节，其目的是企业为保证生产节奏，不断组织原材料、零部件以及辅助材料供应，这些活动对企业生产的正常、高效率进行起到保障作用。

【任务实施】

步骤一：认知供应物流

（一）供应物流

供应物流，也是采购物流，具体来说是指生产活动所需要的原材料、零部件、备件等物资的采购、供应活动所产生的物流（如图3-3所示）。供应物流是企业物流过程的起始阶段，是为了保质、保量、经济、及时地供应生产经营所需的各种物品，而进行计划、组织、指挥、协调、控制，以保证企业经营目标的实现。由此可见，供应物流是保证企业生产经营活动正常进行的前提条件。

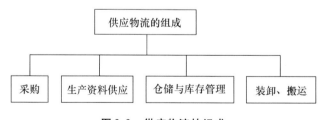

图3-3 供应物流的组成

（二）供应物流的组成

1. 采购

采购是供应物流与社会物流的衔接点，是依据生产企业生产、供应、采购计划来进行原材料、零部件、备件等的外购作业，负责市场资源、供应商与市场变化等信息的采集和反馈，从而为企业采购生产所需要的物资。

2. 生产资料供应

物资供应是供应物流与生产物流的衔接点，是依据供应计划和消耗定额进行生产资料供给的作业，负责原材料、零部件、备件等消耗的控制，保证生产物资的及时供应，确保生产顺利进行。

3. 仓储与库存管理

库存管理是供应物流的转换点，负责生产资料的接货和发货，以及物资保管工作；库存管理也是供应物流的重要部分，依据企业生产计划制订供应和采购计划，并据此负责制定库存控制策略及计划的执行与反馈修改，在保证生产连续进行的同时尽可能地降低库存量，盘活资金，创造仓储经济效益。

4. 装卸、搬运

装卸、搬运是生产资料接货、发货及堆码时进行的操作，是随着运输和储存而产生的作业，发生的频率高，装卸、搬运操作的合理化直接影响生产作业的质量，所以说装卸、搬运也是衔接供应物流和其他活动的重要组成部分。

步骤二：熟悉采购

（一）采购

采购是指基于生产、销售、消费等为目的，由采购实体购买商品或劳务的交易行为。采购有狭义和广义之分：狭义的采购是指买东西，即企业根据需求提出采购计划、审核计划、选好供应商、经过商务谈判确定价格和交货条件，最终签订合同并按要求收货付款的全过程；广义的采购是指除了以购买的方式占有物品之外，还可以通过租赁、借贷、征收和交换等途径来完成采购全过程。本教材专指狭义的采购。

1. 从三层含义理解采购

（1）采购是从资源市场获取资源的过程

无论是人类的生活活动，还是企业的生产活动，采购就是解决自己所需要，同时也是自己所缺乏的资源问题。采购的基本功能就是帮助人们从资源市场获取所需要的各种资源。

（2）采购既是一个商流的过程，也是一个物流的过程

采购是将资源从市场的供应者手中转移到用户手中的过程。在这个过程中实现了两种转移：一是实现商品所有权的转移，即商流过程；二是实现空间和时间的转移，即物流过程。实际上，采购过程是商流和物流的统一。

（3）采购是一种经济活动

在整个采购活动过程中：一方面获取资源，保证企业的正常生产顺利进行，从而实现采购的经济效益；另一方面，在采购的过程中也会产生各种费用，即采购成本。因此，企业在采购过程中，要追求采购利益的最大化，同时也要以最少的成本去获取最大的效益。

2. 进行采购时应遵循的原则

企业的采购部门在采购企业所需要的物资时，一定要遵循五适原则，即适时、适价、适量、适质、适地的原则。

（1）适时

在价格稳定时期，按照生产计划进行分期采购；在价格不稳时，如受季节变化，采购物资价格较低时，可以多购进物资。

（2）适价

长期采购与短期采购、大批采购与少批采购在价格上是有差别的，决定一个适合的价格要经过多种渠道的询价、比价、自行估价、议价等过程。

（3）适量

采购量多，价格就便宜，但不是采购越多越好。因为资金的周转率、仓库储存的成本都直接影响采购成本，因此应根据资金的周转率、储存成本、物料需求计划等方面综合计算出最经济的采购量。采购量的大小决定生产与销售的顺畅与资金的调度。

（4）适质

采购时要低价购进企业生产所需要的物资，但是仅仅是价格低、数量足是不够的，还要保证所购进物资的品质。市场行情和采购物料的品质成本是间接的，因此常常被忽视，但是品质不良会造成管理费增加、生产不稳定、降低企业信用以及产品竞争能力不强等负面影响。

（5）适地

采购时也要遵需适地原则：距离供应商越近，运输费用就越低、机动性就越高、协调沟通就越方便，成本自然就降低了。同时也能缓解紧急订购时的时间安排。

（二）企业采购模式

1. 集中采购

集中采购是指同一企业内部或同一企业集团内部的采购管理集中化的趋势，即通过对同一类材料进行集中化采购来降低采购成本。集中采购基本模式：集中定价，分开采购；集中订货，分开收货付款；集中订货，分开收货，集中付款；集中采购后调拨等运作模式。

对于企业而言，采用哪种模式的集中采购，取决于集团对下属公司的股权控制、税收、物料特性、进出口业绩统计等因素，一个集团内可能同时存在几种集中采购模式。

2. 分散采购

分散采购是针对集中采购而言的，分散采购是指由企业下属各单位（包括子公司、分厂、车间或分店等）自行实施的满足自身生产经营需要的一种采购活动。这种采购模式有利于采购环节与存货、供料等环节的协调配合；也有利于增强基层工作责任心，使基层工作富有弹性和成效。但是它也有不足之处，主要是这种采购失去了规模效益，增加了采购成本，不便于监督管理等。

集中采购与分散采购并不是完全对立的，是相辅相成的。企业仅靠一种采购方式不能满足生产的需要，通常大多数企业会在集中采购和分散采购两个极端之间进行平衡。

3. 联合采购

联合采购是指一个区域或几个区域的企业或经销商联合起来进行采购的一种模式。如此一来，批量变大，议价能力增强，还可以向厂商争取终端物料支持、运费支持、广告支持等。通过联合采购，企业或经销商之间的采购、销售、管理经验可以快速交流和学习。

与此同时，联合采购对风险防范、风险控制、问题厂商的发现、库存调配等方面都有极大的帮助。

4. 询价采购

询价采购是指对几个供货商（n≥3）的报价进行比较以确保价格具有竞争性的一种采购模式。询价采购是国际上通用的一种采购方法。它的特点是特邀请至少三个供货商报价，但供应商只能提供一个报价。可以采用电传或传真形式提交报价，报价的评审应按照买方公共或私营部门的良好惯例进行；采购合同一般授予符合采购实体需求的最低报价的供应商或承包商。但是由于询价采购所选供应商的数量少、范围窄，可能选中的供应商不一定是最优的。所以说，询价采购比较适用于数量少、价值低的商品或者急需商品的采购。

5. 电子采购

电子采购是由采购方发起的一种采购模式，即采购方用计算机系统代替传统的文书系统，通过网络支持完成采购工作的一种采购模式，是一种不见面的网上交易。具体来说就是采购方在网上寻找供应商和商品、网上洽谈贸易、网上订货甚至在网上支付货款。电子采购比一般的电子商务和一般性的采购在本质上有了更多的概念延伸，它不仅仅完成采购行为，而且利用信息和网络技术对采购全程的各个环节进行管理，有效地整合了企业的资源，帮助供求双方降低了成本，提高了企业的核心竞争力。

6. 招标采购

招标采购是指采购方作为招标方，事先提出采购的条件和要求，邀请众多企业参加投标，然后由采购方按照规定的程序和标准一次性地从中择优选择交易对象，并与提出最有利条件的投标方签订协议等过程的一种采购模式。在整个过程中要求公平、公开、公正和择优。

招标采购有三种方式，即公开招标、邀请招标和议标。公开招标是指招标人以招标公告的方式邀请不特定的法人或者其他组织投标；邀请招标是指招标人以投标邀请书的方式邀请特定的法人或者其他组织投标；议标又称谈判招标或限制性，是指采购人和被采购人之间通过一对一谈判而最终达到采购目的的一种采购方式，不具有公开性和竞争性。

7. 即时制采购（Just In Time，JIT）

JIT采购的原理是最大限度地消除浪费，降低库存，实现零库存，是一种理想的采购模式。JIT采购的基本思想是：在恰当的时间、恰当的地点，以恰当的数量、恰当的质量提供恰当的物品。它和传统的采购模式在质量控制、供需关系、供应商的数目、交货期的管理等方面有许多不同，其中，质量控制和供应商的选择是核心内容。要成功推行JIT采购方式，企业必须从采购组织建设、采购方法以及采购流程等方面做出重大调整。

步骤三：掌握供应物流流程

供应物流作业流程往往会因采购物料来源、采购方式以及采购对象等方面不同，在具体细节上存在若干差异，但是基本作业过程大同小异。通常供应物流作业流程由以下八个步骤组成。

（一）采购申请

采购申请是由物料控制部门根据物料需求分析表的信息，计算出物料量，填写请购单，依照签核流程送发至不同审核主管批准。在填制采购单的同时，还必须登记编号，以便未来查询和确认，这样可以有效防止随意性和盲目性。

（二）选择供应商

企业处于以买方市场为主导的现代市场经济中，在物资采购时，市场上往往有多家供应商可供选择，此时买方处于有利地位，可以货比多家进行择优选择。因此买方可根据物料的品种、价格、品质、形状、功能多种相应服务条件为基础，比较供应商供货能力和条件，尽力降低采购成本，选择最理想的供应商。在采购条件许可范围内，应该列出或排出所有供应商清单，采用比较和评估的科学方法挑选合适的供应商，与之建立战略联盟，保证供给，顺利进行生产。

（三）确定价格

确定价格其实就是谈判的过程，但这一过程相当困难。因为价格是最敏感也是最棘手的问题，买卖双方都会站在自己的角度去获取价格的优势来维护自身利益。需要注意的是，尽管价格是市场供需双方的主要关注点，但是双方中的任何一方都不能随意地要价，否则会导致交易失败。另外，价格并非是采购业务过程中唯一的决定性因素，价格与物料数量、质量、交货时间、包装、运输、售后服务等内容有多种相互制约的关系，因此要求交易双方必须综合权衡利弊，定出使双方都满意的价格，促成交易，实现合作。

（四）签约或签发采购订单

物资采购订单是指具有法律效力的书面文件，内容主要包括采购物资的具体名称、数量、品质及其他要求；包装要求、运输方式；采购验收标准；交货时间和地点；付款方式；对不可抗拒因素的处理；违约责任及其他等。签约或签发采购订单是十分仔细和谨慎的采购行为，采购方必须认真对待，并有效处理。

（五）跟踪协议后订单与稽核

在订单下发之后，为使供应商能够如期、保质、保量地交货，依据合约或订单规定，督促供应商按规定交运，并严格验收入库，就要对订单进行跟踪与稽核。这一过程必须予以充分重视，因为它是整个采购过程的核心。

（六）接受物资

供应商根据不同的运输方式将物资送至采购方指定的地点，采购方根据送达物资认真验收。为保证物资的准确性，就必须对到货的物资进行验收，从以下几方面核对：确定验收时间或日期；验收工作应按合约的内容进行；是否完全符合订单或合约要求；确定验收人员和负责人员；如发现物资存在质量或其他方面的问题时，应及时通知供应商进行处理；验收单据由验收人员签署，并对此负全部责任；验收单据签署后，可作为采购方付款凭证之一。

（七）确认支付发票与结案

支付货款前必须核对支付发票与验收的物资清单或单据是否一致，确认后连同验收单据，开出保票向财务部门申请付款，财务部门经会计账务处理后通知银行正式付款，至此采购方与供应商之间的业务事宜终结。

（八）采购工作评价

采购活动完成后，要及时对整个采购过程进行评价，总结经验教训、找出问题、提出改进的方法，不断提高采购管理水平。评价主要从五个方面进行：采购成本的降低、交货期的达成率、货物品质合格率、供应商的维护、新供应商的开发等。

步骤四：选择供应商

对于采购工作来说，合理选择供应商是非常重要的一步，它关系企业能否降低采购成本，保证物资以准确时间和准确数量进货，保证企业生产顺利进行。

（一）供应商的开发

供应商开发的首要工作，就是要了解供应商，做到知己知彼。要了解供应商的情况，就要对供应商进行调查，即对供应商的能力做出一种预测。一般方法是派出一组有资格的观察员对资源市场进行调查，然后了解供应商的硬件和软件，对其进行初步调查，最后收集有关信息，做深入调查。

选择供应商是供应链的关键环节，因为它们处在供应链的最上端，如果上游出了问题，下游无论怎样努力都无法做到最优。全面系统地调查供应商可以对供应商的情况加以把握，从而为今后与其建立长期稳定的合作关系打下良好的基础。

（二）供应商的选择标准

供应商选择是供应商管理的主要内容，选择适合的供应商，不仅对企业的正常生产起决定性作用，而且对企业的发展也非常重要。供应商选择旨在建立一个稳定可靠的供应商队伍，为企业生产提供可靠的物资供应。在选择供应商时，有以下几个衡量的标准：技术水平、采购成本、管理水平、整体服务水平、快速响应能力、供应商的企业信誉、财务状况、生产能力、配合度等。

（三）供应商选择的主要步骤

1. 首先了解供应商的情况

企业可以通过以下四个途径来了解供应商的一些信息：直接向供应商了解情况；通过供应商自己的对外宣传了解他们；采购人员通过自己的业务关系或者社会关系向行业内的其他企业咨询，这样获得的信息往往比较真实；向工商局、税务局、行业商会等官方和非官方的机构了解供应商的实力、背景。

2. 初步进行谈判

在了解供应商的基本情况之后，就可以与供应商进行初步的谈判，一般是选定几个比较合适的供应商进行谈判。在谈判过程中，采购方一方面要提出自己的采购要求，向供应商提供样品，以便双方能达成协议；另一方面采购方要更加详细地了解供应商的基本情况，要察看他们是否具有正规的质量和生产能力保证方面的证明性材料和文件，同时还应要求供应商出具法人营业执照、产品生产许可证、资产证明材料等方面的证明。如果觉得有必要，还可以到供应商企业进行实地考察，谈判之后就可以确定供应商。

3. 进行采购认证

对于大型项目的采购，要经历采购认证的过程，这个过程较为复杂，因而要谨慎。主要从以下四个方面入手：

（1）在接触供应商之前，采购方要做认证准备。认证准备包括三方面的工作：首先，要对采购需求做进一步的确认，掌握市场采购动态，明确采购质量要求和使用标准；其次，对价格进行更详细的预算，如货物购买成本、采购管理成本、库存成本等；最后，根据以上工作制定认证说明书，包括价格预算、质量说明、需求量、售后服务等方面，准备发送给供应商。

（2）向初步选定的供应商发送认证说明书。供应商收到认证说明书后，根据自己的真实情况制定供应报告。供应报告包括供应商所能接受的采购价格、所能达到的质量水平、所能达到的数量水平、所能提供的售后服务、所能满足的月或年的供应量、订单提前期的长度等。如此一来，可以选定几个有资格的供应商。

（3）向有资格的供应商提供样品试制资料，签订试制合同，并对供应商的试制过程进行监控，对完成的样品进行检验和评估。

（4）选定供应商。评估之后，根据价格、质量、数量、风险等方面的要求，选择最合适的供应商。当然，最后确定的供应商可能不止一家。

【岗位实践】

实践目的：

（1）通过模拟采购，熟悉采购的流程；

（2）通过小组间现场研讨，能够分析采购各环节应注意的问题；

（3）培养语言表达能力、分析、判断能力和团队协作意识。

实践方式：小组间情景模拟。

实践内容：采购模拟的内容主要包括以下几个方面：

（1）采购计划制订；

（2）选择适合的供货商；

（3）采购评价。

实践步骤：

（1）班级分小组，组建 n 个虚拟公司（一家需求方，其余为供货方）；

（2）一家需求方拟采购一批生产所需要的物品（物品信息需求双方商定），制订公司采购需求计划，对外发布需求公告；

（3）其他虚拟公司即供货方，为准备需求方所需要的物品资料，组织竞标；

（4）现场模拟采购流程，选择合适的供应商；

（5）讨论分析企业的采购流程及各环节应注意的问题。

实践考核：

（1）采购活动的完整性，占 60%；

（2）小组现场研讨相关问题回答的完整性、合理性、认识的深度及表达能力、思维的敏捷性和团队合作精神等，占 40%。

任务三　组织企业生产物流

【知识目标】
1. 明确生产物流的含义；
2. 熟悉企业生产物流流程，并进行流程设计；
3. 掌握不同生产模式下的生产物流运作方式。

【能力目标】
1. 能够依据影响企业生产物流的因素，设计企业生产物流流程优化方案；
2. 会运用现代企业生产物流管理的新模式，进行企业生产物流计划和控制，合理安排生产运作。

【任务描述】

海尔集团通过"一流三网"实现了企业的经济效益的提升："一流"是以订单信息流为中心；"三网"分别是全球供应链资源网络、全球用户资源网络和计算机信息网络，"三网"同步运营，为订单信息流的增值提供支持。具体来说海尔是为订单而采购，消灭了库存；拥有全球供应链网络，实现了双赢；通过三个JIT，即JIT采购、JIT配送和JIT分拨物流来实现同步流程；在企业外部，通过CRM（客户关系管理）和BBP（电子商务平台）的应用架起了海尔与全球用户资源网、全球供应链资源网沟通的桥梁，实现了与用户的零距离。

海尔集团作为中国最大的家电制造业集团，其生产物流环节是如何实现JIT运作的？

【任务分析】

市场竞争是一个以买方市场为主导的竞争格局，企业生产什么、生产多少，由市场来决定，以消费者的价值取向为引导，因此，目前企业是按单生产，企业所需要的物品已经到库，按照生产计划的安排，将在库物品上线生产，物品在厂内如何流动，从而完成生产作业，履行订单。企业生产物流就是指企业在生产工艺中的物流活动。这种物流活动是与整个生产工艺过程伴生的，实际上已构成了生产工艺过程的一部分。通过本次任务的实施，使学生掌握生产物流流程，能够进行基本的流程设计，使生产顺利进行，避免库存的积压和生产线上的停工待料。

【任务实施】

步骤一：认知生产物流

（一）生产物流

生产物流是指原材料、零部件、辅助材料投入生产后，经过下料、发料、运送到各个加工点和存储点，以在制品的形态，从一个生产单位流入另一个生产单位，按照规定的生产工艺过程进行加工、储存的全部生产过程。因此，生产物流的形式和规模取决于生产的类型、规模、方式和生产的专业化与协作化水平。生产物流过程需要物流信息提供支持，通过信息的收集、传递、储存、加工和使用，控制各项物流活动的实施，使其协调一致，以保证生产的顺利进行。生产物流管理的核心是对物流和信息流进行科学地规划、管理与控制。

（二）生产物流特征

生产、制造型企业的生产过程实质上是每个生产加工过程"串"起来时出现的物流活动。因此，一个合理的生产物流过程应该具有六个方面的特征，才能保证生产过程始终处于最佳状态。

1. 连续性、流畅性

生产的连续性、流畅性是指物料总是处于不停流动之中，包括空间上的连续性和时间上的流畅性。空间上的连续性要求生产过程各个环节在空间布置上合理紧凑，使物料的流程尽可能短，没有迂回往返现象；时间上的流畅性要求物料在生产过程的各个环节的运动，自始至终处于连续流畅状态，没有或很少有不必要的停顿与等待现象。

2. 平行交叉性

生产的平行交叉性是指物料在生产过程中应实行平行交叉流动。平行是指相同的在制品同时在数道相同的工作地上加工流动；交叉是指一批在制品在上道工序还未加工完时，将已完成的部分在制品转到下道工序进行加工。平行交叉流动可以大大减少产品的生产周期。

3. 比例性、协调性

生产的比例性、协调性是指生产过程的各个工艺阶段之间、各工序之间在生产能力上要保持一定的比例以适应产品制造的要求。比例关系表现在各生产环节的员工、设备数、生产面积、生产速率开动班次等因素之间的相互协调和适应，由此可见，所说的比例是相对的、动态的。

4. 均衡性、节奏性

生产的均衡性、节奏性是指产品从投料到最后完工都能按预订的计划均衡地进行，能够在相等的时间间隔内完成相等的工作量或稳定递增的生产工作量。

5. 准时性

生产的准时性是指生产的各阶段、各工序都按后续阶段和工序的需要生产，即在需要的时候，按需要的数量，生产所需要的零部件组织进行。只有保证准时性生产，才有可能推动上述连续性、平衡性、比例性、均衡性的发挥。

6. 柔性、适应性

生产的柔性、适应性是指加工制造的灵活性、可变性和可调节性。即在短时间内以最少的资源从一种产品的生产转换为另一种产品的生产，从而适应多样化、个性化要求。

（三）影响生产物流的主要因素

1. 生产的类型

不同的生产类型，其产品品种、结构的复杂程度、精度等级、工艺要求以及原料准备不尽相同，这些特点影响着生产物流的构成以及相互间的比例关系。

2. 生产的规模

生产规模是指单位时间内的产品产量，通常以年产量来表示。生产规模越大，生产过程的构成越齐全，所需的物流量也就越大。反之生产规模越小，生产过程的构成划分得越粗，所需的物流量也越小。

3. 企业的专业化与协作水平

企业的专业化与协作水平越高,企业内部的生产过程就越趋于简化,所需的物流流程就越短。某些基本工艺阶段的半成品,如毛坯、零件、部件等,都可由其他专业工厂提供,如此一来,也带动了其他工厂的专业水平,双方协作生产,实现共赢。

步骤二:掌握企业生产物流过程

企业生产物流的过程大体为:原材料、辅助材料等从企业仓库开始,进入生产线的开始端,再进一步随生产加工过程一个一个环节地运动。在运动过程中,本身被加工,同时产生一些废料、余料,直到生产加工终结,再运动至产成品、制成品仓库等一系列企业生产物流过程(如图3-4所示)。

图3-4 企业生产物流过程示意图

(一)生产物料存储过程

生产物流开始于生产所需原材料、辅助材料的生产前存储,它保证了生产工序对原材料、辅助材料的连续性消耗。生产物料的存储地点越接近加工地点,生产物流的时间成本越低。

(二)生产流转过程

生产流转过程是指生产物料到产成品的转换过程,也是企业生产工艺流程的全过程。在这一过程中,生产物流系统需要进行生产物料的出库、装卸、搬运和产成品的入库。生产物料及在制品的流动与企业生产的工艺流程有关,不同的生产工艺对应不同的物料流动。

(三)产成品存储过程

产成品在进入销售环节之前需要进行短暂的存储,其目的是实现产成品的时间效用,调整产品供给与需求的时间差。即使是按订单生产的企业,或是在准时供应制生产模式下的企业,也要对产品进行短暂的存储,获得产品销售前的集中运输和大批量包装的规模效应。

步骤三:了解企业生产物流的主要领域

(一)工厂布置

工厂布置是指在工厂范围内,各生产手段的位置确定、各生产手段之间的衔接和以何种方式实现这些生产手段。具体来讲,就是机械装备、仓库及厂房等生产手段和实现生产手段的建筑设施的位置确定。这是生产物流的前提条件,也是生产物流活动的一个环节。在确定工厂布置时,单考虑工艺是不够的,必须考虑整个物流过程。

(二) 工艺流程

工艺流程是指技术加工过程、化学反应过程与物流过程的统一体，三者同步进行。在以往的工艺过程中，如果认真分析物料的运动，就会发现有许多不合理的运动。例如，厂内起始仓库搬运路线不合理，搬运装卸次数过多；仓库对各车间的相对位置不合理；在工艺过程中，物料出现过长的运动、迂回运动及相向运动等。这些问题都反映了工艺过程缺乏物流考虑。

(三) 装卸搬运

生产物流中，装卸搬运是一种发生最广泛、频度最高的物流活动，这种物流活动甚至会决定整个生产方式和生产水平。例如，用传送带式工艺取代"岛式"工艺，省却了反复的装卸搬运，使之变成了一种新的生产和管理模式，这是现代生产方式的一次革命。

在整个生产过程中，搬运装卸耗费巨大，是在生产领域中物流主要功能要素的主要体现，是生产领域中物流可挖掘的主要"利润源"。保证安全，防止物料损坏、丢失，减少物料搬运的数量、频率和距离，降低成本是针对生产物流过程中装卸搬运所提出的目标要求。

(四) 生产物流的物流节点

生产物流节点，主要以仓库形式存在，虽然都名为仓库，但生产物流中各仓库的功能、作用乃至设计、技术都是有区别的。一般来说，生产物流中的仓库有两种不同类型。

1. 储存型仓库

一般来讲，在生产物流中，这种仓库是希望尽量减少的，它不是主体。

2. 衔接型仓库

衔接型仓库是指生产企业中各种类型中间仓库的统称，有时就称为中间仓库。中间仓库完全在企业的可控范围之内，因此，可以采用种种方法缩减这种仓库，甚至完全取消这种仓库，管理方法与调整技术并用是解决这一问题所必需的。从技术方面来讲，需调整半成品生产与成品生产的速率，现在采用的看板方式和物料需求计划方式都有可能解决这一问题，达到优化生产物流的目的。

(五) 物流路线

当工厂布局和工艺路线确定好以后，如何进行物流路线的安排是一个非常关键的问题。物流路线的合理性将直接影响生产物流是否顺畅，生产物流运作是否能顺利、高效地运作。

物流路线的确定主要参照以下四个原则。

1. 生产物流均衡

使物流量在物流路线上实现均衡性，避免物流通道之间物流量分配不均，造成部分物流路线堵塞，部分物流路线空置。

2. 成本最低原则

通过有效积载、缩短路径等方法降低装卸、搬运等物流成本。

3. 直线化

尽量实现供需两地的直线转运，减少中间的节点。

4. 时间最小化

路线的选择必须考虑物料转运的及时性,所以物流路线的选择应充分考虑时间因素,保证物料及时到达需求地。另外,物流路线的选择还会受到场地、基础设施、信息系统等因素的影响,在选择过程中应明确目标,根据实际情况选择最有效的物流路线。

步骤四：不同生产模式下生产物流的管理

通常情况下,企业生产的产品产量越大,产品的品种数就越少,生产的专业化程度也就越高,而物流过程的稳定性和重复性会随之变大。所以,生产物流类型与决定生产类型的产品产量、品种和专业化程度有着内在的联系。

（一）手工作坊式生产模式

手工作坊式生产是人类经历的第一种生产方式。这种生产方式主要以小批量和定制生产形式为主,它的生产效率低但产品价格高,质量难以持续保证,其服务的市场面狭窄,生产周期较长。

单件生产模式下的生产物流管理一般是凭借个人的劳动经验和师傅定的行规进行管理,因此个人的经验智慧和技术水平起了决定性作用。

（二）大批量生产模式

大批量生产模式下的生产物流管理是建立在科学管理的基础上的,在进行大批量生产时,事先必须制定科学标准物料消耗定额,然后编制各级生产进度计划对生产物流进行控制,并利用库存制度对物料的采购及分配过程进行相应的调节；生产中对库存控制的管理与优化是基于外界风险因素而建立的,因此要进行风险管理,即面对生产中不确定因素,应保持适当的库存,用以缓冲各个生产环节之间的矛盾,避免风险,从而保证生产连续进行。

（三）多品种小批量生产模式

精益生产是通过市场供求、运行方式、系统结构和人员组织等方面的变革,使生产系统能很快适应用户需求的不断变化,并能使生产过程中一切无用、多余的东西被精简,最终达到包括市场营销在内的生产各个方面的最好结果。精益生产下的生产物流管理有两种模式：推进式和拉动式两种模式。

步骤五：企业生产物流计划

（一）企业生产物流计划

企业生产物流计划是指企业生产过程中物料流动的纲领性书面文件,指导生产物料开始、有序运行直至完成的全过程。生产物流计划的核心是生产作业计划的编制工作,即根据计划期内规定的生产产品的品种、数量、期限以及发展的实际情况,具体安排原材料及其零部件在各工艺阶段的生产进度。与此同时,为企业内部各生产环节安排短期的生产任务,协调前后的衔接关系。

（二）企业生产物流计划的内容

企业生产物流计划的内容包括三个方面,即确定企业计划期的生产物料需用量；确定生产物料的消耗定额；清查企业的库存资源，经过综合平衡，编制出物料需求计划，并组织供货。

（三）企业生产物流计划的任务

1. 保证生产计划的顺利完成

为了保证按计划规定的时间和数量生产各种产品，企业就要研究物料在生产过程中的运动规律，以及在各工艺阶段的生产周期，以此来安排物料经过各工艺阶段的时间和数量，并使系统内各生产环节的在制品的结构、数量和时间相协调。因此，通过生产物流计划中的物料平衡以及计划执行过程中的调度、统计等工作，来保证生产计划的完成。

2. 为均衡生产创造条件

均衡生产是指企业及企业内的车间、工段、工作地等生产环节，在相等的时间阶段内，完成等量或均增数量的产品。保证均衡生产要做到以下三点，即每个生产环节都要均衡地完成所承担的生产任务；在数量上均衡生产和产出的同时，各阶段物料也要保持一定的比例性；尽可能缩短物料流动周期，同时保持一定的节奏性。

3. 加强在制品的管理，缩短生产周期

保持在制品、半成品的合理储备是保证生产物流顺利进行的必要条件。在制品过少，会使物流中断而影响生产；反之，又会造成物流不畅，从而加长生产周期。因此，对在制品的合理控制，既可减少在制品占用量，又能使各生产环节衔接、协调，按物流作业计划有节奏地、均衡地组织物流活动。

步骤六：现代企业生产物流管理的新模式

（一）物料需求计划（Material Requirement Planning，MRP）

物料需求计划是一种将库存管理和生产进度计划结合为一体的计算机辅助生产计划管理系统。企业根据市场需求制订营销计划后，生产系统必须按期交付出产成品，由此倒推出主生产进度计划，再根据产品的数量与产品的层次结构逐次求出各零部件所需时间，就称为MRP。

MRP的基本构成如图3-5所示，它回答了四个方面的问题：

（1）根据主生产计划回答我们要生产什么；
（2）根据物料清单回答生产这些产品需要什么物料；
（3）根据库存记录回答我们已经有了什么；
（4）用MRP计算我们还缺什么。

（二）制造资源计划（Manufacturing Resources Planning，MRP Ⅱ）

制造资源计划是将企业内部信息集成及计算机化的管理信息系统，即将企业的经营计划、生产计划、主生产计划、物料需求计划、生产能力计划、资金计划、销售计划等通过计算机有机地结合起来，形成一个由企业各功能子系统有机结合的一体化信息系统，使各个系统在统一的数据环境下运行。

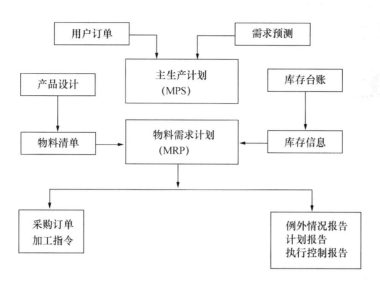

图 3-5 MRP（物料需求计划）的基本构成

MRPⅡ把企业中各个子系统有机结合起来，组成了一个全面生产管理的集成化管理系统。MRPⅡ的所有数据来源于企业的中央数据库，它的计划编制是从上到下、由粗到细进行的。

（三）企业资源计划（Enterprise Resources Planning，ERP）

企业资源计划系统是指建立在信息技术基础上，以系统化的管理思想，为企业决策层及员工提供决策运行手段的管理平台。ERP系统集中信息技术与先进的管理思想于一身，成为现代企业的运行模式，反映了时代对企业合理调配资源，最大化地创造社会财富的要求，成为企业在信息时代生存、发展、获利的基石。

ERP脱离了物料、人工和生产为中心的制造系统，将用户放在了主导者的位置，如果真正实现ERP，将不再是由销售预测决定生产，而是由客户来驱动企业需求，实现供应链管理。

（四）准时制生产（Just In Time，JIT）

1953年由日本丰田汽车工业公司提出的。准时制生产是指将必要的零件以必要的数量在必要的时间送到生产现场，并且将所需要的零件，只以所需的数量、只在正好需要的时间送到生产现场。这是为适应消费需要多样化、个性化而建立的生产体系及为此生产体系服务的物流体系。准时制生产的目标就是最大限度地降低库存，最终降为零库存；最大限度地消除废品，追求零废品，从而实现最大的节约。

任务四 组织企业销售物流

【知识目标】

1. 明确企业销售物流的含义；
2. 掌握企业销售物流的影响因素。

【能力目标】

能够改进企业的销售渠道，促进企业销售物流的合理化。

【任务描述】

海尔决意自建物流，而伊莱克斯情愿外包，是南辕北辙还是殊途同归？海尔物流推进本部项目处处长周行将海尔物流特色总结为：借助物流专业公司力量，在自建基础上小外包，总体实现采购JIT、原材料配送JIT和成品配送JIT的同步流程。采用外包物流的伊莱克斯全国物流经理陈向东则指出，要想实现企业的销售额，就必须轻装上阵，将伊莱克斯的物流业务外包给专业的第三方物流公司负责，伊莱克斯只负责产品的生产。

由此可见，海尔和伊莱克斯采用了两种截然不同的物流系统。对于企业而言，到底是自建物流体系好，还是外包物流体系好呢？

【任务分析】

企业销售物流是企业为保证本身的经营利益，不断伴随销售活动，将产品所有权转给用户的物流活动。在现代社会中，市场环境是一个完全的买方市场，销售物流活动应以满足买方的要求为目的实现销售。

销售物流是企业物流系统中的重要环节，它与企业的销售系统相配合，共同完成产品的销售任务。销售物流是企业物流系统的最后一个环节，是企业物流与社会物流的衔接点，也是企业物流与社会物流的转换点。

【任务实施】

步骤一：认知企业销售物流

（一）企业销售物流

企业销售物流是企业为保证本身的经营利益，不断伴随销售活动，将产品所有权转给用户的物流活动。只有经过销售，企业生产的产品才能实现其价值，创造利润。所以说，销售物流是指企业在销售过程中，将产品的实体转移给用户的物流活动，是产品从生产地到用户的时间和空间的转移，从而实现企业销售利润的目的。销售物流是储存、运输、配送等环节的统一，也是企业在出售商品时物品在供方与需方之间的实体流动。

1. 销售物流是一个系统

销售物流活动包括订货处理、产成品库存、发货运输、销售配送等物流活动，其本身构成了一个系统。

2. 销售物流是连接生产企业和用户的桥梁

销售物流是企业物流活动的一个重要环节，它以产品离开生产线进入流通领域为起点，以送达用户并经售后服务为终点的一个物流活动。由此可见，销售物流是连接生产企业和用户的桥梁。

3. 销售物流是生产企业赖以生存和发展的条件

对于生产企业来讲，物流创造了企业的第三利润源。而销售物流成本的降低也是降低企业成本的重要手段之一。销售物流成本占据了企业销售总成本的20%左右，销售物流的好坏直接关系企业利润的高低。因此，企业一方面依靠销售物流将产品不断运至消费者和用户，另一方面通过降低销售过程中的物流成本，间接或直接增加企业利润，所以说销售物流是生产企业赖以生存和发展的条件。

4. 销售物流具有服务性

在现代社会中，市场环境是一个完全的买方市场，只有满足买方要求，卖方才能最终实现销售。在这种前提下，销售往往以送达用户并经过销售后服务才算终止。因此，销售物流具有更强的服务性。销售物流的服务性表现在要以满足用户的需求为出发点，树立"用户第一"的观念，要求销售物流必须快速、及时，这不仅是消费者和用户的要求，也是企业发展的要求。

（二）影响企业销售物流的因素

1. 销售渠道的变革直接影响物流活动的合理化

很多大型的零售商或零售连锁店通过物流系统的重组来确保物流活动的经济性，也就是说，将物流系统的构筑与收集消费者需求信息以及提高商品购买力紧密结合在一起，从而发挥零售业直接接触消费者、直接面向市场的优势。由于零售业的积极推动，原有的物流格局开始崩溃。此外，从厂商的角度看，为了更好地了解顾客需求，保持物流经济性，也在加强对流通渠道的管理和整合，通过对渠道的控制，在消费者心目中确立厂商的品牌形象。所有这些在销售物流渠道上的变革，都直接或间接影响着物流的格局和由此而产生的效率和效果的双提升。

2. 新产品的生产或者生产的扩大影响物流的顺畅

在产品设计时，必须考虑产品的包装以及搬运方式等，不方便搬运的产品是不会有好的市场效果的。无限扩大产品线，会直接影响物流效率，从而对企业利润的增加起到抑制作用。尽管产品线扩大会使企业总销售额增加，但同时也带来单位物流成本的上升。大多数物流成本与某个品种的平均销售量有关，而与总销售量无关。所以说，产品线扩大应当充分考虑新产品线的平均销售规模以及相应所产生的物流成本。

3. 促销策略影响物流成本

企业在日常经营活动中，会采取各种各样的促销手段，来实现在特定时期提高销售额或扩大市场占有率的目的，这些销售策略在一定时期和范围内的确能提高企业收益，但对物流成本也会产生影响。如在实施特定促销或商品折扣活动时，有可能使商品销售量在一定时间内达到高峰，与这种促销活动相对应，必须合理安排、确立商品销售高峰期的制造、输送、库存管理、事务处理等各种物流要素及活动，并使设备投资和在库投资有利于缓和销售高峰期对商品输送所造成的压力。除此之外，促销期的商品往往与平时销售的商品不太一致，特别会在包装和设计上突出促销品的特征，这就会出现与上述产品线扩大相类似的物流问题。除此之外，促销期的商品在生命周期上也会有所限制，与产品生命周期的变化相对应，就会派生出计划、管理、必要的迅速反应、过剩产品的处理等一系列问题。所以说，在企业实施促销策略时，应充分考虑它对整个物流产生的影响。

步骤二：熟悉企业销售物流的模式

（一）生产企业自己组织销售物流

生产企业自己组织销售物流是在买方市场环境下主要的销售物流模式之一，也是我国当前绝大部分企业采用的物流形式。生产企业自己组织销售物流，实际上是把销售物流作为企业生产的一个延伸或者看成生产的继续。生产企业销售物流成了企业经营的一个环节，值得注意的是，这个经营环节是和用户直接联系、直接面向用户提供服务的一个环节。在企业从"以生产为中心"转向以"市场为中心"的情况下，这个环节逐渐变成了企业的核心竞争环节，已经不再是生产过程的继续，而是企业经营的中心，生产过程变成了这个环节的支撑力量。

（二）第三方物流企业组织销售物流

第三方物流企业组织销售物流，实际上是生产企业将销售物流外包，将销售物流社会化。由第三方物流企业承担生产企业的销售物流，其最大优点在于，第三方物流企业是社会化的物流企业，它向很多生产企业提供物流服务，因此，它可以将企业的销售物流和企业的供应物流一体化，可以将很多企业的物流需求一体化，采取统一的解决方案，如此一来可以实现专业化与规模化。这两者可以从技术和组织方面降低成本，同时也可以提高物流服务水平。

（三）用户自己提货的销售物流

这种形式实际上是将生产企业的销售物流转嫁给用户，变成用户自己组织销售物流的形式。对销售方来讲，已经没有了销售物流的职能。这是在计划经济时期广泛采用的模式，将来，除非在十分特殊的情况下，这种模式不再具有生命力。

步骤三：掌握企业销售物流的工作流程

企业生产过程的结束意味着销售工作的开始。对于按照订单进行生产的企业而言，在销售过程中，不存在产成品的在库储存阶段，即产成品直接进入市场流通领域，实现销售；而对于按照产品的需求制订计划而进行生产的企业，产成品进入流通领域以前多数会经过短暂的在库储存阶段，然后再根据企业销售部门收到的产品订单和产品运输时所选择的运输方式等来决定产品的运输包装。当产品的外包装工作结束后，企业就可以将产成品放入企业所建立的或选择的销售渠道进行实物的流转了。

如图 3-6 所示，用不同形式的箭头表示了三种企业可以选择的销售渠道：配送中心→批发商→零售商→消费者；配送中心→零售商→消费者；配送中心→消费者。

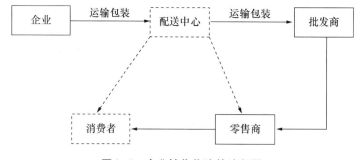

图 3-6　企业销售物流的流程图

企业生产的最终产品将通过销售活动进入市场，这些活动的基本作业主要包括以下四个环节。

（一）产品储存

可供商品量是销售物流的基础，有两个途径促使可供商品量的形成：一是零库存下的即时生产；二是一定数量的库存。对大多数工商企业而言，首选是一定数量的库存。这样做的原因也有两个：一是因为任何一家企业的生产经营活动都存在着多种不确定因素和需求的波动，这些不确定因素和需求波动会影响企业经营活动的稳定性和持续性，因此，企业大多通过保持一定量的库存来避免不确定因素带来的经营风险，以维持较高的供货服务水平；二是市场上存在因为需求原因而出现的周期性或季节性商品，企业为保证生产的持续性和供给的稳定性，也要保持必要的库存。

（二）运输包装

产品的包装通常分为销售包装和运输包装两种：销售包装是指与产品直接接触的包装，它是企业销售工作的辅助手段，许多企业都通过产品的销售包装进行新产品推销或企业形象宣传；运输包装主要是在产品的运输过程中起到保护作用，避免运输、装卸搬运活动造成产品的毁损。企业可以选择在生产过程对产品进行销售包装，而将产品的运输包装推迟到销售阶段完成，在决定运输方式以后再进行产品的运输包装，如此一来企业就可以依据产品配送过程中的运输方式、运输工具等决定运输包装所选用的材料和尺寸，这样可以更好地发挥运输包装对产品的保护作用，同时可以通过选择不同的包装材料，实现产品包装成本的节省，也可通过选择与运输工具一致的标准化包装来提高运输工具的利用率。

（三）信息处理

信息处理主要是指产品销售过程中对客户订货单的处理。订单处理过程是从客户发出订货请求开始，到客户收到所订货物为止的一个完整过程，在这个过程中进行的有关订单的诸多活动都属于订单处理活动，它包括订单准备、订单传输、订单录入、订单履行、订单跟踪等内容。由于客户采用的订货方式存在差异，订单处理的环节也会随着订货方式的不同而有所变化，如在网上购物的情况下，订单传输就不是一个必要的环节。在图3-6所示的企业销售物流的流程图中，箭头所指的是产品的流动方向，而企业销售过程中所涉及的信息流动方向刚好和实物流动方向相反。

订单处理是一个反向的运动过程，由客户向企业下达订单开始，然后由企业把订单输入订单处理系统，企业再进行订单检查，核实后向仓库发出送货指令，安排运输，填制单据，跟踪货物交付单据并回收货款，直至反馈订单处理信息，这一系列活动就是订单处理的全过程。

1. 订单准备

订单处理的第一步就是订单准备，它主要是给用户搭建一个平台，让客户了解产品并获取客户的订单。包括收集客户对产品或服务的需求信息，向客户介绍产品以及向上游供货商订货等主要职能。具体来说，订单准备包括以下几个方面的活动：选择上游供货商，通过媒体或行销人员向客户介绍产品，控制订货期，由客户或者是营销人员填制订单等。

随着科学技术的进步，现在的订单可以通过电子商务和电子数据交换系统（EDI）来处理。由于互联网技术的成熟和网络的普及，电子商务在商业中的用途越来越广，企业建立主页不但把产品和企业的信息放上去，而且还把电子订单放上去，客户一旦对产品感兴趣就可以立即订货，大大提高了订单处理的效率。同时 EDI 可以使企业和客户的信息共享，企业可以随时了解客户的需求及库存情况，适时提示客户下订单，与此同时客户也可以把自己的特殊需求传递到企业以增强企业客户服务能力。

在订单准备阶段，有时会发生订单过分集中的现象，这也需要发挥订单准备的另一个主要职能，即平衡订单以防止订单过分集中（主要是大比例的客户同时订货情况），使订单系统超负荷从而导致订单处理的延误。减缓订单"扎堆"的办法是对客户的订货进行一定的控制，有三种途径可以实现：第一种途径是利用销售部或其他部门的销售人员上门取回订单；第二种途径是让电话销售人员获取订单；第三种途径就是在特定的时间内向客户提供折扣。

2. 订单传送

订单传送是指从客户下订单或发送订单到销售方获得订单这段时段内所进行的所有业务活动。主要是订单在客户和企业之间，在时间上和空间上的传递，以往主要是人工传递，既销售人员取得订单后带回企业或者邮寄给企业，但是这种方式费时、费力、没有效率，客户服务水平低，现在引进了一些新技术，大大地提高了效率，如拨打 800、400 免费电话、电子数据交换系统等，还有使用扫描仪和条形码系统进行订单传递，如此一来使得订单处理更加快捷，缩短了订货周期，提高了客户服务水平。

3. 订单加工

订单加工是指企业接到订单以后和实际履行订单以前的这段时间内发生的所有业务活动。订单加工一般包括以下几项活动：核实订单信息；信用部门进行信用审核检查；订单录入系统即订单登记；销售部门将信贷计入销售人员的销售额中；会计部门登记交易量；存货部门给客户安排最近的仓库，并通知客户提货，加强企业的库存管理；运输部门负责把货物运出仓库。

4. 订单交付

订单交付是指根据客户的订单把客户的订货在适当的时间以适当的运输方式交付给客户。订单交付主要包括以下几项：通过提取存货安排生产或者对外采购以准备客户的货物；将准备好的货物包装运输；联系安排运输，确定运输时间，将备好的货物发运；安排发运货物并准备好相关单据。

5. 订单的信息跟踪

订单的信息跟踪贯穿于整个订单处理系统，它从刚开始的订单准备一直到订单的交付，对订单信息处理有利于企业对订单处理系统的管理，提高物流系统的效率和质量，同时客户可以通过企业提供的信息查询方式随时了解订货的处理情况，以提高客户服务水平。

6. 订单处理反馈

订单处理反馈是指客户所订货物到达客户以后，即订单处理的结果也需要及时地反馈到企业，它包括此次订单处理过程中的问题；此次订单处理的客户满意程度；此次订单处理中客户希望的产品或者服务的特性和客户期望的服务水平。企业根据这些进行评估，并优化订单处理系统，从而进一步提高企业效率。

（四）产品发送

产品发送是以供需双方之间的运输活动为主，它是企业销售物流的主要管理环节。产品发送工作涉及产品的销售渠道、运输工具、运输方式和运输路线等的选择问题，因此企业在进行销售物流的管理过程中需要进行大量的决策分析，通过对各方面因素进行综合考虑以后，选出对企业经营最有利的、成本最低的方案。同时也要考虑企业在进行产品发送过程中除了关注运输活动以外，还应重视产品在运输端点的装卸、搬运，它是运输作业中不可缺少的重要组成部分，对运输产品的质量有直接影响。

步骤四：分销需求计划

（一）分销需求计划（Distribution Requirement Planning，DRP）

分销需求计划是指应用物料需求计划（MRP）的原则，在配送环境下从数量和提前期等方面确定物料配送需求的一种动态方法，DRP可用于规划原材料的进货补货安排，也可用于企业产品的分销计划。

分销需求计划具有以下特征：

（1）以保证满足社会需求为目的；
（2）通过物流运作满足社会需求；
（3）合理组织物流资源。

（二）分销需求计划运作原理

在逻辑上DRP是MRP的扩展，但两者之间存在一个根本的差别，那就是MRP通常是在一个相关需求的情况下运作的，由企业制订和控制的生产计划所确定；而DRP则是在一个独立的环境下运作的，由不确定的顾客需求直接确定存货需求。

在两类企业中可以应用到DRP。一类是流通企业，如储运公司、流通中心、配送中心、物流中心等，这些企业都具备以下特征：不一定搞销售但一定有储存和运输的业务；它们的目标是在满足用户需要的原则下，追求有效利用资源（如车辆等），达到总费用最低。另一类是一部分较大型的生产企业，它们有自己的销售网络和储运设施。因为这样的企业既搞生产又搞流通，产品全部或一部分由自己销售。企业中由流通部门承担分销业务，具体组织储、运、销活动。综合来看，这两类企业的共同之处是：以满足社会需求为宗旨；依靠一定的物流能力（储运、包装、装卸搬运能力等）来满足社会需求；从生产企业或物资资源市场组织物资资源。所以说，企业可以运用DRP系统所产生信息来计划未来的物料需求。其运作原理如图3-7所示。

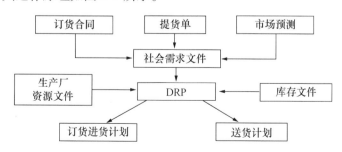

图3-7 分销需求计划（DRP）运作原理

1. 输入文件

(1) 社会需求文件

社会需求文件是指所有的用户订单、提货单或供货合同，下属各子公司、企业的订货单，还包括实现市场预测所确定的一部分需求量。将这些需求按品种和需求时间进行统计，制定出社会需求文件。社会需求文件是进行 DRP 处理的主要文件，也是进行 DRP 处理的依据和基础。

(2) 库存文件

库存文件是指物流中心仓库中所有物资的列表。通过库存物资列表，物流中心可以确定什么物品可以从仓库里直接发货，什么物品需要订货发货或生产发货，并且可以确定订货和进货数量。

(3) 生产企业资源文件

生产企业资源文件是指物资供应商的可供资源文件，该文件包括可供应的物资品种、生产企业的地理位置等情况。此文件主要是为 DRP 制订订货计划服务的。

2. 输出文件

(1) 用户的送货计划

为了保证按时送达货物，需要考虑送货作业时间和送货路程。送货分为直送和配送，直送主要是对大批量的需求进行的，而配送主要是对数量众多的小批量需求进行的。

(2) 订货进货计划

对于用户需求的物资，如果仓库内无库存或者库存不足，则需要向生产企业订货。当然，订货进货计划也要考虑一定的订货提前期，这需要根据具体的供应企业来设定，一般由生产企业资源文件提供。

(三) 实施 DRP 意义

1. 成本费用控制

(1) 降低分销及相关业务管理成本

DRP 系统的使用可以降低人工费用、通信费用、交通费用及财务费用。如果一些业务涉及了全球的公司，业务人员和管理人员必须与各地业务保持密切联系。利用互联网就可以使业务人员、管理人员实时了解业务的进展情况。借助网络实现企业管理的信息化、网络化，可以大大降低企业对员工、固定资产的投入和日常运转费用，还可以节约财务费用。

(2) 降低销售成本

DRP 系统给企业带来了新的销售模式和管理模式，利用网上订货自动化和网上促进等新的销售模式可以大幅度降低销售渠道建设费用、促销费用和销售管理费用等方面的销售成本。

2. 制造市场机会

借助网络没有时间和空间限制的特点，DRP 系统可以延伸到世界的每个角落，从而为企业创造更多的市场机会。

3. 让客户满意

DRP 系统的应用可以使客户依据情况进行订单查询、订单执行、售后查询等自助式服务，从而提高企业的客户服务能力和效率。

任务五 组织企业回收物流和废弃物流

【知识目标】
1. 熟悉回收物流、废弃物流的含义和特点；
2. 了解废弃物处理的方法；
3. 明确回收物流、废弃物流给企业、社会带来的作用。

【能力目标】
1. 能够进行简单的回收物流运作流程设计；
2. 能够进行简单的废弃物流运作流程设计。

【任务描述】
自福特发明汽车生产流水线以来，汽车产业的规模化经营已使世界上许多国家成为汽车消费大国，因此而带来的废轮胎的回收再利用问题也日益受到重视。那么，废轮胎回收后主要用来干什么呢？在欧洲，废轮胎现在往往被用作修建公路的材料，就是将沥青和轮胎融合以后，加入一定比例的橡胶，作为路面，不但可以防滑，而且由于使用的原材料是大量进口的废轮胎，价格也特别便宜。依次类推，我们在生产过程、流通过程，以及消费过程中产生的废弃物、排放物该如何处理呢？

【任务分析】
随着人们对物流重要性的认识不断深入，人们开始进一步关注逆向物流，许多以前在逆向物流的理解和管理上投入较少时间和精力的公司也开始重视逆向物流。部分废弃物、排放物可回收并再生利用，被称为再生资源，形成回收物流；另一部分在循环利用过程中，基本或完全丧失了使用价值，形成无法再利用的最终排放物，即废弃物。废弃物经过处理后，返回自然界，形成废弃物流。

【任务实施】

步骤一：认知逆向物流

（一）逆向物流（Reverse Logistics）

我们所说逆向物流是指广义的逆向物流，它不仅包括回收物流，也包括废弃物流、召回物流等反向的物流流动。具体来说，逆向物流是指以实现对逆向流动物品的适当处置和价值回收为目的，对原材料、中间库存、最终产品及相关信息从消费地到起始点的有效实际流动所进行的计划、管理和控制过程。逆向物流包括回收物流、废弃物流和召回物流。

（二）逆向物流运动过程

在整个企业物流系统中有两个子系统。即正向物流系统与逆向物流系统。正向物流系统关注每个环节中可挖掘利润的源泉，而逆向物流系统则关注减少损失。如此一来，就形成两个物流流向渠道：一是物品流经生产→流通→消费的过程，从而满足消费者的需求，这是物流流向的主渠道，即正向物流；一是物品流经消费者→中间商→制造商→供应商的过程，以恢复价值或者合理处置为目的，对回流物品进行的反向物流流向的渠道，即逆向物流。二者相互联系，相互作用，相互制约。逆向物流是在正向物流过程中产生和形成的，没有正向物流，就没有逆向物流，逆向物流的流量、流向、流速等特征是由正向物流的属性决定的。图 3-8 为正向物流和逆向物流构成的一个完成的供应链示意图。

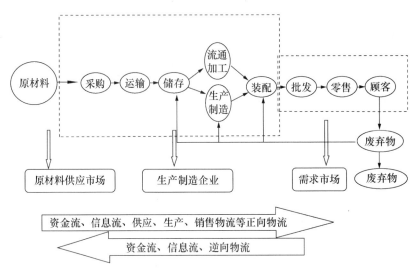

图 3-8　正向物流和逆向物流构成的一个完成的供应链示意图

步骤二：理解企业回收物流

（一）回收物流（Retcern Logistics）

回收物流是指退货、返修物品和周转使用的包装容器从需方返回到供方或专门处理企业所引出的物流流动。它与正向物流相反，其过程是从需方返回到供方。通过正向物流到达消费者手中的产品在失去使用价值后，又通过回收物流重新回到生产者手中，变成新产品。

回收物流是逆向物流的一种形式，其产品的流程是从消费者流向生产者，它与正向物流构成了一个循环物流过程。其作用是将消费者不再需要的废旧物品返回到生产和制造领域，重新变成新商品或新商品的一部分，使资源最大限度地得到重复利用。作为一个物流系统，回收物流与正向物流一样拥有运输、设施、库存、信息四大要素，具有分类、收集、包装、存储、运输等功能。

（二）回收物流的管理

1. 回收物流的方法

依据回收物流的对象（如废旧物品的种类、性质、数量、质量等方面的不同特点），采用不同的方法对废旧物品进行回收，常采用的方法有上门回收、门市回收、柜台回收、流动回收、对口回收等。

2. 回收物流的渠道

回收物流的回收渠道通常是指废旧物品在回收过程中所经过的路径。主要有五种回收渠道，即小型的个体户回收渠道、社会废旧物品回收公司回收渠道、商业部门回收渠道、物资部门回收渠道、企业自身回收渠道。

（三）回收物流的运作过程。

1. 回收

回收是指将顾客所持有的商品通过有偿或无偿的方式返回给销售方。这里的销售方是指供应链上任何一个节点，如来自顾客的产品可能返回到上游的供应商、生产商，也可能返回到下游的配送商、零售商，如图3-9所示。

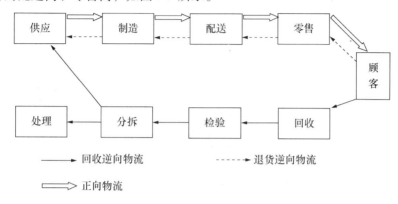

图3-9　回收物流运作过程

2. 检验与处理决策

检验与处理决策是指对回收品的功能进行测试分析，并根据产品结构特点、产品各零部件的性能，确定可行的处理方案，包括直接再销售、再加工后销售、分拆零部件后再利用、产品或零部件报废处理等方案，然后对各方案进行成本效益分析，最终确定最优处理方案，做出科学、合理的决策。

3. 分拆

根据产品结构的特点、特性、功能等将产品分拆成零部件等物品后进行处理。

4. 再加工

对回收产品或分拆后的零部件等进行加工，恢复其价值，产生效益。

5. 报废处理

对那些没有经济价值或严重危害环境的回收品或零部件等物品，通过机械处理、地下掩埋或焚烧等方式进行销毁。目前西方国家主要采取机械处理方式。

（四）回收物流系统构成

1. 生产企业

生产企业是产品的制造者，生产或制造商品企业的生产原料可采用原物料、再生物料，如在制造、生产时尽量进行绿色设计，使用不会对环境造成污染的原材料，会减少流程中下游环节的压力。这方面不仅需要企业具有环保意识，更需要国家法律进行约束。企业通过绿色设计，还可以提高自己的信誉，同时可以从源头上提高物品的回收活性。

2. 物流中心

从现实的情况看，目前我国物流中心的闲置率已经达到60%，可以考虑把回收物流系统纳入其中，这样能在一定程度上减轻物流中心的压力。在物流中心可以用两次包装的形式进行理货等作业，并用废弃物分类的处理方式，得到资源回收的效益。

3. 消费者

消费者从一定程度上影响着生产企业在原料选择和制造方式中的取向，对消费者的购物意向进行合理引导，成为使我国回收物流趋于合理化的有效途径。为提高废弃物的回收活性，消费者还可采用正确的废弃物分类，一方面可增加资源的复生效率，另一方面也可减少废弃物对于环境的污染。

4. 回收企业和处理中心

回收企业担负着将废旧品进行处理的任务，他们对废旧品的处理方式，将直接影响这些废旧品处理的合理程度，因而是回收物流合理化的一个重要方面。处理中心在处理方式上，可根据被处理物品的状况，用回收或再生的方式恢复其经济价值或效益。对低价值的废弃物，采用无害化的掩埋、造肥或焚化等能产生能源的方式进行处理等。

步骤三：熟悉废弃物流

（一）废弃物流（Waste Material Logistics）

1. 废弃物

废弃物是指在生产建设、日常生活和其他社会活动中产生的，在一定时间和空间范围内基本或者完全失去使用价值，无法回收和利用的排放物。废弃物的种类有固体废弃物、液体废弃物、气体废弃物、产业废弃物、生活废弃物、环境废弃物。

2. 废弃物物流

废弃物物流是指将经济活动或人民生活中失去原有使用价值的物品，根据实际需要进行收集、分类、加工、包装、搬运、储存等，并分送到专门处理场所的物流活动。

 知识链接

废弃物物流的特点

废弃物是无法再重新利用的最终排放物，要想确定物品是否是废弃物，必须具备以下特点。

1. 无使用价值或使用价值较低

废弃物物流在物流过程中本身不能增值。处理废弃物物流需要比较大的费用支出，随着废弃物物流处理的现代化、科学化，这个支出会越来越小。

2. 呈现出复杂性、多样性、分散性、普遍性的特征

废弃物的复杂性是指其来源多样、成分复杂；多样性是指物体的形状、体积、流动性、粉碎程度等千变万化；分散性是指其分散在各处，需要收集；普遍性是指几乎每个企业都存在废弃物物流。上述这些特征增加了废弃物物流的处理难度。

3. 污染环境

废弃物处理不当会给环境造成严重污染，集中体现在五个方面：一是侵占大量土地；二是污染农田；三是污染水源；四是污染空气；五是传播疾病。

4. 在废弃物物流的运作过程中，存在极大的危害性和极强的技术性

（二）企业废弃物的物流处理方式

企业废弃物的物流处理方式有四种，分别是废弃物掩埋、垃圾焚烧、垃圾堆放以及净化处理加工等，如图 3-10 所示。

1. 废弃物掩埋

大多数企业对其自身所产生的最终废弃物，是在政府规定的规划地区，利用原有的废弃坑塘或人工挖掘出的深坑，将其运来倒入，表面用好土掩埋的这样一种处理方式。掩埋后的垃圾场，还可以作为农田进行农业种植，也可以用于绿化或做建筑、市政用地。这种物流方式适用于对地下水无毒害的固体垃圾。其优点是不形成堆场、不占地、不露天污染环境、可防止异味对空气污染，但其缺点是挖坑、填埋要有一定投资，在未填埋期间仍有污染。所以，应根据企业自身情况选择这种废弃物处理方式。

2. 垃圾焚烧

垃圾焚烧是指在一定地区，用高温焚毁垃圾的一种处理方式。这种方式只适用于有机物含量高的垃圾或经过分类处理将有机物集中的垃圾。有机物在垃圾中容易发生生物化学作用，是造成空气、水及环境污染的主要原因，由于其本身有可燃性，因此，采取焚烧的办法是很有效的。

3. 垃圾堆放

在远离城市地区的沟、坑、塘、谷中，选择合适位置直接倒垃圾，也是一种废弃物处理方式。这种方式物流距离较远，但垃圾无须再处理，通过自然净化作用就可以使其逐渐沉降风化，是一种低成本的处理方式。

4. 净化处理加工

净化处理加工是指对垃圾（废水、废物）进行净化处理，以减少对环境危害的一种废弃物处理方式。废水的净化处理是这种废弃物处理方式的代表性的流通加工方式。在废弃物物流领域，这种流通加工是为了实现废弃物无害排放的流通加工处理方式。

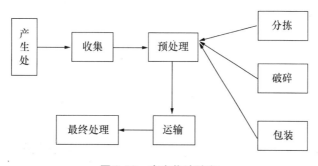

图 3-10　废弃物流流程

（三）废弃物流的意义

废弃物流的意义，可从两个角度分析，即社会效益和经济效益。

1. 废弃物流的社会效益

（1）废弃物流有利于改善人们的生存环境，提高人们的生活质量

依据废弃物的特征设计合理的处理流程，利用合适的处理方法，对废弃物进行彻底的处理，有利于改善人们的生存环境，提高人们的生活质量。

(2) 废弃物流有利于缓解资源危机

有一部分废弃物是可再生利用的资源，通过回收再利用，不仅减轻了大自然承受的污染压力，而且增加了社会的资源总量，从而在一定程度上缓解了资源危机。

(3) 废弃物流有利于提高国家形象

一个国家不仅要在经济上要求发展，在对环境保护方面同样也不能落后，环境保护得好有利于提升国家的形象。

2. 废弃物流的经济效益

(1) 废弃物流有利于降低生产成本，提高产品的竞争力

废弃物中的可回收物资作为原材料重新进入生产领域，产生新的产品，能有效降低企业的成本支出，给企业带来一定的经济效益。

(2) 废弃物流有利于树立良好的企业形象，赢得市场

现代消费者的环境保护意识在增强，他们往往会注意企业在这方面的表现，二者相辅相成。同时企业的废弃物流也是企业售后服务的一个方面，做好售后服务，有利于树立企业良好的形象，赢得市场。

 知识链接

逆向物流之召回物流

召回物流是指关系民生质量的产品，销售后才发现质量问题，制造企业主动采取的回收制度（产品生产商、进口商、经销商在得知其生产、进口、经销的产品存在可能危及人身健康、财产安全的缺陷时，依法向政府部门报告，并告知消费者，从市场消费者手中无偿收回有问题的产品，实施予以修理、更换、赔偿等积极有效的措施，从而消除缺陷产品的危害风险，提高企业信誉），相应地需要建立与之相配套的物流服务。被召回的物品主要集中在汽车、食品、进出口商品、药品等四个方面。

【项目考核】

一、单项选择题

1. 企业物流的基本形式有（　　）。

    A. 供应物流、生产物流、销售物流、回收物流、废弃物物流
    B. 行业物流、国际物流、自营物流、代理物流、外包物流
    C. 第一方物流、第二方物流、第三方物流、第四方物流
    D. 社会物流、生产物流、配送物流、区域物流、仓储物流

2. 海尔物流属于（　　）。

    A. 国际物流企业
    B. 企业自建的物流机构向第三方物流企业转化而形成的
    C. 传统运输企业转变形成的
    D. 新兴的专业化物流企业

3. 供应链中的成员在竞争中应建立（　　）。

    A. 你死我活的输赢关系

B. 有各自利益的一般合作关系
C. 双赢策略指导下的战略合作伙伴关系
D. 不断变动的合同关系

4. 企业采购流程的第一步是（   ）。
   A. 制订采购计划   B. 接受采购任务，制定采购单
   C. 联系供应商   D. 支付贷款

5. 将企业所生产的产品的所有权转给用户的物流活动，这句话描述的是（   ）。
   A. 企业销售物流   B. 企业内部物流
   C. 企业废弃物   D. 企业采购物流

6. 在整体上最能体现经营主体进行的专业化物流发展方向的是（   ）。
   A. 生产物流   B. 第三方物流   C. 采购物流   D. 供方物流

7. 下列不再回收利用的包装是（   ）。
   A. 一次用包装   B. 多次用包装   C. 周转用包装   D. 外包装

8. JIT 采购的基本特征是（   ）。
   A. 大批量采购   B. 小批量采购   C. 货比三家   D. 利用第三方物流

9. 在现代采购技术中，JIT 采购是指（   ）。
   A. 订货点采购   B. 及时化采购   C. 供应链采购   D. 电子商务采购

10. 企业采购物流的重点在于（   ）。
    A. 保证企业生产的原材料供应
    B. 最低的成本
    C. 最少的消耗和最大的供应保证性
    D. 以上因素都考虑

11. （   ）是企业物流的终点，同时又是宏观物流的始点。
    A. 供应物流   B. 生产物流
    C. 销售物流   D. 企业物流系统的转换

12. DRP 的效率和有效性的获得有一个过程，首先应该是（   ）。
    A. 终端用户效率的提高   B. 团队有效性的提高
    C. 企业有效性的提高   D. 企业间有效性的提高

13. 对现代采购的发展趋势的说法正确的是（   ）。
    A. 电子采购   B. 与供应商建立长期稳定的合作关系
    C. 集中采购   D. 以上都对

14. DRP 表示（   ）。
    A. 物料需求计划   B. 生产需求计划   C. 分销需求计划   D. 销售策略计划

15. MRP 是指（   ）。
    A. 物料需求计划   B. 制造资源计划   C. 精益生产   D. 分销需求计划

16. 为组织一个企业生产所需要的物品供应而进行的物流活动被称为（   ）。
    A. 供应物流   B. 生产物流   C. 销售物流   D. 回收及废气物物流

17. 企业的供应物流和社会物流的衔接点是（   ）。
    A. 采购   B. 运输   C. 仓储   D. 供应

18. 废弃物资通过一定的手段回收、加工、重新投入使用所要经过的一系列的流动过

程叫（　　）。

A．废弃物流　　B．回收物流　　C．环保物流　　D．绿色物流

19．企业废弃物是指企业在生产过程中不断产生的基本上或完全失去使用价值、无法再重新利用的（　　）。

A．最初排放物　　B．最终排放物　　C．最终产物　　D．中间排放物

20．（　　）是指物流过程中抑制物流对环境造成的危害的同时，实现对物流环境的净化，使物流资源得到最充分的利用。

A．绿色物流　　B．资源物流　　C．环保物流　　D．经济物流

21．（　　）是指生产企业、流通企业出售商品时，物品在供方与需方之间的实体流动。

A．企业销售物流　　B．第三方物流　　C．企业供应物流　　D．企业生产物流

22．A 企业生产的服装，由 B 企业送给 C 企业，C 企业进行销售，B 企业属于（　　）。

A．供应企业　　B．生产物流　　C．销售物流　　D．第三方物流企业

23．生产系统的两大支柱是（　　）。

A．加工活动和信息　　　　　　B．物流活动和信息
C．加工活动和物流活动　　　　D．商流和物流

24．企业生产物流过程不包括（　　）。

A．生产物料存储　　B．生产流转　　C．产成品存储　　D．采购

25．下面（　　）不属于供应商选择时衡量的标准。

A．技术水平　　B．管理水平　　C．单一服务水平　　D．供应商的企业信誉

二、多项选择题

1．MRP 计划的制订依据包括（　　）。

A．主生产计划　　B．主产品结构清单　　C．产品库存文件
D．制造任务单　　　　　　　　E．采购订货单

2．在间接销售渠道中，中间商包括（　　）。

A．批发商　　B．零售商　　C．经销商
D．代理商　　　　　　　　E．生产企业

3．下列（　　）属于采购方式。

A．比价　　B．议价　　C．公开招标　　D．购买

4．销售物流的差别化需要考虑的因素有（　　）。

A．商品周转快慢　　B．中间商的类型　　C．销售渠道长短
D．销售渠道宽窄　　　　　　　E．销售对象的规模大小

5．实施 DRP 的价值体现在（　　）。

A．优化流程　　B．优化资源分配　　C．降低经营成本
D．信息交流及时　　　　　　　E．提高客户服务水平

6．目前，企业对废弃物处理方式有（　　）。

A．废弃物掩埋　　B．垃圾焚烧　　C．垃圾堆放　　D．净化处理加工

7．生产企业物流要求经过（　　）。

A．配送中心物流　　B．企业供应物流
C．企业生产物流　　D．企业销售物流　　E．企业回收物流

8. 企业的废弃物包括固体废弃物、液体废弃物和（　　　　）。
   A. 产业废弃物　　　　B. 气体废弃物
   C. 生活废弃物　　　　D. 环境废弃物
9. 生产物流的主要影响因素包括（　　　　）。
   A. 生产的类型　　　　B. 生产费用
   C. 生产规模　　　　　D. 企业的专业化与协作水平
10. 企业要降低物流成本应该从哪些方面入手（　　　　）。
    A. 物流合理化　　　B. 物流质量　　　　C. 物流速度
    D. 物流人才　　　　E. 物流效率

三、判断题

1. 生产企业一般将最终产品之外的一切与生产有关的生产资料称为物料，如燃料、原料、厂房、边角余料等。（　　）
2. 企业销售物流伴随企业的销售活动展开，通过包装、送货、配送等环节实现产品的销售。（　　）
3. 生产物流是制造业所特有的，它与生产流程同步。（　　）
4. 从分销物流的角度看，包装可分为销售包装和运输包装。（　　）
5. MRP 系统运作后输出的是主生产进度计划。（　　）
6. 精益生产关注的重点是提高市场的反应速度。（　　）
7. 生产物流计划的核心是生产作业计划的编制工作。（　　）
8. 采购过程既包含商流，又包含物流。（　　）
9. 回收物流就是逆向物流。（　　）
10. 采购评价就是在一次采购完成前对这次采购的评估。（　　）
11. 销售物流是企业物流系统的最后一个环节。（　　）
12. 招标采购是由采购单位选出供应条件较为有利的几个供应商，同他们分别进行协商，再确定合适的供应商。（　　）
13. 大批量生产模式具有生产率高、质量好、成本低等优点。（　　）
14. 单件生产模式适应性强，满足了社会多样性需求。（　　）
15. 企业废弃物物流合理化必须从能源、资源及生态环境保护三方面综合考虑。（　　）

四、综合案例

（一）企业基本情况介绍（ZARA 和瑞典 H&M 公司）

ZARA 是西班牙知名服装品牌：ZARA 属于在西班牙排名第一、全球排名第三的服装零售商 Inditex 公司旗下的品牌，该公司在全球拥有 2 000 多家分店，其中 ZARA 是 Inditex

公司 9 个品牌中最著名的旗舰品牌，被认为是欧洲最具研究价值的品牌。ZARA 已在全球 57 个国家和地区拥有分店，并且每年都以 70 家左右的速度在增长。尽管 ZARA 连锁店只占 Inditex 公司所有分店数的 1/2，但其销售额却占到了公司总销售额的 75% 左右。

瑞典 H&M 公司，全称 Hennes&Mamitz，是由其创始人 ErlingPersson 在 1947 年创立于瑞典的服装零售连锁企业。目前公司在欧洲和北美的 29 个国家和地区拥有其零售店，每年销售货品超过 5.5 亿件，已成为欧洲最大的服装零售连锁企业之一。

（二）两大品牌产品

ZARA 和 H&M 采用的都是"少量、多款"的产品策略，两者都打破了传统服装业界季节的限定，在同一季节内也会不断推出新颖款式供消费者选择。

（三）两大品牌价格

两家公司在价格上都采取低价策略。ZARA 的目标消费群是收入较高并有着较高学历的年轻人，主要为 25～35 岁的顾客层。H&M 也将目标消费群定为 15～30 岁的年轻人，这类购买群体具备对时尚的高度敏感度并具备一定消费能力，但并不具备经常消费高档奢侈品牌的能力，两家公司频繁更新的时尚、低价产品正好可以满足这类人群的需求。

（四）两大品牌销售渠道

ZARA 和 H&M 作为服装品牌的同时，也是零售连锁店的品牌。它们在世界各地拥有大量的连锁店铺，而为达到商品传递迅速、价格低廉的经营目标，两家公司的连锁店铺基本都由总部进行直营，货物由总部集中进行调配。为将商品以迅速、平价的方式送达消费者手中，两家公司又都不约而同地采用"直营"策略。

1. ZARA

ZARA 为确保其"少量、多款、平价"的商品以"极速"方式送达客户手中，将大部分生产放在欧洲。在西班牙，ZARA 拥有 22 家工厂，其 50% 的产品通过自己的工厂生产，50% 的产品由 400 家供应商完成。这些供应商有 70% 位于欧洲，其他则分布在亚洲。这样的地理位置是为了保持其供应链的响应速度，但却在一定程度上提高了其物流成本。为确保商品传递的迅速，ZARA 还坚持以空运方式进行商品的运输，也使其成本进一步提升。

2. H&M

H&M 产品的制造环节被完全外包给分布在亚、欧、非洲及南美的约 700 家制造商（大部分在孟加拉、中国、土耳其）。公司根据其销售产品的差异，采用了双供应链策略：① 管控欧洲生产的快速反应供应链，大约一半的前沿时尚产品在接近欧洲市场的欧洲国家（主要是土耳其）制造，此类商品需要较短的交货周期（最短 3～4 周），以便及时根据销售反馈做出调整；② 管控亚洲生产的供应链，另一半的基本款产品时尚风险较小，交货周期可以相对延长（最长 6 个月），为保证低价和质量则安排在低成本的亚洲国家（主要是中国、孟加拉等国）制造。

H&M 更多尝试在销售渠道上的拓展和创新。到目前为止，其销售渠道虽仍以直营店为主，但其目录销售、在线销售的业绩却在持续增长。1980 年，H&M 收购了 RoweHs 公司，开始在瑞典、芬兰、挪威和丹麦进行目录销售。1998 年，H&M 在瑞典开设了网上商店，随后在芬兰、挪威、丹麦都开通了了在线销售。在取得初步成功的基础上，2006 年秋天，荷兰成为其在北欧地区以外首个开设在线销售的国家。2007 年秋季，德国和奥地利预计也将启动在线销售。

ZARA 始终坚持其"直营"策略，并表示在短期内不会改变。因为他们坚持认为让顾客进入店铺,直接接触商品、体验商品才是最好的经营方式。其在挪威只有首都奥斯路一家店铺,芬兰也就只有包括首都赫尔辛基在内的两个城市的 3 家店铺,而 H&M 在挪威的 46 个城市、芬兰的 26 个城市都有店铺分布。

思维训练:

(1)"少量、多款"的产品特色成功地满足了顾客的需要。如 ZARA 负责产品方面的主要人员有设计师、市场专家和生产经理;H&M 则有设计师、采购员、打版师、财务总监。你认为企业的组织管理结构应该如何才能满足快速和多样的市场反映?

(2) ZARA 和 H&M 是两家什么类型的企业?指出其需要哪些物流活动以及二者的共同特点是什么?

(3) 两家企业在物流方面有什么差异?各自会有什么优缺点?

(4) ZARA 和 H&M 两家公司是如何组织企业物流运作的?

(5) ZARA 和 H&M 两家公司是否存在反向物流活动?如果有,应如何做好逆向物流运作,降低物流成本?

【岗位实践】

实践目的:通过对本地区生产企业的调研,对生产企业的物流活动有一个全面、详细的理解,熟悉企业物流各阶段的流程及业务,掌握企业各环节物流运作策略。

实践方式:通过实地企业调研。

实践内容:

(1) 生产企业基本情况;

(2) 生产企业业务流程;

(3) 生产企业各物流阶段业务活动。

实践步骤:

(1) 班级分小组,调研一家生产企业;

(2) 设计调查问卷并组织实地调研;

(3) 根据实际调研的资料,各组派代表对企业物流全过程进行阐述;

(4) 教师对整个过程进行监控与评价;

(5) 教师组织学生进行讨论分析和比较,并提出完善和改进方案。

实践考核:

(1) 阐述企业物流各环节物流流程运作的完整性,占 60%;

(2) 小组现场研讨相关问题回答的完整性、合理性,认识的深度及表达能力,思维的敏捷性和团队合作精神等,占 40%。

项目四　物流综合管理

任务一　执行物流标准

【知识目标】
1. 掌握物流标准化的含义；
2. 了解物流标准化的原则；
3. 熟悉物流国家标准体系。

【能力目标】
1. 掌握物流基础模数尺寸标准和物流模数标准；
2. 会应用物流标准管理物流活动。

【任务描述】

我国出版物物流标准化方面存在一些问题：诸如出版物物流相关标准缺乏；现有的一些标准和规范执行贯彻不力；企业之间的规范各自为政，缺乏数据交换和共享等。造成的影响主要是：第一，出版物商品本身规格不标准，图书开本多达几十种，造成企业在选择托盘、包装纸、货架、篮筐等时不得不考虑商品规格，造成成本上升；第二，出版发行业物流设备设施及工具的复杂性使得其市场化的步伐较慢，出版发行企业只得选择其他行业的物流设备设施和工具；第三，出版发行企业之间在制定数据格式方面没有标准可依，各自拥有自己的数据格式和数据标准，导致信息交换和信息共享出现障碍，EDI 和 EOS 都难以实现。

你认为现代物流标准体系包含哪些内容？试对出版物物流标准化存在的问题提出解决方案。

【任务分析】

出版物物流是指图书、报纸、期刊、音像制品、电子出版物等在其出版制作、印刷加工和批发零售的产业链上，由供应地向需求地的实物转移过程，包括运输、储存、包装、装卸搬运、流通加工、配送以及伴随这些活动的信息处理等环节。出版物物流过程贯穿出版社、印刷厂、批销商、零售商等企（事）业，是出版物发行的重要组成部分，是连接出版物生产与消费的纽带与桥梁。因此物流系统是一个大跨度的、复杂的系统，涉及供应、生产、销售及回收与废弃物物流，业务与世界接轨，跨越不同的国家和地区，应用于各行各业。如果没有统一规范，物流作业的国际化、机械化、自动化将无法实现，甚至影响物流的正常运行。所以，物流系统需要制定标准，在统一的标准下进行物流活动。

【任务实施】

步骤一：初步认知物流标准

物流标准化是指在运输、配送、包装、装卸、保管、流通加工、资源回收及信息管理等环节中，对重复性事物和概念通过制定、发布和实施各类标准，达到协调统一，以获得最佳秩序和社会效益。

物流标准化以物流为一个大系统的标准化体系，包括系统设施、机械装备专用工具等各个分系统的技术标准；系统内各分领域如包装、装卸、运输等方面的工作标准；以系统为出发点，各分系统与分领域中技术标准与工作标准的配合性，按配合性要求，统一整个物流系统的标准；物流系统与相关其他系统的衔接与配合等。

（一）物流标准化特点

1. 物流标准化系统是属于二次系统，或称后标准化系统

由于物流及物流管理思想诞生较晚，组成物流大系统的各个分系统，过去在没有归入物流系统之前，早已分别实现了本系统的标准化，并且经多年应用、不断发展和巩固已很难改变。在推行物流标准化时，必须以此为依据，个别情况固然可将有关旧标准化体系推翻，按物流系统所提出的要求重建新的标准化系统，但必须从适应及协调角度建立新的物流标准化系统，而不可能全部创新。

2. 物流标准化要求体现科学性、民主性和经济性

科学性是要体现现代科技成果，在物流中，要与物流的现代化相适应，能将现代科技成果联结成物流大系统。民主性指标应采用协商一致的办法，广泛考虑各种现实条件，听取意见，使标准更具权威，易于贯彻执行。经济性是标准化的主要目的之一，物流过程必须大量投入消耗，如果不注重标准的经济性，片面强调反映现代科技水平，片面顺从物流习惯及现状，引起物流成本的增加，自然会使标准失去生命力。

3. 具有较强的国际性

对外贸易和交流对国家经济的发展作用很大，所有的对外贸易最终要靠国际物流来完成。因此，我国的物流标准化从运输工具、包装、装卸搬运工具、流通加工等都要与国际物流标准相一致，积极采用国际标准，完善国内标准体系，提高运输效率，保证物流质量，才能有利于促进对外贸易，降低成本，增加外汇收入。

（二）物流标准化遵循的原则

1. 客户服务原则

标准的制定要面向客户需求。要对客户的生产和营销体系有透彻的了解，要建立客户物流服务需求的尽职调查规范，要有利于为客户提供高效经济的物流解决方案，要方便客户获得和使用物流服务，要与客户共担风险和共享收益。

2. 注重过程原则

标准的制定要面向服务过程。要对流程进行细致地分析，要设计与客户互动的机制和程序，要建立合适的关键绩效指标控制体系，要明确过程控制的方法，要选定物流信息管理系统，要考虑客户服务的知识管理。

3. 有限范围原则

标准的制定要明确适用范围。物流服务的个性化特点决定了物流标准适用范围的有限性，所以，物流标准化建设一定要遵从有限范围的原则。要对不同的客户服务要求做出不同的服务标准安排，要用标准的物流服务模块搭建个性化的物流服务平台。产品的物理化学特性，产品外包装的设计标准是物流标准沿供应链上溯的边界。客户服务的要求是物流标准沿供应链下行的止点。任何超越这个范围的物流标准都将不属于物流标准。

4. 简化环节原则

标准的制定要方便操作。企业营销所追求的是在稳定渠道关系前提下的多渠道营销。而物流管理的任务则是在少环节的前提下建立稳定的渠道关系。物流标准应在满足客户要求的前提下尽可能对物流服务过程做出简化的规定，要有利于供应链战略联盟的建立，要方便客户的使用和物流企业自身的管理。

5. 方便接轨原则

标准的制定要考虑未来的发展。由于经济全球化已经成为潮流，所以物流标准化体系应尽可能为物流服务采用其他标准体系预留接口，以便与客户接轨，与国际标准接轨并打破市场壁垒。

步骤二：熟悉物流国家标准体系

物流国家标准体系是以物流为系统，制定系统内部设施和装备，包括专用工具、物流功能作业配合性技术标准，以及包装、仓储、装卸、运输、加工等各类作业标准形成的物流系统和外围系统的接轨标准化体系。我国物流国家标准体系包括物流通用基础标准、物流技术装备与设施标准、物流信息标准、物流管理标准以及物流服务标准。

（一）物流通用基础标准

物流基础标准是制定物流标准必须遵循的技术基础和方法指南，是制定其他标准时应遵循的全国统一的标准。

1. 物流专业术语标准

 知识链接

《中华人民共和国国家标准物流术语》简介

由于物流涉及面很广，为了使不同部门之间能够很好地沟通和配合，避免物流过程的混乱或造成不应有的损失，国家质量技术监督局 2001 年正式批准颁布了《中华人民共和国国家标准物流术语》（GB/18354—2001），该标准确定了物流活动中的基本概念术语、物流作业术语、物流技术装备与设施术语、物流管理术语等。

为适应我国物流发展的新的形势，上述国家标准于 2005 年开始修订，2006 年由中华人民共和国国家质量监督检验检疫总局、中国国家标准化管理委员会修订《物流术语》（GB/T 18354—2006），确定了物流活动中的物流基础术语、物流作业服务术语、物流技术与设施设备术语、物流信息术语、物流管理术语、国际物流术语及其定义。此标准适用于物流及相关领域的信息处理和信息交换。2006 年 12 月获国家标准化管理委员会批准发布、2007 年 5 月起正式实施。新修订的《物流术语》国家标准在结构上，在保留原有的基础、作业、技术与设施设备、管理四部分术语的同时，增加了物流信息与国际物流两个部分；在词条数量上，由 2001 年版的 145 条增加到 249 条，其中新增词条 138 条，保留 111 条，删除 34 条，保留词条中，55 条的内容做了修改或补充；在学术上，对当前物流界的一些热点问题，如物流园区、物流中心、区域物流中心等，进行了新的探讨和界定。

2. 物流计量单位标准

专业计量标准就是在国家及国际标准基础上确定的物流专业计量标准。同时由于物流国际性较强,在国家标准与国际标准不一致时,须考虑国际标准。例如,将一个 20 英尺的标准集装箱作为国际标准集装箱的标准换算单位,称为换算箱或标准箱,简称 TEU。一个 40 英尺的集装箱简称为 FEU,1FEU = 2TEU。

3. 物流基础模数尺寸标准

物流基础模数尺寸是物流标准化的共同单位尺寸,是物流系统各标准尺寸的最小公约尺寸。目前,国际物流标准化组织认定的物流基础模数尺寸是 600 毫米 ×400 毫米。在物流系统中,制定各个具体的尺寸标准时都要以物流基础模数尺寸为依据,选取其整数倍为规定的尺寸标准,这样可以大大降低尺寸的复杂性,使物流系统各个环节协调配合,并成为系列化的基础。以物流基础模数尺寸为核心,形成了由 32 个规格尺寸组成的运输包装系列尺寸。

(二)物流技术装备与设施标准

1. 运输车船标准

运输车船是指物流系统中从事物品空间位置转移的各种运输设备,如火车、货船、拖挂车和卡车等。运输车船标准包括各种设备有效衔接、货物及集装箱的装运,与固定设施的衔接等角度制定的车厢、船舱尺寸标准、载重能力标准、运输环境条件标准等,还有从物流系统角度出发制定的噪声等级标准及废弃排放标准。

2. 作业车辆标准

物流设施内部使用的各种作业车辆,如叉车、台车和手车等,包括尺寸、运行方式、作业范围、作业重量及作业速度等方面的技术标准。

3. 传输机具标准

包括水平、垂直输送的各种机械式、气动式起重机、传送机、提升机的尺寸、传输能力等技术标准。

4. 仓库技术标准

包括仓库尺寸、建筑面积、有效面积、通道比例、单位储存能力、总吞吐能力和温湿度等技术标准。

5. 站台技术标准

包括站台高度、作业能力等技术标准。

6. 包装、托盘、集装箱标准

包括包装、托盘、集装箱系列尺寸标准,还包括强度标准,包装、托盘、集装箱荷重标准以及各种集装箱、包装材料、材质标准。

7. 货架、储罐标准

包括货架净空间、载重能力、储罐容积尺寸标准等。

(三)物流信息标准

现代物流的一个重要标志就是信息化。物流企业与客户之间保持一致的信息标准是信息化的基础。国家物流信息标准体系如图 4-1 所示。

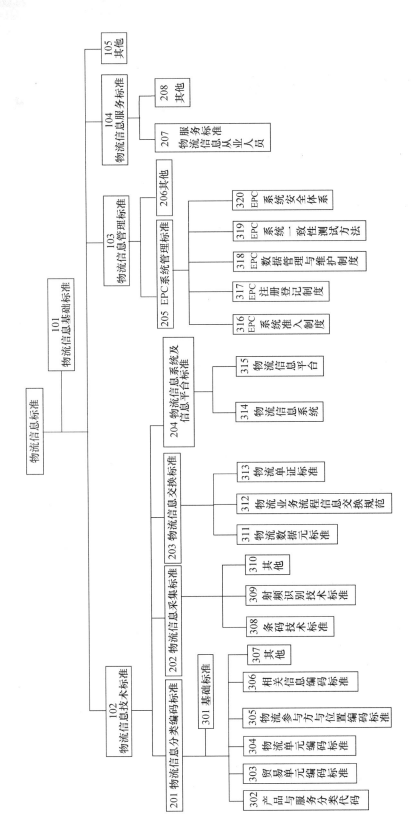

图 4-1 物流信息标准体系

（资料来源：物流信标委网站）

1. 物流术语标准

物流用语常常因国家、地区、行业、人员的不同而具有不同含义，在传递物流信息时可能引起误解和发生差错，因此，必须统一物流专业术语，为物流信息交流提供标准化的语言，这是物流信息标准化的基础工作。

2. 物流信息分类编码标准

物流信息分类编码标准是物流信息标准化工作的一个专业领域和分支，核心就是将大量物流信息进行合理化的统一分类，并用代码加以表示，构成标准信息分类代码，便于人们借助代码进行手工方式或计算机方式的信息检索和查询，这是物流信息系统正常运转的前提。物流信息分类编码标准由三个层次组成，第一层次为门类，第二层次为类别，第三层次为项目。

3. 物流信息采集标准

对物流信息的采集方法、手段、格式等进行统一规定，如在条形码标准中，对使用条形码的种类、使用范围以及每种条码的排列规则、起始符、终止符、数据符、效验符和空白区等参数进行规定，并统一条码的阅读和处理程序标准等；在射频识别（Radio Frequency Identification，RFID）的电子标签（TAG）标准中，对电子标签的信息存储格式、外形尺寸、电源形式、工作频率、阅读方式、有效距离、信号调制方式等进行统一规定；全球定位系统（Navigation Timing and Ranging Global Position System，GPS）技术标准中，对覆盖范围、可靠性、数据内容、准确性以及多用性等指标进行规定。

4. 物流信息传输与交换标准

对物流信息的通信协议、传输方式、传送速度、数据格式、安全保密、交换程序等进行统一规定。如在电子数据交换（Electronic Data Interchange，EDI）标准中，国际物品编码协会（EAN）对数据格式和报文标准进行了制定，在联合国的 UN/EDIFACT 标准基础上制定了流通领域的 EANCOM 标准；通信标准在 ISO-OSI 国际标准化组织开放系统互连参考模型的基础上，针对不同的对象采取不同的标准。我国在 EDI 方面应用较多的有《贸易数据元目录标准数据元》GB/T15191—1997、《用于行政、商业和运输业的电子数据交换代码表》GB/T16833—1997、《用于行政、商业和运输业的电子数据交换的语法实施指南》GB/T16703—1996 等标准。

5. 物流信息记录与存储标准

对物流信息的记录、存储和检索模式等进行规定。如对存储介质、存储形式、存储过程、数据库类型、数据库结构、索引方法、压缩方式、查询处理、数据定义语言、数据查询语言、数据操纵语言、完整性约束等制定统一标准。

6. 物流信息系统开发标准

对物流信息系统的需求分析、设计、实现、测试、制造、安装检验、运行和维护直到软件引退（为新的软件所代替）等建立起标准或规范，如过程标准（方法、技术、度量等）、产品标准（需求、设计、部件、描述、计划、报告等），专业标准（职别、道德准则、认证、特许、课程等）以及记法标准（术语、表示法、语言等）。

7. 物流信息安全标准

为防止或杜绝对物流信息系统（包括设备、软件、信息和数据等）的非法访问（包括非法用户的访问和合法用户的非法访问）而制定的一系列技术标准，如物流信息系统中的用户验证、加密解密、防火墙技术、数据备份、端口设置、日志记录、病毒防范等。

8. 物流信息设备标准

对交换机、集线器、路由器、服务器、计算机、不间断电源、条码打印机、条码扫描器、存储器、数据终端等一系列物流信息设备所制定的通用标准和技术规范。

9. 物流信息系统评价标准

对物流信息系统产品进行测试、评价的统一规定和要求，现有的标准如 GB/T 17544—1998《信息技术——软件包质量要求和测试》、GB/T 17917—1999《商场管理信息系统基本功能要求》、GB 15532—1995《计算机软件单元测试》、GB 13423—1992《工业控制用软件评定准则》、GB/T 16260—1996《信息技术软件产品评价质量特性及其使用指南》等。

10. 物流信息系统开发管理标准

对物流信息系统开发的质量控制、过程管理、文档管理、软件维护等一系列管理工作所制定的统一标准，现有的如 GB/T 16680—1996《软件文档管理指南》、GB/T 12505—1990《计算机软件配置管理计划规范》、GB/T 14394—1993《计算机软件可靠性和可维护性管理》、GB/T 8567—1988《计算机软件产品开发文件编制指南》等。

（四）物流管理标准

1. 物流管理基础标准

物流管理基础标准是物流企业或企业物流部门管理活动中普遍使用，具有广泛指导意义的标准，是制定其他物流管理标准的基础。

2. 物流安全标准

物流安全标准包括物流安全基础标准、物流设施设备安全标准、物流作业安全标准、人员安全标准、危险品特殊货物安全标准。

3. 物流环保标准

物流环保标准包括物流环保基础标准、物流基本业务环保标准、物流特殊业务环保标准、废弃物物流环保标准。

4. 物流统计标准

物流统计标准包括物流统计基础标准、物流产业规模统计标准、物流业务活动统计标准、物流业从业人员统计标准、财务状况统计标准、安全与环保统计标准。

5. 物流绩效评估标准

物流绩效评估标准包括绩效评估基础标准、成本评估标准、风险评估标准、效率与服务评估标准。

（五）物流服务标准

1. 物流服务基础标准

物流服务基础标准是物流行业共同遵守的服务标准，是制定其他物流服务标准的基础。

2. 综合物流服务标准

综合物流服务标准包括第三方物流服务标准、国际货运代理服务标准、物流咨询服务标准。

3. 物流环节服务标准

物流环节服务标准包括公路货运服务标准、水路货运服务标准、铁路货运服务标准、航空货运服务标准、管道运输服务标准、储运包装服务标准、多式联运服务标准、仓储服务标准、流通加工服务标准。

4. 专业物流服务标准

专业物流服务标准包括搬家服务标准、包裹快递服务标准、烟草物流服务标准、医药物流服务标准、食品物流服务标准、农产品物流服务标准、危险品物流服务标准、国际快递物流服务标准、展品物流服务标准。

 知识链接

2011 版物流标准目录

2011 年 9 月,中国物流与采购联合会和全国物流标准化技术委员会联合出版了《物流标准目录手册》,收集了我国已颁布的现行物流国家标准、行业标准和地方标准的目录共计 601 项。按其内容分为基础性标准、公用类标准、专业类标准和标准化指导性文件四大部分,具体内容如下。

一、基础类标准

1. 术语
2. 导则
3. 图形符号与标志

二、公共类标准

1. 通用类标准
2. 物流设施设备标准
3. 物流技术、作业与管理标准
4. 物流信息标准

三、专业类标准

1. 冷链物流标准
2. 汽车物流标准
3. 医药物流标准
4. 家电物流标准
5. 煤炭物流标准
6. 粮食物流标准
7. 邮政物流标准
8. 出版物物流标准
9. 烟草物流标准
10. 木材物流标准

四、标准化工作指导性标准

步骤三：学会物流标准管理方法

（一）物流标准化要求

1. 简化

简化是指在一定范围内缩减物流标准化对象的类型数目，使之在一定时间内满足一般需要。如果对产品生产的多样化趋势不加限制地任其发展，就会出现多余、无用和低功能产品品种，造成社会资源和生产力的极大浪费。

2. 统一化

统一化是指把同类事物的若干表现形式归并为一种或限定在一个范围内。统一化的目的是消除混乱。物流标准化要求对各种编码、符号、代号、标志、名称、单位、包装运输中机具的品种规格系列和使用特性等实现统一。

3. 系列化

系列化是指按照用途和结构把同类型产品归并在一起，使产品品种典型化；把同类型的产品的主要参数、尺寸，按优先数理论合理分级，以协调同类产品和配套产品及包装之间的关系。系列化是使某一类产品的系统结构、功能标准化形成最佳形式。系列化是改善物流、促进物流技术发展最为明智而有效的方法。如按 ISO 标准制造的集装箱系列，可广泛适用于各类货物，大大提高了运输能力，还为计算船舶载运量、港口码头吞吐量和公路与桥梁的载荷能力等提供了依据。

4. 通用化

通用化是指在互相独立的系统中，选择与确定具有功能互换性或尺寸互换性的子系统或功能单元的标准化形式，互换性是通用化的前提。通用程度越高，对市场的适应性越强。

5. 组合化

组合化是按照标准化原则，设计制造若干组通用性较强的单元，再根据需要进行合拼的标准化形式。对于物品编码系统和相应的计算机程序同样可通过组合化使之更加合理。

（二）物流标准化方法

1. 确定物流基础模数尺寸

物流基础模数尺寸和建筑模数尺寸的作用大体是相同的，考虑的基点主要是简单化。基础模数尺寸一旦确定，设备的制造、设施的建设、物流系统中各环节的配合协调、物流系统与其他系统的配合就有所依据。ISO 中央秘书处及欧洲各国已基本认定 600 毫米 × 400 毫米为基础模数尺寸。

2. 确定物流模数

物流模数即集装基础模数尺寸。集装基础模数尺寸是从 600 毫米 × 400 毫米的物流基础模数尺寸按倍数系列推导出来的。

我国国家标准托盘规格是 800 毫米 × 1 000 毫米、800 毫米 × 1 200 毫米、1 000 毫米 × 1 200 毫米；ISO 国际标准托盘规格是 1 200 毫米 × 800 毫米、1 200 毫米 × 1 000 毫米、1 200 毫米 × 1 000 毫米、1 100 毫米 × 1 100 毫米。物品的外包装尺寸是在此基础上分割的系列尺寸。由于世界范围内的集装基础模数尺寸没有统一，也允许 1 200 毫米 × 800 毫米及 1 100 毫米 × 1 100 毫米。

物流基础模数尺寸与集装基础模数尺寸的配合关系，如图 4-2 所示。

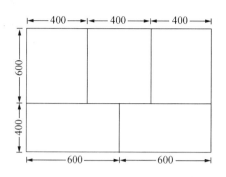

图 4-2　基础模数尺寸的配合关系

3. 以分割与组合的方法来确定系数尺寸

物流模数作为物流系统各环节的标准化的核心，是形成系列化的基础，依据物流模数进一步确定有关系列的大小及尺寸，再从中选择全部或部分，确定为定型的生产制造尺寸，这就完成了某一环节的标准系列。

4. 识别与标志标准技术

传统的识别与识别的标准方法。在物流领域，识别标记主要用于货物的运输包装上，传统的标准化将包装标记分为三类，即识别标记、储运指示标记和危险货物标记。识别标记包括主要标记、批数和件数号码标记、目的地标记、体积质量标记、输出地标记、附加标记和运输号码标记；储运指示标记包括向上标记、防漏防水标记、小心轻放标记、由此吊起标记、由此开启标记、重心点标记、防热标记、防冻标记及其他，如"切勿用钩"、"勿近锅炉"、"请勿斜放倒置"标记等；危险货物标记包括爆炸品标记、氧化剂标记、无毒不燃压缩气体标记、易燃压缩气体标记、有毒压缩气体标记、易燃物品标记、自燃物品标记、遇水燃烧物品标记、有毒品标记、剧毒品标记、腐蚀性物品标记、放射性物品标记等。在物流工作中，可以按以上三类标志去处理遇到的对应问题。如涉及国际海运，则依据国际标准化组织发布的"国际海运危险品标记"来识别。

传统标记方法简单、直观、醒目、方便，但限制了标记的内容，有许多本应标记的项目不能被标记。标记过于简单，往往使人难以掌握得清楚透彻，容易因识别错误而处置失当，再加上人的识别反应速度有限，难以对大量、快速、连续运动中的货物做出准确识别，因此产生了自动识别标志。

自动识别与条码标志即"自动识别+条码"是"人工识别+标志"的一大进步，这种技术使识别速度提高几十倍甚至上百倍，准确度几乎是百分之百。"自动识别+条码"技术的关键在于条码的标准化，使自动识别的电子数据可以成为共享的数据，从而提高物流效率。条码有很大的数据储存量，可以将与物流有关的所有信息都包含在内。但条码缺乏直观性，只能和自动识别系统配套使用，而无法人工识别，其提示、警示作用远不如图记标志。

知识链接

2012 年国家正式实施 6 项物流标准

2011 年 12 月 30 日，国家质检总局、国家标准委发布公告《中华人民共和国国家标准公告》（2011 年第 23 号），正式发布了 625 项国家标准，6 项物流国家标准正式发布。标准涉及物流作业、物流设备及邮政物流等，将于 2012 年 5 月 1 日正式实施。标准名称及编号如下：

GB/T 27923—2011 物流作业货物分类和代码；

GB/T 27924—2011 工业货架规格尺寸与额定荷载；

GB/T 27915—2011 组合式塑料托盘；

GB/T 27917.1—2011 快递服务第 1 部分：基本术语；

GB/T 27917.2—2011 快递服务第 2 部分：组织要求；

GB/T 27917.3—2011 快递服务第 3 部分：服务环节。

《物流作业货物分类和代码》规定了物流作业货物分类原则、代码结构、编码方法、分类与代码。适用于规划和设计物流设施、选择物流装备、制订物流方案、进行费用清算和信息化管理及相关分析，也可用于行政管理部门进行行业管理、信息处理、信息交换和统计分析。《工业货架规格尺寸与额定荷载》规定了工业货架的尺寸系列以及额定荷载。适用于以托盘为装载单元、单元荷载不超过 2 吨的组装式工业货架的生产。《组合式塑料托盘》规定了组合式塑料托盘的术语和定义、产品结构和分类、要求、试验方法、标志、包装、运输和储存等，适用于以高密度聚乙烯（HDPE）、聚丙烯（PP）等塑料为原料制成的组合式塑料托盘的生产。《快递服务第 1 部分：基本术语》、《快递服务第 2 部分：组织要求》、《快递服务第 3 部分：服务环节》规定了快递服务的基础术语、快递服务组织的基本要求，以及国内、国际快递服务组织在国内从事快递服务的具体要求等。

（资料来源：中国物流采购联合会标准化工作部 wuliu.com.cn/office/21/index.shtml）

【岗位实践】

实践目的：在分析物流标准相关知识的基础上，熟悉物流标准的内容，掌握物流标准的基点和物流标准化的方法。

实践方式：实地调研和网络调研相结合。

实践内容：

（1）实地参观一家物流公司，讨论学习物流标准化在企业里的表现形式；

（2）登录有关网站，学习储运指示标记、危险货物标记，并进行实物验证。

实践步骤：

（1）学生分组；

（2）设计调查问卷；

（3）分组实地调研；

（4）小组讨论；

（5）分组完成调研报告。

任务二 控制物流成本

【知识目标】
1. 明确物流成本的含义;
2. 掌握物流成本的构成;
3. 明确企业物流成本核算的对象。

【能力目标】
1. 会对企业的物流成本进行简单的分析;
2. 针对企业实际物流运作,能够提出降低物流成本的有效措施。

【任务描述】
某家电生产企业拥有四个产品事业部,分别是电视机、冰箱、洗衣机和微波炉事业部。销售公司不仅要负责四类产品的销售推广和销售组织,还全面负责销售物流的组织与管理。整个企业的销售物流成本并没有进行单独核算,运输费用、仓储费用、包装费用等在内的销售物流成本大部分都分散在企业"营业费用"账户的各个费用项目中。该企业为了更好地进行物流成本核算,财务经理就物流成本的核算对象问题征求了各事业部和销售公司有关领导的意见。

如果你是各事业部和销售公司有关领导,针对企业的问题,你有何见解?

【任务分析】
根据财务经理提出的要求,各事业部领导认为物流成本的核算应该按照各个事业部作为成本核算对象,这有利于各个事业部的内部利润核算以及业绩考核;销售公司的总经理认为,物流成本的核算应该以各个分公司(地域)作为物流成本的核算对象,分别核算各地域的物流成本;负责营业费用会计核算的会计人员则建议物流成本的核算口径应该与营业费用相对应,这样物流成本的核算才更有可操作性。综合各方意见,财务经理认为进行公司物流成本的核算时,一要明确物流成本的项目以及对象,对物流活动进行分析;二要对完成物流活动所发生的一切费用进行统计、分析,做出可行性的决策,从而有效地降低物流成本,真正为企业创造第三利润源。

【任务实施】

步骤一:认知物流成本

(一)物流成本

物流成本也称物流费用,是指物流活动中所消耗的物化劳动与活劳动的货币表现。物流成本的概念有狭义和广义之分。

1. 狭义的物流成本

狭义的物流成本是指在物流过程中,企业为了提供有关的物流服务,要占用和耗费一定的活劳动和物化劳动中必要劳动价值的货币表现,是物流服务价值的重要组成部分。在商品经济中,物流活动是创造时间价值、空间价值的过程,要保证生产和物流活动有秩序、高效率、低消耗地进行,需要耗费一定的人力和物力,投入一定的劳动。它主要表现在两个方面：一方面物流劳动同其他生产劳动一样，创造价值，狭义的物流成本在一定程度上，即在社会需要的限度内会增加商品价值，扩大生产耗费数量，成为生产一定种类及数量产品的社会必要劳动时间的一项内容，其总额必须在产品销售收入中得到补偿；另一方面物流劳动又不完全等同于其他生产劳动，它不增加产品使用价值总量，相反，产品总量往往在物流过程中因损坏、丢失而减少。同时为进行物流活动还要投入大量的人力、物力和财力。

2. 广义的物流成本

广义的物流成本包括狭义的物流成本和物流客户服务成本。企业追求客户满意，提高客户服务水平的关键因素和重要保障，要靠物流活动来实现。客户服务是连接和统一所有物流管理活动的重要方面。物流系统的每个组成部分都会影响顾客是否在合适的时间、合适的地点以合适的条件收到合适的产品。现实当中常有企业因为物流服务水平低，造成客户不满意，而失去现有客户与潜在客户的情况，这种情况所带来的损失，就是物流客户服务成本。

本教材所说物流成本是从狭义的角度去理解的。

（二）有关物流成本理论

1. "黑大陆"学说

彼得·德鲁克将物流比作"一块未开垦的处女地"，强调应高度重视流通及流通过程中的物流管理。德鲁克泛指的是流通，在流通领域中物流活动的模糊性特别突出，物流是流通领域中人们认识不清的领域，所以"黑大陆"学说主要针对物流而言。在传统的财务会计中，企业把发生的费用划分为生产成本、管理费用、营业费用、财务费用，对于营业费用又进行了明细分类。这样在利润表中我们所能看到的物流成本在整个物流成本中只占很小的比重，所以物流的重要性通常被忽视，这就是物流被称为"黑大陆"的原因。

2. 物流成本冰山理论

日本早稻田大学西泽修教授提出了物流成本冰山理论，他在研究物流成本时发现，现行的财务会计制度和会计核算方法都不可能掌握物流费用发生的真实情况，因而人们对物流费用的了解是一片空白，甚至有很大的虚伪性。他将之称为"物流冰山"。物流成本正如浮在水面上的冰山，人们所能看见的向外支付的物流费用好比冰山的一角，而大量的是人们所看不到的沉在水下的企业内部消耗的物流费用。水下的物流内耗越深，反而露出水面的冰山越小，会将各种问题掩盖起来，如图4-3所示。

3. 第三利润源理论

第三利润源理论来自于日本学者西则修的著作，"第三利润源"是对物流潜力及效益的描述。人们把物质资源的节约和劳动消耗的降低分别称为"第一利润源"和"第二利润源"。由于受到科技和管理水平的限制，第一、二利润源已近枯竭，有待于科技的重大突破。"第三利润源"理论认为物流作为"经济领域的黑暗大陆"虽然没有被完全照亮，但经过几十年的实践探索，物流领域绝不会是一个不毛之地，肯定是一片富饶之源。

该理论认为，物流作为第三利润源要合理组织产供销环节，将货物按必要的数量以必要的方式，在要求的时间内送到必要的地点，就是让每个要素、每个环节都做到最好。物流可以为企业提供大量直接和间接的利润，是形成企业经营利润的主要活动。

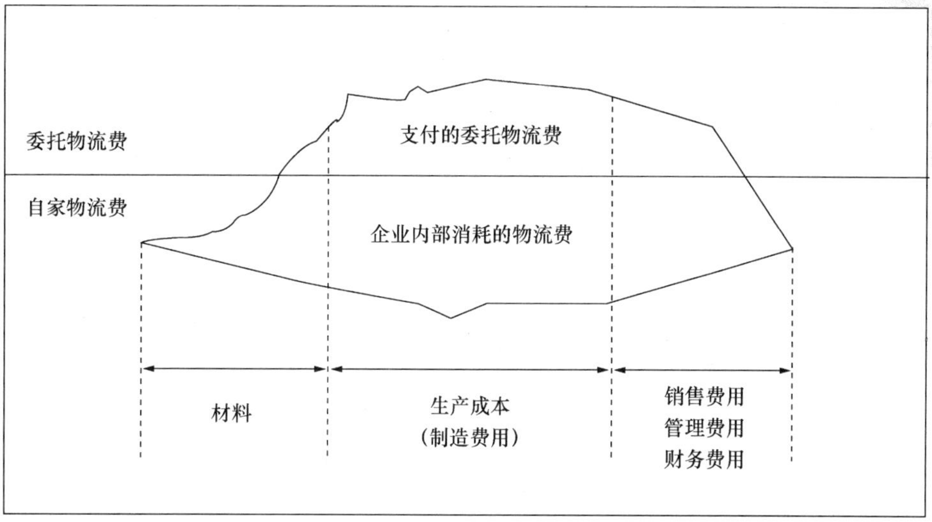

图 4-3 “物流成本冰山理论”

4. 效益背反理论

“效益背反”是物流领域中很普遍的现象，是物流领域中内部矛盾的反映和表现。该理论认为，“效益背反”是指物流的若干功能要素之间存在着损益的矛盾，即某一功能要素的优化和利益发生的同时，必然会存在另一个或几个功能要素的利益损失，反之也如此。即物流系统的各要素之间存在目标不一致的地方。物流系统的效益背反包括物流成本与服务水平的效益背反和物流各功能活动的效益背反。

（三）物流成本的构成

狭义的物流成本发生在物流全过程中，在生产、流通、消费的各个环节，对于物品实体与价值变化而发生的全部费用。用表格的形式阐述物流成本的构成，如表 4-1 ～表 4-3 所示。

表 4-1 企业物流成本项目构成表

		成本项目	内容说明
物流功能成本	物流运作成本	运输成本	一定时期内，企业为完成货物运输业务而发生的全部费用，包括从事货物运输业务的人员费用，车辆（包括其他运输工具）的燃料费、折旧费、维修保养费、租赁费、路桥费、年检费、事故损失费、相关税金等
		仓储成本	一定时期内，企业为完成货物储存业务而发生的全部费用，包括仓储业务人员费用，仓储设施的折旧费、维修保养费、水电费、燃料与动力消耗等
		包装成本	一定时期内，企业为完成货物包装业务而发生的全部费用，包括包装业务人员费用，包装材料消耗，包装设施折旧费、维修保养费，包装技术设计、实施费用以及包装标记的设计、印刷等辅助费用
		装卸搬运成本	一定时期内，企业为完成装卸搬运业务而发生的全部费用，包括装卸搬运业务人员费用，装卸搬运设施折旧费、维修保养费、燃料与动力消耗等
		流通加工成本	一定时期内，企业为完成货物流通加工业务而发生的全部费用，包括流通加工业务人员费用，流通加工材料消耗，加工设施折旧费、维修保养费，燃料与动力消耗费等
		物流信息成本	一定时期内，企业为采集、传输、处理物流信息而发生的全部费用，指与订货处理、储存管理、客户服务有关的费用，具体包括物流信息人员费用，软硬件折旧费、维护保养费、通信费等

续表

	成本项目	内容说明
物流功能成本	物流管理成本	一定时期内，企业物流管理部门及物流作业现场所发生的管理费用，具体包括管理人员费用、差旅费、办公费、会议费等
	存货相关成本 资金占用成本	一定时期内，企业在物流活动过程中负债融资所发生的利息支出（显性成本）和占用内部资金所发生的机会成本（隐性成本）
	存货相关成本 物品损耗成本	一定时期内，企业在物流活动过程中所发生的物品跌价、损耗、毁损、盘亏等损失
	存货相关成本 保险和税收成本	一定时期内，企业支付的与存货相关的财产保险费以及因购进和销售物品应交纳的税金支出

表 4-2 企业物流成本支付形态构成表

成本支付形态		内容说明
企业内部物流成本	材料费	资材费、工具费、器具费等
	人工费	工资、福利、奖金、津贴、补贴、住房公积金等
	维护费	土地、建筑物及各类物流设施设备的折旧费、维护维修费、租赁费、保险费、税金、燃料与动力消耗费等
	一般经费	办公费、差旅费、会议费、通信费、水电费、煤气费等其他杂费
	特别经费	存货资金占用费、物品损耗费、存货保险费和税费
委托物流成本		企业向外部物流机构所支付的各项费用

表 4-3 企业物流成本范围构成表

成本范围	内容说明
供应物流成本	指经过采购活动，将企业所需原材料（生产资料）从供给者的仓库运回企业仓库为止的物流过程中所发生的物流费用
企业内物流成本	指从原材料进入企业仓库开始，经过出库、制造形成产品以及产品进入成品库，直到产品从成品库出库为止的物流过程中所发生的物流费用
销售物流成本	指为了进行销售，产品从成品仓库开始，经过流通环节的加工制造，直到运输至中间商的仓库或消费者手中的物流活动过程中所发生的物流费用
回收物流成本	指退货、返修物品和周转使用的包装容器等从需方返回供方的物流活动过程中所发生的物流费用
废弃物流成本	指将经济活动中失去原有使用价值的物品，根据实际需要进行收集、分类、加工、包装、搬运、储存等，并分送到专门处理场所的物流活动过程中所发生的物流费用

步骤二：认知物流成本管理

（一）物流成本管理

物流成本管理是通过成本去管理物流，即管理的对象是物流而非成本，其实就是对物流成本进行调查、分析、预测及控制等管理活动，通过管理物流成本达到物流管理的目的。总的来说，就是以成本为手段进行物流管理，以达到降低物流费用的目的。

（二）物流成本管理的内容

1. 物流成本预测

物流成本预测是指根据有关成本数据和企业具体的发展情况，运用一定的技术方法，对未来的成本水平及其变动趋势做出科学的估计。成本预测是成本决策、成本计划和成本控制的基础工作，可以提高物流成本管理的科学性和预见性。

2. 物流成本决策

物流成本决策是指在物流成本预测的基础上，结合其他有关资料，运用一定的科学方法，从若干个方案中选择一个满意方案的过程。进行成本决策、确定目标成本是编制成本计划的前提，也是实现物流成本的事前控制，提高经济效益的重要途径。

3. 物流成本计划

物流成本计划是指根据成本决策所确定的方案、计划期的生产任务、降低成本的要求以及有关资料，通过一定的程序，运用一定的方法，以货币的形式规定计划期内物流各环节耗费水平和成本水平，并提出保证成本计划顺利实现所采取的措施。通过物流成本计划，可以在降低物流各环节成本上给企业提出明确的目标，推动企业加强成本管理责任制，增强企业成本意识，控制物流环节费用，挖掘降低物流成本的潜力，保证企业降低物流成本目标的实现。

4. 物流成本控制

物流成本控制是指根据计划目标，对成本发生和形成过程以及影响成本的各种因素和条件施加主动的影响，以保证实现物流成本计划的一种行为。从企业生产经营过程来看，物流成本控制包括成本的事前控制、事中控制和事后控制。物流成本事前控制是指整个成本控制活动中最重要的环节，它直接影响以后各作业流程成本的高低；物流成本事中控制是指对物流作业过程实际劳动耗费的控制，包括设备耗费的控制、人工耗费的控制、劳动工具耗费和其他费用支出的控制等方面；物流成本事后控制是指通过定期对过去某一段时间物流成本控制的总结、反馈来控制物流成本。通过物流成本控制，可以及时发现存在的问题，采取措施，保证物流成本目标的实现。

5. 物流成本核算

物流成本核算是指根据企业确定的成本计算对象，采用相适应的成本计算方法，按规定的成本项目，通过一系列的物流费用汇集与分配，从而计算出各物流活动成本计算对象的实际总成本和单位成本。进行物流成本核算，可以如实地反映生产经营过程中的实际耗费。同时，也是对各种活动费用实际支出的控制过程。

6. 物流成本分析

物流成本分析是指在成本核算及其他有关资料的基础上，运用一定的方法，揭示物流成本水平的变动，进一步查明影响物流成本变动的各种因素。通过物流成本分析，可以提出积极的建议，采取有效的措施，合理地控制物流成本。

7. 物流成本考核

物流成本考核是指以物流责任成本管理为依据，即根据不同级别的物流管理人员和管理部门应负的责任，收集、汇总和报告其物流责任成本的完成情况，采取一定的奖惩措施，实现有效控制、降低物流成本的目的。

步骤三：明确企业物流成本核算对象

企业物流成本核算的目的就是要促进企业加强物流管理，提高管理水平，创新物流技术，提高物流效率。确定成本核算对象是进行成本计算的基础。企业物流成本如何归集与计算，取决于对所评价与考核的成本计算对象选取得正确与否。成本核算对象的选取方法不同，得出的成本结果也不同，从而也就产生了不同的成本评价对象与评价结果。

成本核算对象是指企业物流成本管理部门，为归集和分配各项成本费用而确定的，以一定时期和空间范围为条件而存在的成本核算实体。企业物流成本核算对象的三个基本构成要素是成本核算主体、成本核算期间和成本核算空间。

（一）成本核算主体

成本核算主体是指其发生并应合理承担各项费用的特定经营成果的体现形式，包括有形的各种产品和无形的各种劳务作业等。就企业物流来讲，其成本核算主体主要是各个物流相关部门所做的物流活动或物流作业。

（二）成本核算期间

成本核算期间是指汇集生产经营费用和计算生产经营成本的时间范围。就企业物流来讲，其成本计算期视物流作业性质的不同可有不同的确定方法，一般可按照日历月份作为成本核算期（日、月、季、年等）。

（三）成本核算空间

成本核算空间是指成本费用发生并能组织企业成本核算的地点或区域（部门、单位、生产或劳务作业环节等）。企业物流成本核算空间的划分，一般是按照物流活动范围、物流功能范围以及物流成本控制的重点进行选取。方法不一样所核算出来的物流成本也是有差异的。

步骤四：降低企业物流成本的主要途径

（一）健全企业物流管理体制，树立现代物流管理理念

要想真正地把企业物流成本降下来，应从两个方面实现：一方面要做的就是从健全物流管理体制入手，从企业组织上保证物流管理的有效进行，要设立专门的物流管理部门；另一方面要树立现代物流管理理念，重新审视企业的物流系统和物流运作方式，吸取先进的物流管理方法，以企业实际为根本，寻找改善物流管理，降低物流成本的切入点。

（二）树立物流总成本观念，增强全员的物流成本意识

现代物流管理最直接的目的就是在满足客户需求的基础上追求物流总成本的最小化。随着物流管理意识的增强以及降低成本的压力，很多企业把降低成本的目光转向物流领域，通过整合物流资源，创造企业"第三利润源"。

（三）加强物流成本核算，建立成本考核制度

物流成本核算是以物流成本的计算为基础的，而缺乏充分反映物流成本的数据是物流成本核算所面临的最大的难题，因为物流成本数据很难从财务会计的数据中剥离出来。所

以说，要准确计算物流成本，首先要做好基础数据的整理工作。

（四）优化企业物流系统，寻找降低成本的有效途径

优化企业物流系统是指要结合企业的经营现状寻找一个恰当的物流运作方式。企业高层领导应重视物流系统的优化，它关系企业的竞争能力和赢利水平问题，领导层应从战略的高度规划企业的物流系统，同时还要协调各部门之间的关系，使各部门在优化的物流系统的过程中相互配合，通力合作，实现生产、销售和物流的一体化，进而实现供应链过程的一体化。只有这样，才可以最终实现物流系统的优化，降低流通全过程的物流总成本。

任务三 考评物流绩效

【知识目标】
1. 明确物流绩效管理的含义；
2. 掌握物流绩效管理的内容；
3. 掌握衡量物流服务满意度、反应速度、费用的主要指标。

【能力目标】
1. 能对物流部门及人员进行简单评价；
2. 能简单制定相关部门及人员绩效考核指标。

【任务描述】

某物流企业是一家中型连锁企业，下设人事部、财务部、物流部、销售部、市场部等部门，目前员工六十多人。该企业通常在年终对员工进行民主测评，测评结果和员工奖金挂钩。由于测评工具比较简单，实际上并未起到区别优劣的作用，年终奖分配时只能由管理层在企业内部进行"平衡"，导致企业内部员工意见很大。如果你是企业领导，该如何解决此问题？

【任务分析】

经过管理咨询公司咨询，发现该企业进行绩效考评时难以设定规范的考核项目，绩效考核环节和效果差强人意，因此设定了一套物流绩效考评体系。由于服务是物流的产出，运输和仓储是物流的主要活动要素，因此该指标体系中主要包括以下几个方面的内容：物流服务绩效指标、仓储绩效指标和运输质量指标。随着企业物流系统的逐步完善，赢利与非赢利之间的差别也越来越小，所以对于物流绩效管理变得异常重要。有效的物流绩效管理，能使企业更好地监督和控制自身资源。

【任务实施】

步骤一：了解物流绩效管理

物流绩效管理就是依据物流系统运营的客观规律，为满足物流客户的服务需求，通过制定科学合理的基本标准，运用绩效管理的理论方法对物流系统进行科学合理的规划、组织和协调，实现优化控制的一系列活动过程。

物流绩效管理概念的内涵丰富，既包含物流对象的质量，也包含物流手段、物流方法的质量，还包含工作质量，因而是一种系统而全面的质量观。物流绩效管理主要包括质量

保证和质量控制。物流绩效管理与一般商品质量管理的不同之处在于：一方面既要满足生产者的要求，使其产品能及时准确地转移给客户；另一方面又要满足客户的要求，即按客户要求将其所需的商品送交，并使两者在经济效益上保持一致。

在企业中，物流绩效管理是企业对物流管理及作业人员进行有效考核与激励的基础；是企业改进物流作业及管理流程的基础；是企业优化供应链合作关系的基础。通过物流绩效管理系统，可以对物流作业进行监督、控制和指挥，达到对物流资源（人力、财力、物力）进行合理有效配置，向客户提供满意的服务。

步骤二：熟悉物流绩效管理指标方法

（一）物流绩效管理指标

物流绩效管理指标可以归纳为服务满意度、反应速度和物流费用三个方面，其中，服务满意度、反应速度反映的是物流活动的质量，物流费用反映的是物流活动的经济效益。每个方面又可以细分为一系列具体的物流绩效管理指标。

1. 服务满意度指标

就生产企业而言，物流服务满意度指标主要应考察以下一些内容：第一，最终顾客或经销商关心的企业物流服务的满意度，包括订单满足率、订单准确率、缺货率、定制化情况、及时配送率、破损率、订单查询情况等；第二，企业关心的供应商物流服务的满意度，包括订单满足率、缺货率、订单准确率、及时配送率、订单查询情况等；第三，企业关心的物流服务提供企业物流服务的满意度，包括服务的综合性、服务的定制化、包装加工服务情况、运输能力、仓储管理水平、及时配送率、破损率等。

2. 反应速度指标

就生产企业而言，物流反应速度指标主要应考察以下一些内容：第一，企业的反应速度，包括订货提前期、订单处理时间、生产备料时间、最终产品运达时间等；第二，供应商的反应速度，包括订货提前期、订单处理时间、生产备料时间、原材料或零部件运达时间等；第三，物流服务提供企业的反应速度，主要体现为原材料、零部件以及最终产品的运达时间上。

3. 物流费用指标

生产企业的物流费用主要包括原材料或零部件的订货费用、原材料或零部件的运输及配送费用、原材料或零部件的验收费用、原材料或零部件的存货费用、生产场所的装卸搬运费用、最终产品的存货费用、对最终顾客或经销商订单的处理费用、最终产品的运输及配送费用、最终产品的包装及流通加工费用、最终产品及其包装的回收物流费用、废弃物流费用、企业内部物流管理及作业人员的工资及福利、企业自有物流设施及设备的折旧、物流管理人员的办公费用、物流信息系统的运行维护费用等。

（二）物流绩效管理方法

1. 物流绩效管理的标杆法

标杆法（Benchmarking）是企业设计绩效指标的标准、改进绩效水平的重要方法，企业通过以优秀企业作为自己的基准，确定自己与优秀企业的差距及努力方向，向优秀企业学习，争取迎头赶上乃至超越优秀企业。

标杆法是企业真实地衡量自己的物流水平、找出自己物流作业及管理差距、提高物流作业及管理水平的重要工具。运用标杆法评价及改进企业物流绩效的步骤如下：第一，确定关键的物流绩效管理指标；第二，确定企业物流绩效管理的标杆；第三，确定企业物流管理绩效的真实水平及差距；第四，制订物流绩效改进方案；第五，实施物流绩效改进方案并监控方案实施效果。

2. 关键业绩指标评价法

关键绩效指标法（Key Performance Indicator，KPI）是指企业业绩指标的设置必须与企业的战略挂钩，其"关键"两字的含义即指在某一阶段一个企业战略上要解决的最主要的问题。KPI 是受到现代企业普遍重视的业绩考评方法。KPI 可以使部门主管明确部门的主要责任，并以此为基础，明确部门人员的业绩衡量指标，使业绩考评建立在量化的基础之上。建立明确的切实可行的 KPI 指标体系是做好绩效管理的关键。

步骤三：分层次进行物流绩效管理

（一）供应链物流能力考核

1. 供应链统一

努力统一与协调供应链作业及最终客户的满意，要求物流角色专一，利益分享，强调物流渠道的贯通。

2. 信息技术

信息技术是应用硬件、软件与网络以便于物流信息的改进，强调可变性、整合性。

3. 信息分享

信息分享表现在物流职能部分与供应链伙伴间交换物流战略与战术数据的愿望，强调物流、财务信息分享的形式与比例。

4. 联系

联系是关于交换和应用信息的能力。

5. 标准化

标准化是关于不断寻找物流实践在组织之间共同应用的能力，要求与行业标准相符。

6. 简化

减少物流过程和关系的复杂性。

7. 纪律

取得高水平和标准化与简单化，追求共同的作业方针与程序。

（二）公司物流绩效考核

1. 物流成本考核

物流部门独立成为利润中心之后，物流成本考核更为直接地与产品事业部或销售部门挂钩，考核产品事业部或销售部门所发生的物流成本、公司物流绩效的最直接的衡量指标便是物流成本率。

物流成本率 = 年物流成本总额/年销售额

这里的物流成本是完成特定物流活动所发生的真实成本。企业统计的物流成本是运输成本和配送中心的运营成本，由于没有标准的统计和成本划分，很多隐性的物流成本被划入生产成本和销售成本。科学的物流成本应该是以物流活动为基础的，所有与完成物流功能有关的成本都应该包括在以活动为基础的成本分类中。

2. 库存周转率

库存周转率 = 年销售量/平均库存水平

库存周转率数值越高，反应产品销售情况越好，库存占压资金越少。

3. 顾客服务水平

顾客服务水平主要是针对产品事业部或销售部门的考核指标。

4. 订货的满足率

订货的满足率 = 现有库存能够满足订单的次数/顾客订货总次数

即对于顾客订单中所要的货物，现有的库存能够履行订单的比率。

5. 订单与交货的一致性

订单与交货的一致性无论在生产性企业还是服务性企业中都被认为是最重要的因素。主要的作业指标是无误交货率。

6. 交货的及时率

交货的及时率 = 当月汽车准时送达车数/当月汽车送货车数。

7. 货物的破损率

货物破损率 = 当月破损商品价值/当月发送商品总价值

这个指标用来衡量在向顾客配送过程中货物的破损率，一般最高限额是 5%，破损情况很多是在货物的装卸过程中发生的。

8. 投诉次数

承运商帮助企业将货物送达给客户，所以承运商在和顾客进行货物交接的过程中代表着企业的服务形象，在这一过程中提供尽可能多的服务将提高顾客对企业的忠诚度，但配送中心反映顾客投诉最多的还是承运商在和顾客交接的过程中服务没有到位。

（三）物流部门绩效考核

作为一个利润中心，物流部门的绩效考核主要是在一定的物流费用率下物流销售收益和客户服务水平的考核。

1. 物流部门收益考核

（1）物流毛收益

物流毛收益 = 年物流服务收入总额/年物流服务支出总额

（2）物流费用率

物流费用率 = 年物流费用总额/年销售额

物流部门收益 = （物流毛收益 - 管理费用）× 物流费用率权重 × 修正系数

虽然物流部门是一个利润中心，其利润贡献的最直接衡量指标是销售收益，但为了达到降低物流成本的目的,物流销售收益必须是一定物流费用率下的收益。超过规定物流费用率,部门收益需要打折扣(这里的物流费用只包括运输费用、仓储费用、管理费用,不包括存货成本等)。如果实际物流费用率比标准费用率高出很多,超过权重上限,则部门收益为零,甚至为负数。物流费用率标准的制定采用目标期望法,为达到费用率逐年降低的目标,可依据去年的物流费用率制定本年度物流费用率,同时排除能源、劳动力的价格上涨或下跌,及交通法规等变化的影响。

物流效用增长率。物流效用增长率=物流费用比上一年增长率/销售额比上一年增长率。合理的比率应该小于1。如果比率大于1,物流费用控制具有降低的空间。

物流部与产品事业部的物流费用结算,初期按照实际发生的物流费用计量,在形成稳定的产品运距预算后,物流费用可按照产品运距计量。

2. 运营费用比率

运营费用比率=所支付的仓库租金和汽运铁路运费/支出总额

该指标可作为物流部门考核指标,也可作为物流部考核配送中心的指标。

任务四 提升物流服务

【知识目标】

1. 明确物流服务的含义;
2. 掌握物流服务的内容;
3. 熟悉物流服务的特征。

【能力目标】

1. 会合理选择物流服务方式;
2. 能对物流服务水平进行简单评价。

【任务描述】

美国某花店经理接到一位顾客的电话,说她订购的20支玫瑰送到她家的时间迟了一个半小时,而且花已经不那么鲜艳了。第二天,那位夫人接到了这样一封信。

亲爱的凯慈夫人:

感谢您告知我们那些玫瑰在很差的情况下已经到达您家的消息。在此信的附件里,请查找一张偿还您购买这些玫瑰所用的全部金额的支票。

由于我们送货车中途修理的意外耽搁,加之昨天不正常的高温,所以您的玫瑰我们未能按时、保质交货,为此,请接受我们的歉意和保证。我们保证将采取有效措施以防止这类事情的再次发生。

在过去的两年里,我们总是把您看做一个尊敬的顾客,并一直为此感到荣幸。顾客的满意乃是我们努力争取的目标。

请让我们了解怎样更好地为您服务。

您真诚的霍华德·佩雷斯
(经理签名)

花店为凯慈夫人提供了哪些产品和服务?如何保证服务质量?

【任务分析】

流通业与一般制造业和销售业不同,是为供应、生产、销售提供物流服务的产业,具备仓储、运输、配送、包装等职能,可以说物流服务就是流通业为他人的物流需要提供的一切物流活动。物流业作为第三产业服务业,其活动的主要目的就是在顾客满意的基础上达到成本最优,因此物流服务的内容就是满足顾客需求,为用户提供物流的时空效用,安全、准确、迅速、经济地满足顾客需求。

【任务实施】

步骤一:认识物流服务

许多学者从不同角度对物流服务进行了定义。拉里莎·凯尔(Larissa S. Kyj)和迈罗斯劳·凯尔(Myroslaw J. Kyj)认为,物流服务具有一般客户服务的特征,如果能够得到有效利用,是能够对创造需求、保持客户忠诚产生重大影响的首要变量。另一位客户服务专家认为,物流服务特指满足客户的一系列活动,通常始于订单录入,止于产品送达客户。赫斯凯特(Heskett)则将多数企业的物流服务更简单地表述为:使(客户)得到所订购产品的速度和可靠程度。

通过对物流服务相关概念的总结,认为物流服务是为满足客户需求所实施的一系列物流活动产生的结果。具体来说,物流服务的目的有两个:一是有效地完成商品的供应;二是减轻客户的物流作业负担。

物流服务的重要意义主要体现在以下几个方面。

1. 物流是企业生产和销售的重要环节,是保证企业高效经营的重要方面

对于一个制造型企业来说,物流包括从采购、生产到销售这一供应链环节中所涉及的仓储、运输、搬运、包装等各项物流活动,它是贯穿企业活动始终的。只有物流的顺畅,才能保证企业的正常运行。同时,物流服务还是提高企业竞争力的重要方面,及时准确地为客户提供产品和服务,已成为企业之间除了价格以外的重要竞争因素。

2. 物流服务水平是构建物流系统的前提条件

物流服务水平不同,物流的形式将随之而变化,因此,物流服务水平是构建物流系统的前提条件。企业的物流网络如何规划,物流设施如何设置,物流战略怎样制定,都必须建立在一定的物流服务水平之上。不确定一定的物流服务水平而空谈物流,是"无源之水,无本之木"。

3. 物流服务水平是降低物流成本的依据

物流成本的降低必须首先考虑物流服务水平,物流在降低成本方面起着重要的作用,在保证一定物流服务水平的前提下尽量降低物流成本。合理的物流服务不仅能提高商品流通效率,而且能直接有效地降低企业经营成本。

4. 物流服务有效推动供应链的运作

物流服务起着连接厂家、批发商和消费者的作用,是国民经济不可缺少的部分。现代企业的竞争不是单个企业的竞争,而是网络之间的竞争及供应链的竞争。通过加强物流服务能够提高供应链的竞争优势。

（一）物流服务的特征

1. 无形性

商品是一种有某种具体特性和用途的物品，是由某种材料制成的，具有一定的重量、体积、颜色、形色和轮廓的实物。物流服务主要表现在活动形式上，不物化在任何耐久的对象或出售的物品之中，不能作为物而离开消费者独立存在，顾客在购买服务之前，无法看见、听见、触摸、嗅闻物流服务。物流服务之后，客户并未获得服务的物质所有权，而只是获得一种消费经历。

2. 不可储存性

物流服务容易消失，不可储存。物流企业在为客户服务之后，服务就立即消失。因此，购买劣质服务的客户通常无货可退，无法要求企业退款，而且企业也不可能像产品生产者那样，将淡季生产的产品储存起来在旺季时出售，而必须保持足够的生产能力，以便随时为客户服务。如果某个时期市场需求量低，物流企业的生产能力就无法得到充分利用，而在市场需求量超过生产能力时，物流企业就无法接待一部分客户，从而丧失一部分营业收入。

3. 差异性

差异性是指物流服务的构成成分及其质量水平经常变化，很难统一界定。物流企业提供的服务不可能完全相同，由于人类个性的存在，同一位一线的员工提供的服务也不可能始终如一。与产品生产相比较，物流企业往往不易制定和执行服务质量标准，不易保证服务质量，物流企业可以在工作手册中明确规定员工在某种服务场合的行为标准，但管理人员却很难预料有各种不同经历、性格特点、工作态度的员工在这一服务场合的实际行为方式，而且服务质量不仅与员工的服务态度和服务能力有关，也和客户有关，同样的服务对一部分客户是优质服务，对另一部分客户却可能是劣质服务。

4. 不可分离性

有形产品可在生产和消费之间的一段时间内存在，并可作为产品在这段时间内流通，而物流服务却与之不同，它具有不可分离的特征，即物流服务的生产过程与消费过程同时进行，也就是说企业员工提供物流服务于顾客时，也正是客户消费服务的时刻，二者在时间上不可分离。正因为物流服务的不可分离性，不需像产品一样要经过分销渠道才能送到客户手中，物流企业往往将生产、消费场所融为一体，客户必须到服务场所，才能接受服务，或物流企业必须将服务送到顾客手中，因此各个物流服务网点只能为某一个地区的消费者服务，所以物流网络的建设是物流企业管理人员必须做好的一项重要工作。

5. 从属性

货主企业的物流需要是伴随商流的发生而发生，是以商流为基础的，所以物流服务必须从属于货主企业物流系统，表现在流通货物的种类、流通时间、流通方式、提货配送方式都由货主选择决定，流通业只是按照货主的需求站在被动的地位来提供服务。

6. 移动性和分散性

物流服务以分布广泛、大多数时候不固定的客户为对象，所以有移动性和面广、分散的特性，这使产业局部的供需不平衡，也会给经营管理带来一定的难度。

7. 较强的需求波动性

物流服务是以数量多而又不固定的客户为对象，客户的需求在方式和数量上是多变的，有较强的波动性，容易造成供需失衡，成为在经营上劳动效率低、费用高的重要原因。

8. 可替代性

一般企业都可能具有自营运输、保管等自营物流的能力，使得物流服务从供给力方面来看有替代性，这种自营物流的普遍性，使物流经营者从量和质上调整物流服务的供给力变得相当困难。

步骤二：了解物流服务内容

（一）物流服务的指标

1. 可得性

可得性是指当顾客需要存货时所拥有的库存能力。它可从三个物流绩效指标进行衡量：缺货频率、供应比率和订单完成率。这三个衡量指标可以确定一个企业满足特定顾客对存货需求的能力。

（1）缺货频率（Stockout Frequency）。缺货频率是指缺货将会发生的概率。

（2）供应比率（Fill Rate）。供应比率用来衡量缺货的程度或影响大小。

（3）订货完成率（Orders Shipped Complete）。订货完成率是衡量企业拥有一个顾客所预订的全部存货时间的指标。

2. 作业完成

作业完成衡量可以通过速度、一致性、灵活性、故障与恢复等方面来具体说明所期望的完成周期。

（1）速度。完成周期的速度是指从一开始订货时起至货物装运实际抵达时止的这段时间。

（2）一致性。虽然服务速度至关重要，但大多数物流经理更强调一致性。一致性系指企业在众多的完成周期中按时配送的能力。

（3）灵活性。作业灵活性系指处理异常的顾客服务需求的能力。

（4）故障与恢复。

3. 可靠性

物流质量与物流服务的可靠性密切相关。物流活动中最基本的质量问题就是如何实现已计划的存货可得性及作业完成能力。

对服务质量的衡量主要体现在下述三个方面。

（1）衡量变量。在基本的物流服务方案中特定的履行活动就是据以评估的衡量项目。

（2）衡量单位。可靠性衡量的第二个方面是衡量单位的选择。

（3）衡量基础。在可靠性衡量方面要考虑的最后一个因素是所选择的衡量基础。衡量基础用于规定如何汇总物流完成报告。

（二）物流服务的新理念

服务理念的不同是新旧物流的主要区别，以下列举了几种具有代表性的物流服务新理念。

1. 增值服务理念

物流增值服务是根据客户需要，为客户提供的超出常规服务范围的服务，或者采用超出常规的服务方法提供的服务。创新、超出常规、满足客户需要是增值性物流服务的本质特征。

2. 创新服务理念

现代物流的创新服务就是现代物流服务提供者运用新的物流生产组织方式方法或采用新的技术，开辟新的物流服务市场或为物流服务需求者提供新的物流服务内容。创新是现代企业生存与发展的永恒主题，因此，创新服务理念是最重要的新理念之一，物流企业必须树立这一理念，从而提高企业的竞争能力。

3. "拉式"服务理念

这种理念要求企业更多地考虑客户要提供哪些服务和产品，要先了解客户的需求，然后再根据客户的要求相应地推出自己的服务和产品。这样，在收到更好地为客户服务的效果的同时也能获得较大的收益。

4. 差异化服务理念

差异化服务是现代物流企业对市场的柔性反应的集中体现，也是现代物流企业综合素质和竞争能力的体现，一般情况下，它将为企业带来比普通物流服务更高的利润回报。现代物流企业如果能根据市场需求和自身实际开发出更多适销对路的差异化物流服务产品，可以获得更多的利润。

5. "一站式"服务理念

"一站式"服务的最大优点是方便客户，其追求的目标是"让客户找的人越少越好，让客户等的时间越短越好，让客户来企业的次数越少越好"。为实现这一目标，便要求物流企业全球营销网络中的每个服务窗口全部接受业务，并完成客户原先需在几个企业或几个部门、几个窗口才能完成的操作手续。这对现代物流企业的服务能力、服务体系提出了很高的要求。

（三）基本物流服务

基本物流服务包含以下几个方面的内容。

1. 创造空间效用服务

物品由生产地通过分销渠道发送给客户的过程分为运输和配送，由生产地至流通仓库或物流中心的物品空间位移是运输，从流通仓库或物流中心到用户的空间位移是配送。物流服务是选择满足客户需要的最经济的运输方式，在规定的时间内将物品送达客户的收货地，并实时监控运输过程，合理调配运输工具，减少回程车辆放空，在为客户提供满意服务的同时提高自身的经济效益。

2. 创造时间效用服务

"物"从供给者到需要者之间有一段时间差，由于改变这一时间差而创造的价值，称做"时间效用"。物流服务创造时间效用可以缩短时间创造效用，减少物流损失，降低物流消耗，提高物的周转率，节约资金等，还可以弥补时间差、延长时间差创造效用。通过物流创造的时间效用可以起到调节供需与价格、调节物流运输、调节库存，保障供给的作用。

3. 流通加工效用服务

流通加工是在流通过程中，应客户要求对物流进行外形和包装加工。流通加工的作用是促进销售，维护产品质量，实现物流的高效率。流通加工是物流作业中最明显的客户服务功能要素。

4. 方便物流日常管理工作

主要与企业物流战略有关，提供企业的书面的物流服务章程、告知客户的书面服务章程、建立物流服务的组织结构、确保物流服务系统的灵活性和物流系统的技术服务等，这些因素为提供好的物流服务奠定了良好的基础。

（四）物流增值服务

增值服务是在提供基本服务的基础上，满足更多的顾客期望，为客户提供更多不同于其他企业的优质服务。物流增值服务是能够满足客户特定要求，显著增加客户价值，围绕物流活动而展开的创新性的服务。

物流增值服务包括以下四个领域的服务。

1. 以顾客为核心的服务

以顾客为核心的服务是指由第三方物流公司提供的、以满足买卖双方以配送产品的要求为目的的各种可供选择的方式。一些专门的第三方物流公司开发的独特服务系统，专门为批发商配送快餐食品，增值服务活动的内容包括：处理顾客向制造商的订货，直接送货到商店或顾客家，以及按照零售商的需要及时地持续补充送货。这类专门化的增值服务可以被有效地用来支持新产品的引入，以及基于当地市场的季节性配送。

2. 以促销为核心的服务

以促销为核心的增值服务是指为刺激销售而独特配置的销售点展销台及其他各种服务。销售点展销包含来自不同供应商的多种产品，组合成一个多节点的展销单元，以便于适合特定的零售商品。在许多情况下，以促销为核心的增值服务还包括对储备产品提供介绍、直接邮寄促销、销售点广告宣传和促销材料的物流支持等。

3. 以制造为核心的服务

以制造为核心的物流服务是通过独特的产品分类和配送来支持制造活动的物流活动。每个客户进行生产的实际设施和制造装备都是独特的，在理想的状态下，配送和内向物流的材料和部件应进行顾客定制化。

4. 以时间为核心的服务

以时间为核心的增值服务的一种流行形式就是准时化。在准时化概念下，供应商先把商品送进工厂附近的仓库，当需求产生时，仓库就会对由多家供应商提供的产品进行重新分类、排序，然后送到配送线上。以时间为基础的服务，其主要的一个特征就是排除不必要的仓库设施和重复劳动，以便能最大限度地提高服务速度。

（五）附加物流服务

附加物流服务通常是指物流交易的售后服务，是为保证产品使用所涉及的一系列附加服务措施，主要包括产品安装、维修、产品跟踪、客户投诉的处理等，这些附加服务内容的重要性正得到越来越多企业的认同。

（1）提供产品安装、品质保证、维修、零部件供应等附加服务。对某些产品，如空调等家用电器，是否有安装、维修服务，服务的质量是影响消费者购买决策的重要因素，加强这部分投入将显著提高物流服务水平。

（2）对产品进行跟踪调查。跟踪出售的产品，防止出现社会危害，是某些行业的特殊需要。但目前随着企业对供应链管理中可视性的要求越来越高，产品跟踪的适用范围也在扩大，如为客户提供索赔、投诉和产品回收等附加服务。对索赔、投诉的处理在大众媒体高度发展的今天有特别重要的意义，处理不当，可能对企业形象造成恶劣影响。产品回收涉及物流管理中的一个新领域——回收物流。产品回收可能是企业正常物流管理活动的组成部分，也可能由突发事件造成。如果是后者，那么回收产品的能力将直接反映企业的应变能力。

（3）为客户提供临时性替代产品服务。为满足客户的需要，对尚未交付的货物或正处于维修阶段的货物提供临时性替代产品，以保证客户的正常使用，树立企业"以客户为中心"的良好形象。

步骤三：选择物流服务方式

（一）正确选择物流服务方式

从服务角度来看企业物流服务模式，包括自我物流服务模式、协作物流服务模式和第三方物流服务模式。

（1）所谓自我物流服务模式，就是指企业在基于 Internet 技术的电子商务发展影响下，可以利用企业已有的物流资源，通过采用先进的物流管理系统和物流技术，不断优化物流运作流程，为企业生产经营发展需要提供高效、优质物流服务的基本方式。采用该模式一般需要企业拥有较好的物流资源，需要企业有较大的物流规模，需要企业将物流纳入发展战略。当然，随着物流规模发展有扩展成为其他模式的可能性。

（2）所谓协作物流服务模式，就是指企业用自己的物流资源难以满足生产经营活动的需要时，为有效解决物流问题而与相关企业开展的物流服务协作的基本做法。采用该模式要注意企业之间的协作基础，即资源互补、运作合理、利益共享。

（3）所谓第三方物流服务模式，就是指企业将生产经营活动所需的物流服务外包给第三方物流企业完成的基本方法。按照供应链的理论，企业将不具备供应能力的物流服务需要交给专门的物流企业，能形成强大竞争能力。该模式将成为企业物流发展的主导模式。

（二）选择物流服务方式的准则

1. 以市场需求为导向

一般来说，以产品为导向的物流服务难以真正对应顾客的需求，容易出现物流服务水准设定失误；也无法根据市场环境的变化和竞争格局及时加以调整。而以市场为导向的物流服务是根据企业经营信息和竞争服务水准相应制定的，利用与顾客面谈、顾客需求调查、第三方调查等寻求顾客最强烈的需求愿望是决定物流服务水准的基本方法。

2. 采取物流服务多元组合

随着顾客业种和业态多样化的发展，顾客的需求不可能千篇一律，因此，制定物流服务多元组合十分必要。物流服务也要考虑有限经营资源的合理配置，应根据顾客的不同类型采取相应的物流服务。

3. 发展特色物流服务

企业在制定物流服务要素和物流服务水准的同时，应当保证物流服务的差别化，形成物流服务的鲜明特色，这是保证高质量物流服务的基础，也是物流服务战略的重要特征。

4. 注重物流服务灵活性

物流服务的变化往往会产生新的物流服务需求，在物流服务管理中，应当充分重视研究物流服务的发展方向和趋势，根据发展变化的物流需求提供高效的物流服务。必须在规范化、标准化物流服务基础上注重物流服务的灵活性，以满足企业物流服务经营竞争的需要。

5. 建立能把握市场环境变化的物流服务管理体制

物流服务水准是根据市场形势、竞争企业的状况、商品特性及季节的变化而变化，企业在物流服务部门确立能收集物流服务信息、把握市场环境变化并不断发展提高的管理组织与责任体制十分必要。

6. 强化物流服务绩效评价

物流服务绩效评价，其实质是现代企业物流服务能力、竞争能力、发展能力的评价。现代企业应从提高物流服务水平的角度对物流运作活动的总体绩效做出评价。在对物流基本业务进行分析的基础上，将整个物流系统进行投入产出分析，从而可以确认物流系统总体的能力、水平和有效性。

（三）物流服务评价指标

物流服务的评价指标分为三大类，其中包括客户服务类指标、管理水平指标以及成本指标。更重要的是物流企业的服务效果，因此站在客户的角度对服务类指标进行详细描述十分必要。

完善的客户服务水平对提高企业竞争优势非常重要。客户服务水平是评价物流服务的最主要因素。顾客服务是一种过程，这个过程使交易中的产品和服务实现增值，因此物流客户服务就是使客户得到所购产品的速度和可靠程度，它主要通过可得性、作业绩效和可靠性来衡量，因此建立以下6个指标来评价服务。

1. 缺货频率

这个指标就是缺货发生的概率，当需求超过可得性时就会发生缺货，用它衡量需求超过可得性的概率。该指标用于表示一种产品可否按需要装运交付给客户，它是衡量存货可得性的起点，将全部商品发生缺货次数累加，就能得到一个物流企业实现其基本服务的情况，物流企业应尽力维持低的缺货频率。

2. 送货出错率

评价期内送错货的次数与送货总次数的比值，此指标用来检验企业服务的准确性。当一个企业的出错率较低时，它就可以为客户提供更有效的服务，将客户由于物流企业本身失误所造成的不必要损失降至最低。

3. 订单处理时间

订单处理时间就是指评价期内订单从顾客发出到收到货物的平均时间长度,通过订单完成时间长度考核顾客的服务时间。随着竞争的日益激烈,客户越发重视缩短这一周期。因此,企业应该使用先进的技术手段,缩短订单的处理时间,对客户的要求做出迅速而可靠的反应,这将是争取和留住客户的关键。

4. 准时送货率

评价期内准时送货次数与送货总次数的比值。该指标表现了企业履行对顾客承诺的能力,一定程度上代表了企业的信用度。这就要求物流企业必须随时按照对客户的配送承诺加以履行,注意保持一致性。一致性问题是物流作业的最基本问题。

5. 服务水平

库存管理的首要目标就是保证一定时期内期望数量的产品现货供应能力,即服务水平。

6. 订货完成率

订货完成率是衡量企业拥有一个顾客所预订的全部存货时间的指标。

【岗位实践】

实践目的:

(1) 对物流客服业务进行综合训练,拓展业务技能;

(2) 培养职业化的工作形象、职业化的工作态度。

实践方式:现场模拟。

实践内容:卓卓综合物流服务公司,运用现代先进的经营理念,依托实体物流操作、供应链方案设计和贸易服务三大核心功能,将物流,信息流和资金流高效整合为一体,设有运输部、仓储、报关、码头、商贸等子公司,按要求完成下列业务。

(1) 电话接听

卓卓综合物流服务公司,设有运输部、仓储、报关、码头、商贸等子公司。请选定子公司,利用电话形式完成对子公司的业务介绍。

要求:规范办理相应业务。

(2) 接待业务

卓卓综合物流服务公司,设有运输部、仓储、报关、码头、商贸等子公司。大马摩托厂来公司进行业务洽谈,请给予接待安排。

要求:规范办理相应业务。

(3) 订单录入

卓卓综合物流服务公司,设有运输部、仓储、报关、码头、商贸等子公司。接到大马摩托厂的订单,请在规定的时间完成信息录入(可借助 EXCEL 完成)。信息如下:

货物信息:2010 年 1 月 23 日　日本　每柜48 辆;

车型:WH110T　共 192 辆　箱唛 N/M;

装柜地点:大马新工场　联系人:陈生　电话13312345678;

要求:规范办理相应业务。

(4) 传真及信息反馈业务

卓卓综合物流服务公司,设有运输部、仓储、报关、码头、商贸等子公司。请把货车的车牌及司机信息发传真给大马摩托厂,并使用手机短信进行信息反馈。反馈内容为 1 月

23 日上午 9 点钟，货已装车。

（5）客户投诉处理

卓卓综合物流服务公司，设有运输部、仓储、报关、码头、商贸等子公司。请完成以下任务。

西西涂料厂投诉货物未按时装柜，请完成投诉受理业务。投诉场景自设。

要求：规范办理相应业务。

实践步骤：

（1）按要求分组，各小组对五个任务，查询资料，对应给定的业务训练；

（2）小组抽签选定要展示的任务；

（3）两人共同完成 1 个任务，分清角色。

【项目考核】

一、单项选择题

1. 四个 40 英尺和两个 20 英尺集装箱可换算为（　　）TEU。
   A. 6 B. 8 C. 10 D. 12

2. 传统上，物流成本的计算总是被分解得支离破碎、难辨真伪，这是（　　）特点。
   A. 物流成本的隐含性 B. 物流成本的效益背反规律
   C. 物流成本的综合性 D. 物流成本的单一性

3. 计算物流成本之前，首先要明确物流成本的（　　）。
   A. 含义 B. 特点 C. 计算范围 D. 计算方法

4. 单位物流成本不随物流量变化而变化，该部分成本是（　　）。
   A. 固定成本 B. 变动成本 C. 说不清的 D. 混合成本

5. 单位固定成本和单位变动成本与产量的关系是：产量变化（　　）。
   A. 两者都变化 B. 两者都不变化
   C. 前者变化，后者不变化 D. 前者不变，后者变化

二、多项选择题

1. 物流设施标准包括（　　）。
   A. 物流设施设备基础标准 B. 物流设施标准
   C. 集装化器具标准 D. 物流设备标准
   E. 仓库标准

2. 以下属于物流分系统技术标准中的运输车船标准的有（　　）。
   A. 噪声等级标准 B. 废气排放标准 C. 载重能力标准
   D. 船舱尺寸标准 E. 运输环境标准

3. 物流基础标准主要包括（　　）。
   A. 运行速度限制 B. 工作人员考核与奖罚方法
   C. 专业计量单位标准 D. 物流基础规模尺寸标准
   E. 物流专业名词标准

4. 物流成本的特性有（　　）。
   A. 物流成本的隐含性 B. 物流成本的外显性
   C. 效益背反规律 D. 物流成本的综合性

E. 物流成本的单一性
5. 运输成本由（　　　　　）几部分组成。
A. 运输业务的人员费用　　　　　　B. 车辆（包括其他运输工具）的燃料费
C. 事故损失费物品损耗　　　　　　D. 路桥费利息支出

三、判断题

1. 物流成本管理就是管理物流成本，主要目的是降低物流过程中的各种费用开支。
（　　）
2. 物流成本的增加与物流服务质量水平的提高成反比。　　　　　　（　　）
3. 物流成本管理是指对物流成本进行全面统计和分析。　　　　　　（　　）
4. 物流企业的全部成本都可理解为物流成本。　　　　　　　　　　（　　）
5. 物流服务水准的选择并不影响企业经营绩效。　　　　　　　　　（　　）
6. 客户服务是一个附加服务，其目的只是为了获取经济利益。　　　（　　）
7. 客户服务是无形产品。　　　　　　　　　　　　　　　　　　　（　　）

项目五　物流发展趋势

任务一　第 N 方物流

【知识目标】
1. 明确第三方物流含义；
2. 掌握第三方物流的运作流程；
3. 明确第四方物流的含义；
4. 了解第四方物流发展优势。

【能力目标】
1. 能区分第三方物流与第四方物流；
2. 会辨别第三、四方物流的各自优势。

【任务描述】

某食品有限公司是全球第二大食品公司，其中，旗下的多个品牌在北京饼干市场占近六成份额。如今该公司在中国业务领域和市场的扩大，直接导致货运量加大，于是开始倾向于选择中国本土优秀的第三方物流公司，达成最优化的协作。但是，如何选择优秀的第三方物流公司呢？又该与何种第三方物流公司合作呢？

【任务分析】

随着现代物流业的飞速发展，第三方物流比传统物流更专业化、合理化，效率高、成本低，因此，第三方物流的发展已经成为一种趋势。通过对上述任务进行分析，使学生对第三方物流有一定认知，并进一步探讨第三方物流的特点及运作流程。

【任务实施】

步骤一：掌握第三方物流的特征和优势

（一）第三方物流

第三方物流（Third Part Logistics，TPL）是指生产经营企业把原本由本企业提供的物流服务活动，以合同方式委托给专业物流企业，并与物流企业保持密切联系，以便对物流全程进行管理和控制的一种物流运作模式。从物流服务提供方的角度来说，第三方物流是除物流的实际供给方（第一方）和物流的实际需求方（第二方）之外的第三方，通过合同向第二方提供部分或全部的物流服务。

对第三方物流的内涵有广义和狭义的理解：

（1）广义的第三方物流是相对于自营物流而言的。凡是由社会化的专业物流企业按照货主的要求所从事的物流活动都可以包含在第三方物流范围之内。至于第三方物流从事哪个阶段的物流、物流服务的深度和服务水平，这要看货主的要求。

（2）狭义的第三方物流主要是指能够提供现代的、系统的物流服务的第三方的物流活动。其具体标志有以下几点。

① 有提供现代化的、系统物流服务的企业素质；

② 可以向货主提供包括供应链物流在内的全程物流服务和特定的、定制化服务的物流活动；

③ 货主向物流服务商购买的不是偶然的、一次性的物流活动，而是采取委托—承包形式的业务外包的长期物流活动；

④ 向货主提供的不是一般性物流服务，而是提供增值物流服务的现代化物流活动。

（二）第三方物流的特征

1. 企业之间的关系契约化

第三方物流通过契约形式来规范物流企业和货主企业之间的关系。物流企业根据契约规定的要求，提供多功能甚至是全方位的一体化服务，并以契约来管理所提供的物流服务活动及其过程，它不是偶然的、一次性的物流活动，而是通过契约的形式使物流供需双方结成稳定、明显、长期的合作关系和利益共同体，从而减少了不确定性所带来的风险，降低了交易成本。第三方物流有别于传统的外包，外包只限于一项或数项独立的物流功能。第三方物流则根据合同条款规定的要求（而不是临时需要）提供多功能，甚至是全方位的一体化服务。

2. 物流服务专业化

第三方物流所提供的是专业的物流服务。从物流设计、物流操作过程、物流技术工具、物流设施到物流管理，必须体现专门化和专业水平。这既是货主企业的需要，也是第三方物流自身发展的基本要求。

3. 企业之间的联系信息化

信息技术是第三方物流发展的基础。信息技术实现了数据的快速、准确传递，提高了仓库管理、装卸运输、采购、订货、配送发运、订单处理的自动化水平，使订货、仓储、流通加工实现一体化；企业可以更方便地使用信息技术与物流企业进行交流与协作，企业之间的协调和合作有可能在短时间内迅速完成。

4. 提供个性化服务

首先，不同的货主企业存在不同的物流服务要求，第三方物流需要根据不同货主企业在其企业形象、业务流程、产品特征、顾客需求特征、竞争需求等方面的要求，提供针对性很强的个性化物流服务和增值服务。其次，从事第三方物流的物流企业也因为市场竞争、物流资源、物流能力的影响需要形成核心竞争业务，不断强化所提供物流服务的个性化和特色化，以增强其在物流市场的竞争能力。

5. 管理方式系统化

第三方物流是由全部功能要素组成的一个完整的物流系统，它以有效的整合运输、储存等资源要素，利用物流网络要素，提供运输、储存、包装、装卸搬运、流通加工、配送、物流信息处理、增值服务等部分或全部的物流功能。

(三) 第三方物流的优势

1. 使企业集中精力于核心业务,实现资源优化配置

任何企业都很难成为业务上面面俱到的专家。为此,企业应把自己的主要资源集中于自己擅长的主业,而把物流等辅助功能留给物流公司。如美国通用汽车的萨顿工厂通过与赖德专业物流公司的合作,取得了良好的经济效益。萨顿工厂将力量集中于汽车制造,而赖德公司管理萨顿的物流事务。赖德公司接洽供应商,将零部件运到位于田纳西州的萨顿工厂,同时将产成品汽车运到经销商那里。

2. 灵活运用新技术,实现以信息换库存,降低成本

专业的第三方物流能不断地更新信息技术和设备(普通的单个制造公司通常难以及时更新),而且第三方物流能凭借与供应商和消费者的紧密联系,以及对供应商和消费者的充分了解,为企业及时提供各种有用的信息。

3. 减少固定资产投资,加速资本周转

企业自营物流需要投入大量的资金购买物流设备、建设仓库和信息网络等,这对于缺乏资金的企业,特别是中小企业是个沉重的负担。而使用第三方物流公司,不仅能减少这些设施的投资,还解放了仓库和车队方面的资金占用,加速了资金的周转。

4. 提供灵活多样的顾客服务,提升企业形象

第三方物流提供者与企业不是竞争对手,而是战略伙伴,他们为企业着想,通过全球性的信息网络使企业的供应链管理完全透明化,企业随时可通过互联网了解供应链的情况;他们通过遍布全球的运送网络和服务提供者(即分承包方)大大缩短了交货期,并为顾客提供灵活多样的服务;他们通过"量体裁衣"式的设计,制订出以客户为导向、低成本、高效率的物流方案,为企业在竞争中取胜创造有利条件。

(四) 第三方物流的运作流程

第三方物流企业的运作流程如图 5-1 所示。需要注意的是,运作流程中的供方和需方外延广泛,运作流程既适用于从制造商到最终客户的销售物流过程,也适用于从原料供应商到制造商的采购物流过程。

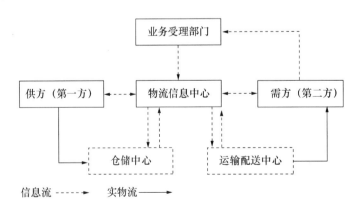

图 5-1　第三方物流企业的运作流程

步骤二：了解第四方物流的内涵

（一）第四方物流

第四方物流供应商是一个供应链的集成商，它对公司内部和具有互补性的服务供应商所拥有的不同资源、能力和技术进行整合和管理，提供一整套供应链解决方案。

（二）第四方物流的特征

1. 第四方物流是一个集成商

它集成了管理咨询和第三方物流服务商的能力，利用分包商来控制与管理客户公司的点到点式供应链运作流程。

2. 第四方物流提供一整套完善的供应链解决方案

它能够有效地适应客户的多样化和复杂化需求，集中所有资源为客户完美地解决问题，有效地组织并实施供应链解决方案。

3. 第四方物流通过其对整个供应链产生影响的能力来增加价值

第四方物流充分利用了一批服务提供商的能力，包括第三方物流、信息技术供应商、合同物流供应商、呼叫中心和电信增值服务商等，再加上客户的能力和第四方物流自身的能力。总之，第四方物流通过提供一个全方位的供应链解决方案来满足今天的企业所面临的广泛而又复杂的需求。

4. 第四方物流强调技术外包

第四方物流外包的主要是无形的技术，而第三方物流外包的主要是有形的物流业务。

5. 第四方物流对员工的素质要求很高

由于第四方物流公司是提供技术服务的咨询公司，因此其员工不仅要具有丰富的现代管理技术和知识，而且还要对环境变化有超强的预见能力及应变能力。

 知识链接

第四方物流应具备的前提条件

第四方物流的前景非常诱人，但是成为第四方物流的门槛也非常高。美国和欧洲的经验表明，要想进入第四方物流领域，企业必须在某一个或几个方面已经具备很强的核心能力，并且有能力通过战略合作伙伴关系很容易地进入其他领域。专家列出了一些成为第四方物流的前提条件。

1. 世界水平的供应链策略制定、业务流程再造、技术集成和人力资源管理能力；
2. 在集成供应链技术和外包能力方面处于领先地位；
3. 在业务流程管理和外包的实施方面有一大批富有经验的供应链管理专业人员；
4. 能够同时管理多个不同的供应商，具有良好的关系管理能力和组织能力；
5. 全球化的地域覆盖能力和支持能力；
6. 对组织变革问题的深刻理解和管理能力。

(三) 第四方物流与第三方物流的区别

第三方物流供应商为客户提供所有的或部分供应链物流服务，以获取一定的利润。它提供的服务范围很广，可以简单到只是帮助客户安排一批货物的运输，也可以复杂到设计、实施和运作一个公司的整个分销和物流系统。第三方物流的最大的附加值是基于信息和知识，而不是靠提供最低价格的一般性的无差异服务。然而，在实际工作中，第三方物流公司缺乏对整个供应链进行运作的战略性专长和真正整合供应链流程的相关技术。

与此相对应，第四方物流具备整合供应链的能力，能提供完整的供应链解决方案，并且逐步成为帮助企业实现持续降低运作成本的有效手段。它依靠第三方物流供应商、技术供应商、管理咨询顾问和其他增值服务商的集体协作，为客户提供独特的和广泛的供应链解决方案。而一个第四方物流提供商要成功地整合第三方物流企业，需要具备以下条件：

(1) 第四方物流必须不是物流的利益方；
(2) 第四方物流必须能实现信息共享；
(3) 第四方物流必须有能力整合所有物流资源。

综上所述，第四方物流是比第三方物流更进一步的物流服务形式，它是从整个供应链的角度出发，为整个供应链提供物流解决方案。而在物流服务上，第四方物流与第三方物流应该互补合作，达到物流成本的最小化。

通过对第四方物流概念的分析可以发现，第四方物流集成了管理咨询和第三方物流服务商的能力，它能为客户提供一整套完善的供应链解决方案。

(四) 第四方物流的优势

1. 通过提升服务水平增加收益

传统的物流解决方案往往过于注重运输成本和仓储成本的最小化，而第四方物流服务提供商更注重强调对客户的服务水平，这必将导致整体收益的提高。

2. 通过过程优化提升运作效率

为弥补传统的物流运作功能方面的缺陷，第四方物流提供商强调过程优化，减少供应链上的不确定因素与非增值环节，不仅为控制和管理特定的物流服务，而且为整个物流过程提出策划方案，并通过电子商务将实现过程集成，从而带来物流运作效率的提升。

3. 节约成本，实现最大范围的社会资源整合

第三方物流缺乏跨越整个供应链运作以及真正整合供应链流程所需的战略专业技术，而第四方物流可以不受约束地将每个领域的最佳物流供应商集成起来，为客户提供最佳物流服务，进而形成最优物流方案或供应链管理方案，而且能使所有的物流信息充分共享，实现全部社会资源的充分利用。

4. 实现供应链一体化

第四方物流向用户提供更加全面的供应链解决方案，并通过第三方物流企业、信息技术企业和咨询企业的协同化作业来实现，使物流的集成化一跃成为供应链一体化。

5. 实现用户企业业务流程再造

第四方物流将改变用户原来的物流业务流程，并通过业务流程再造使用户的物流流程得以优化。

（五）我国发展第四方物流存在的问题

1. 第三方物流在中国物流市场上的份额很低

发展和提高第三方物流的服务功能和地位是发展第四方物流的关键。在我国，第三方物流企业有的是由传统物流企业转变而来，有的来源于国外独资和合资企业，还处在转型发展时期。第三方物流在整个物流市场上的占有率很低，短期内不具备整合物流资源的能力。

2. 我国物流基础设施建设的落后

我国物流基础设施和装备条件与第四方物流的发展要求存在一定差距。我国初步形成了由铁路、公路、水路、民用航空及管道五种运输方式组成的运输体系，基础设施、技术装备、管理水平、运输市场等方面都取得了巨大的发展，但是还不能满足第四方物流发展的需要。

3. 管理体制不完善

在我国，由于体制没有理顺，各部门之间分工存在交叉，造成了物流行业管理中存在部门分割、重复建设等种种问题。

4. 管理技术不成熟

供应链管理技术尚未发育成熟前中国供应链管理技术尚未发育成熟，企业组织变革管理的能力较差，物流的基础设施落后，客户的规模较小，还承担不起第四方物流的服务。物流的发展必须在第三方物流高度发达和业务外包极为流行的基础上才能发展起来。

5. 物流信息化程度低

信息化是物流的灵魂，而强大的物流信息网络是第四方物流开展的前提条件。利用信息网络技术可以掌控物流供应链的各个环节，最有效地整合全国的物流资源，提高物流的运作效率，降低物流成本。目前信息技术的不成熟、投资费用偏高等问题使得信息化程度低，缺少能够实现供应链上所有企业和第三方物流企业信息共享的公共信息平台。

6. 现代物流人才的缺乏

物流企业之间的竞争，不仅需要有先进的技术和雄厚的资金，还要有一批高素质的物流人才。第四方物流发展要求物流人才不仅具备物流的基础知识和丰富的实战经验，还要具备IT、人力资源管理、技术集成等全方位的知识和能力。我国目前严重缺少这类高素质的物流人才。

 知识链接

第五方物流（Fifth Party Logistics）

第五方物流是指由物流信息服务商提供的物流信息服务。包括提供更大的地理区域内，更多的行业、更多的企业供应链物流信息的搜集、设计、整理、分析、开发、集成和推广等。物流信息服务提供商的主要业务是提供信息处理设施设备、技术手段和管理方法等，物流信息可能只是其提供的信息的一部分，它并不从事任何具体的物流活动，严格地讲它属于电子商务或信息中介企业。

培训效应：

目前，中国第五方物流业刚刚起步，还未形成规范统一的市场，也无明确有效的机制。

物流培训机构的稳定性和层次有很大差异，质量实难保证，鱼目混珠也在所难免。随着第五方物流业的迅猛发展，不仅缺乏合格的培训人才，合格的物流培训师也变得十分紧俏。目前中国极其缺乏本土的培训师，因此许多物流培训机构在师资方面难以保证，还有的不得不从境外聘请专职培训师，但是，由于他们对中国这个市场缺乏了解，直接影响了培训效果。缺乏营销理念第五方物流市场虽然红火，但培训机构普遍缺乏营销理念的指导。表现为缺乏长远规划，缺乏品牌意识，竞争手段单一等。很多物流培训机构在做市场推广、客户销售的时候，没有详细的营销计划，即便有营销理念指导，也多半是以传统的4p营销组合为理论基础，仅关注产品、价格、分销、促销。另外，还缺乏以顾客为核心的服务意识。

【岗位实践】

实践目的：通过对第三方物流企业的调研，对第三方物流企业的运作流程有一定的认知。

实践方式：实地调研。

实践内容：

（1）业务受理部门；

（2）信息处理中心；

（3）仓储中心；

（4）运输配送中心。

实践步骤：

（1）学生分组；

（2）设计调查问卷；

（3）分组实施调研；

（4）小组讨论；

（5）分组完成调研报告。

任务二　国际物流

【知识目标】

1. 明确国际物流的含义；
2. 了解国际物流系统的组成；
3. 熟悉国际运输方式；
4. 了解国际多式联运。

【能力目标】

1. 能区分国际物流活动与国内物流活动；

2. 针对国际运输中的海上风险，能够选择合适的保险条款。

【任务描述】

在经济全球化的背景下，越来越多的物流企业的活动范围已经扩展到国外。全球化对现有的物流企业提出了更高的要求和更广泛的服务内容。那么，国际物流呈现出哪些特点，包括哪些系统呢？作业涉及国际物流业务的企业及相关工作人员应掌握哪些方面的知识呢？

【任务分析】

随着经济全球化和信息技术的不断发展，国际物流业已成为国际间商业贸易的一种重要实现方式和必要手段。与此同时，世界各国都十分重视物流业的现代化和国际化，使国际物流发展呈现出一系列新的趋势和特点。我国作为世界进出口贸易大国，有必要全面了解国际物流及其组成。

【任务实施】

步骤一：认知国际物流

（一）国际物流

随着"超级竞争"时代的来临，世界经济正在进入一个全球化的浪潮。企业家们越来越多地意识到，全球化的思维和管理是公司生存的关键。与国内商务活动相比，企业在商品和服务等各个方面与国外的联系越来越频繁。伴随着在不同国家或地区进行的一些商务活动，例如，进出口业务、国际货运代理、国际间经济合作、国际商务运营保障体系、国际贸易支付等活动的展开，物流业务也得到广泛应用。

国际物流（International Logistics）是不同国家（地区）之间的物流。也就是说，国际物流是使原材料、在制品、半成品和制成品在国（地区）与国（地区）之间进行流通、存储和运输的活动，是发生在不同国家（地区）之间的物流。国际物流是随着国际贸易的出现和发展而发展起来的，并且已经变成了影响和制约国际贸易更进一步发展的最重要的因素。

（二）国际物流的特点

与国内物流相比，国际物流具有更为国际化、复杂性和风险性等特点。

1. 物流渠道长、中间环节多

在国际物流中，不仅需要多种运输方式的衔接，还需要有很多相配套的国际业务。例如，伴随着国际货物的进出口而产生的单证、单据、合同以及货运代理、船公司、报关、商检等相关环节。从另一种角度来说，不仅包括了货物的供应商、销售商，买家还要包括广告商、代理商、银行及其政府部门。哪个环节出错或者有纰漏都会导致货物在流通或转移过程中的损害。因此，每个环节都是货物顺利到达目的地的重要且必要保障条件。

2. 物流环境的复杂性

各国的物流环境存在较大差异，这种差异的产生存在各种各样的因素：不同国家（地区）适用法律的差异、物流标准的差异、风俗习惯、文化差异、经济和科技发展程度差异、消费水平差异等。这些差异越大，对物流环境的影响越大，使得国际物流标准化、系统化、信息化的建设就更为复杂。

3. 国际物流标准化程度要求高

面对复杂的国际物流环境，要使国际间物流畅通起来，标准的统一势在必行。目前，在美国、欧洲之间基本实现了物流设施标准的统一，如，美国食品加工产业采用的是40英寸×48英寸的四通道托盘以及类似大小的活动托盘用于食品的分销。另外，饮料行业把32×36英寸的货盘作为标准。在整个工业，最常用的尺寸是40英寸×48英寸、32英寸×40英寸和32英寸×36英寸。不仅仅是托盘采用了统一标准，集装箱及条码技术等都采取了统一标准。这样大大地降低了物流成本，也提高了货物的流转速度，加快了国际贸易的进程。

4. 国际物流信息化程度要求高

国际物流所面对国际市场的变化大，所以对信息的提供、收集与管理有更高要求，因此，国际物流必须要有国际化信息系统的支持。然而国际物流信息系统的建立需要克服国际物流环境所带来的管理困难和巨大的投资。国际物流是最早发展"电子数据交换"（EDI）的领域。EDI在国际物流信息系统中的运用加了国际物流信息化的程度。对物流的国际化进程产生了重大影响。

5. 国际物流的运输方式多样

关于国际运输的决定更为复杂。由于涉及不同的距离，就会有不同的运输方式、不同的运输工具、不同的运输单据和不用的运输时间。在国际物流中最重要的是运输方式的选择。目前，许多国家（地区）都采用了多种运输方式以达到降低运输成本、减少运输费用的目的。

（三）国际物流活动

国际物流是通过商品的储存和运输等活动来实现其自身的价值和时空效应。国际物流业务包括跨国境的商品运输、装卸、搬运、储存、流通加工、包装及配送等各项活动。

1. 国际货物运输

国际货物运输是国际物流的主要业务，主要通过国际货物运输实现商品由发货方到收货方的转移，以创造物流的空间效应。国际货物运输是国内运输的延伸和扩展，同时又是衔接出口国运输和进口国运输的桥梁与纽带。相对于国内货物运输来说，国际货物运输具有路线长、环节多、涉及面广、手续繁杂、风险大、时间性强和联合运输等特点。现代物流业的迅速发展与运输业的技术革命紧密相关，特别是集装箱技术的推广应用给国际物流业的发展带来了一场深刻的革命，极大地提高了国际物流的效率。

2. 进出口商品装卸与搬运

在物流系统中，装卸与搬运主要指垂直运输和短距离运输，其主要作用是衔接物流其他各项环节的作业。货物的装船、卸船、进库、出库，以及在库内的搬、倒、清点、查库、转运转装等都是装卸与搬运的重要内容。提高装卸、搬运的作业质量和效率，可以有效地减少物流各环节之间的摩擦，从而提高物流系统的效率，降低物流成本。

3. 进出口商品储存

进出口商品流通是一个由分散到集中，再由集中到分散的流通过程，主要通过储存保管解决外贸商品使用价值在时间上的差异，以创造商品的时间价值。进出口商品的储存地点可以是生产厂成品库，也可能是在流通仓库或国际转运站点。而在港口储存的时间则取决于港口装运系统与国际运输作业进行衔接的效率。由于商品在储存进程中有可能降低其使用价值，而且需要消耗管理资源，因此必须尽量缩短储存时间，加快周转速度。

4. 进出口商品的流通加工

商品在流通过程中的加工，不仅可以促进商品销售，提高物流效率和资源利用率，而且还能通过加工过程保证并提高进出口商品的质量，扩大出口。流通加工既包括分装、配装、拣选、刷唛等出口贸易商品服务，也包括套裁、拉拔、组装等生产性外延加工。这些加工不仅能最大限度地满足客户的多元化需求，还能增加外汇收益。

5. 进出口商品的包装

在国际物流活动中，进出口商品包装的主要作用是保护商品、便利流通、促进销售。商品的商标与包装不仅反映了企业的经营水平与风格，也是一个国家科技文化综合水平的直接反应。在对出口商品包装进行设计及具体包装作业的过程中，应将包装、储存、装卸搬运、运输等物流各环节进行系统分析、全面规划，实现现代国际物流系统所要求的"包、储、运一体化"，从而提高整个物流系统的效率。

6. 国际配送

国际配送是指一国企业利用对外贸易政策或保税区的特殊政策，对进出口货物、保税货物及各种国际快件进行分拣、分配、分销、分送等配送分拨业务，或进行增值加工后向国内外配送。国际配送是国际贸易进一步发展、国际分工进一步深化的结果，已经成为国际物流活动的重要形式和内容。

步骤二：了解国际物流系统组成

国际物流系统是由若干个功能子系统组成的，如包装子系统、仓储子系统、运输子系统、商品检验子系统、国际贸易处理（外贸加工）子系统、物料管理子系统、信息子系统等。运输和仓储是国际物流最重要的组成部分。通过货物的航运和仓储，国际物流能够满足国际贸易和跨公司管理的需求。考虑国际物流所涉及的范围，这些行为及其和国际物流的关系是值得讨论的。

国际货运（货运运输）是国际物流系统的核心，有时甚至代表了所有的物流。货物通过国际货运被卖家转移到买家。货运在国际贸易的商品价格中占据了很大的比重。国际运输包括如下几部分，如运输模式选择的处理、运输单据的执行、保险（投保）等。

（一）仓储子系统

国际贸易和跨国公司的货物被制造商和供应商集中到起运港（装货港口），并且有时需要被暂时保存一段时间，然后装船（再重装）和出口。这些货物一般被保存在制造商的仓库中，当它被需要时保存在港口仓库中。积压时间的长短视装卸时间和运输时间而定。按照物流的观点，货物不应该被放置在仓库中很长时间，同时公司应该尽最大的努力减少寄存时间、贮藏数量，加快商品和资金的周转，以实现国际物流管理的高效率。但在国际物流系统中，这一环节是必不可少的。

(二) 物料管理子系统

物料管理对于高效率的物流管理很重要。物流经理关心货物的装卸、货物的入库（装入仓库的动作）、货物在仓库中的位置或布局（安置），以及货物从仓库到订单拣货区和最终离开仓库到码头运输的动作。物料管理通常和短距离运输的机械设备联系起来，这种设备包括输送机、叉车、起重机和集装箱。在国际物流过程中，在厂房、仓库甚至港口使用标准设备，如相同型号的叉车，是很经济的。

(三) 国际贸易加工子系统

国际贸易加工正随着技术的进步，特别是国际物流的发展而不断地发展。促进销售，满足客户的需求以及扩大出口是该子系统的三个重要功能，除此之外还有提高物流效率，维持产品质量。该子系统包括一些增值的物流行为，如贴标签、分拣、做标记、排序、运输整合、生产修改以及装配等。

(四) 商品检验子系统

商品检验成为国际物流的重要系统之一，是因为它的巨大投资、高风险、长期的国际贸易和跨国经营的特征。进出口商品检验包括对商品的质量、重量、安全和卫生检查。一般来说，商品检验条款应列入销售合同，这个条款包括检测时间、检验地点、检验机构以及检验证书。

(五) 包装子系统

包装在国际物流中扮演了一个重要角色，它的可选择的设计对于整个物流系统的高效运作是很重要的。在入境的成品和材料被转移到另一个地方前，必须先把它们计入在册。为了运行顺利，包装必须包含产品。缺损的包装（或不足的包装）可引起溢漏并导致重大损失和严重破坏。把产品送往市场的运输和把材料送往制造商的运输对应的包装需要，都受所选择的运输方式的影响。例如，在国际货运运输中，铁路或水路运输由于更大的损害的可能性，通常需要附加包装费用；如果改成高价的运输工具，如空运，将会减少包装成本，因为损害风险较小。

(六) 信息子系统

这个子系统的功能集中在和货物以及商业的国际流动相关的信息收集、执行和转让上。国际物流信息包括这些和进出口单证（文件）、支付期限、客户信息、市场信息等相关的各方面内容。国际贸易中的一个重要趋势就是 EDI 的发展和应用，如果没有可靠的信息支持物流，公司可能会错过市场机会，会变得容易受到竞争的威胁，变得只是努力去提供良好服务。

步骤三：掌握国际物流与国际贸易的关系

(一) 国际物流与国际贸易

国际物流是随着国际贸易的出现和发展而发展起来的，并且已经变成了影响和制约着国际贸易更进一步发展的最重要的因素。

1. 国际贸易是国际物流的基础

国际贸易和国际物流两个相互促进和制约着对方。国际贸易是国际物流的基础。最初,国际物流只是国际贸易的一部分。随着国际贸易的数量、范围和种类的增加,那些面对着巨大市场压力的商人和制造者比以前更多地求助于国际物流服务。两个国家或者地区的国际贸易越活跃,越需要更高的业务能力和国际物流技术水平。

国际贸易是国际物流产生的前提,同时,国际物流也是国际贸易得以实现的必要条件。如果没有国际物流的支持,商品无法在国家间进行移动,国际贸易也就无法完成。因此,国际贸易必然会推动国际物流的产生。随着国际贸易的发展,贸易双方对国际物流服务的专业化、一体化要求加强,使得国际物流由早期的仅指将货物由一国供应者向另一国需求者的物理性移动,发展成为今天的集采购、包装、运输、储存、搬运、流通加工、配送和信息处理等基本功能于一身的综合性的系统。可以说,国际贸易产生了国际物流,并且促进了其向现代化国际物流的发展。

2. 有效的国际物流是国际贸易的重要条件

商品结构和国际贸易市场结构中的巨大变化需要专业的和国际化的物流运作。如果国际物流管理者不能做到在低成本的基础上准确、迅速、无过错或者小过错的交货,国际贸易合同的履行将受到限制,从而国际贸易公司的生存和发展将受到影响。

3. 国际贸易的发展促进了国际物流技术的进步

物流技术是指物流活动中所采用的自然科学与社会科学方面的理论、方法,以及设施、设备、装置与工艺的总称。国际贸易的发展向企业及社会的物流预测管理等技术方面提出了更高的要求,也是促使物流技术发展的主要动因之一。随着国际贸易的发展,世界各国、各大企业在世界市场上展开了激烈的竞争。虽然质量在消费者眼中越来越重要,消费者关注的不仅仅是价格,但价格仍然是取胜的一个重要因素。国际贸易的发展要求从各个方面降低成本:原材料价格、订单成本、运输价格、库存成本等。这就对国际物流的各个环节提出了新的挑战和要求。在国际贸易的这种推动下,国际物流从理论到技术上都有了重大的创新和发展。

4. 国际贸易的发展不断对国际物流提出新的要求

全球经济的发展,人类需求层次的提高,一方面,使得国家贸易取得了长足发展,一是贸易量的快速增长,二是可贸易商品种类极大丰富;另一方面,也使国际贸易的结构产生了巨大的变化,传统的初级产品、原料等贸易品种正逐步让位于高附加值、精密加工的产品。国际贸易的变化发展对国际物流的质量、效率、安全等提出了新的要求。

5. 国际贸易对国际物流发展趋势的影响

由于国际贸易发展到了买方市场,很多贸易商为迎合消费者日益增长的个性化产品的需求、个性化的产品需求,而采取多样、少量的贸易方式,因而高频度、小批量的配送需求也随之产生。在美国、日本和欧洲等经济发达国家和地区,这些专业的物流服务已形成规模,并有着广泛的发展前途。伴随着国际贸易商经营取向的变革,物流经营的专业化、集约化,以及电子物流和绿色物流等应运而生。

总之,国际贸易的发展必将推动国际物流在各个方面取得新的进展和突破。当今世界,各国间的联系越来越紧密,全球的贸易量也在不断上升,这必将给国际物流提供更大的发展空间,也会给国际物流的发展更大的推动力。

(二)国际物流运输保险

国际货物运输路途长、环节多,运输过程中可能会遇到各种风险而造成货物损失。进出口商通过投保货物运输险，将不定的损失变为固定的费用投保后，一旦货物在运输过程中发生约定范围内的损失，则可从保险公司得到经济上的补偿。货物在运输过程中可能遭受的风险和损失是多种多样的。为了明确责任，保险公司在其保险险别条款中，对不同险别所承保的风险和损失都做了规定。国际货物运输保险是以对外贸易货物运输过程中的各种货物作为保险标的的保险。外贸货物的运送有海运、陆运、空运以及邮政送递等多种途径。因此，国际货物运输保险的种类以其保险标的的运输工具种类相应分为四类：海上运输货物保险、陆上运输货物保险、航空运输货物保险、邮包保险等。现以国际货物运输中运用最广泛的海上运输来讲述国际货物运输保险。

1. 海上货物运输保险承保范围

国际货物海运保险承保的范围，包括海上风险、海上损失与费用以及外来风险和损失三个方面。

（1）海上风险

海上风险又称海难，一般是指船舶或货物在海上运输过程中发生的或随海上运输所发生的风险，包括自然灾害和意外事故两种。

海上自然灾害是指由于自然界本身出现异常情况所引起的破坏力量造成的伤害，主要包括海啸、地震或者火山爆发、闪电以及恶劣天气等。它是自然存在的，并且不以人的意志为转移，所以是保险人承保的主要风险。

海上意外事故指的是由于不可抗力的原因所造成的事故，主要包括火灾、爆炸、沉没、搁浅、触礁、碰撞、失踪等原因造成的货物损失。应该指出的是，海上风险不包括在海上的所有风险。例如，淡水雨淋损失领域就不包括在海上风险中。

（2）海上损失与费用

① 海上损失

海上损失是指被保险人因保险标的在运输途中遭遇海上风险而造成的损失。按各国保险业习惯，海上损失也包括与海运相连接的陆上或内河运输中所发生的损失。

根据海上损失的程度不同，可分为全部损失和部分损失。

全部损失简称全损，是指整批或不可分割的一批被保险货物在运输途中全部遭受损失。根据情况不同，它又分为实际全损和推定全损。

部分损失是指保险货物没有达到全损程度的损失。按照其性质的不同，又可分为共同海损和单独海损。

共同海损是指载货船舶在航行途中遭遇自然灾害或意外事故，威胁到船、货等各方面的共同安全，为了解除这种危险，或者为了使航行能够继续完成，船方有意且合理地采取挽救措施所造成的某些特殊牺牲或支付的额外费用。共同海损的损失和费用由船方、货方和付运费方按获救财产价值或获益大小比例分摊。

单独海损是指被保险货物遭遇海上风险受损后，其损失未达到全损程度，该损失应由受损方单独承担的部分损失。

共同海损和单独海损的差别主要在损失的原因和补偿方式方面：前者是因采取人为的故意的措施而导致的损失，由各受益方按获救财产价值的比例分担；后者则是由海上风险直接造成的货物损失，由受损方自行承担。二者的具体区别如表 5-1 所示。

表 5-1　共同海损和单独海损的区别

比较项目	单独海损	共同海损
致损原因	由所承保的风险直接导致船、货受损	为解除或减轻风险，人为有意识地造成
损失的承担者	受损者自己承担	受益各方根据获救利益的大小按比例分摊
损失的内容	保险标的物	除保险标的外，还包括支出的特殊费用

② 海上费用

海上风险除了会使被保险货物本身遭受损失之外，还会导致一些费用的损失。保险人对此也承担赔偿责任，这种由海上风险造成的费用即为海上费用。海上费用主要包括施救费用和救助费用两种。

施救费用是指保险标的在遭遇保险责任范围内的灾害事故时，被保险人或其代理人与受让人对保险标的所采取的各种抢救、防止或减少货损的措施而支出的合理费用。保险人对这种施救费用负责赔偿。

救助费用是指保险标的在运输途中遭遇保险责任范围内的灾害事故时，由保险人和被保险人以外的第三方实施救助行为并获得成功，由被救方向救助方支付的劳务报酬。保险人负责赔偿救助费用的前提是救助成功。

（3）外来风险和损失

外来风险和损失是指海上风险以外的其他外来原因所造成的风险和损失。按照不同的原因，又可分为一般外来风险和损失以及特殊外来风险和损失两种。前者是指保险标的在运输途中由于偷盗、污染、破损、受热受潮、串味、生锈、淡水雨淋损失、交货短缺和提不到货、重量不足、碰损等外来风险所遭受的损失；后者是指由于军事、政治、国家政策法令以及行政措施等外来原因造成的风险与损失，这些外来原因主要包括战争、罢工、拒绝进口等。

海上货物运输保险承保范围如图 5-2 所示。

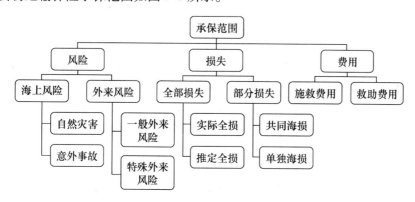

图 5-2　海上货物运输保险承保范围

2. 《海洋运输货物保险条款》

《海洋运输货物保险条款》是《中国人民保险公司海洋运输货物保险条款》的简称。是由中国人民保险公司于 1981 年 1 月 1 日修订实施的，海运货物保险险别分为基本险别和附加险别两类。基本险可单独投保，附加险不能单独投保，必须在投保某种基本险的基础上加保。

(1) 基本险

《海洋运输货物保险条款》中规定的基本险包括平安险、水渍险和一切险。

① 平安险。其英文原意是指单独海损不负责赔偿。根据国际保险界对单独海损的解释，它是指保险标的物在海上运输途中遭受保险范围内的风险直接造成的船舶或货物的灭失或损害。因此，平安险的原来保障范围只赔全部损失。但在长期实践的过程中对平安险的责任范围进行了补充和修订，当前平安险的责任范围已经超出只赔全损的限制。

② 水渍险。水渍险的责任范围除了包括"平安险"的各项责任外，还负责被保险货物由于恶劣气候、雷电、海啸、地震、洪水等自然灾害所造成的部分损失。

③ 一切险。一切险的责任范围除包括"平安险"和"水渍险"的所有责任外，还包括货物在运输过程中，由于各种外来原因所造成保险货物的损失。不论全损还是部分损失，除对某些运输途耗的货物，经保险公司与被保险人双方约定在保险单上载明的免赔外，保险公司都给予赔偿。

上述三种险别都有货物运输的基本险别，被保险人可以从中选择一种投保。不过，在上述三种基本险别中，明确规定了除外责任。所谓除外责任是指保险公司明确规定不予承保的损失或费用。

为了明确保险人承保的责任范围，《海洋运输货物保险条款》对海运基本险别的除外责任有下列五项：① 被保险人的故意行为或过失所造成的损失；② 属于发货人责任所引起的损失；③ 在保险责任开始前，被保险货物已存在的品质不良或数量短差所造成的损失；④ 被保险货物的自然损耗、本质缺陷、特性以及市场跌落、运输延迟所引起的损失和费用；⑤ 战争险和罢工险条款规定的责任及其险外责任。

(2) 附加险

在海运保险业务中，买卖双方除了投保基本险外，为了对由于基本险以外的风险导致的货物损失提供保障，还会酌情投保附加险。附加险包括一般附加险、特别附加险和特殊附加险三种。

① 一般附加险包括：偷窃、提货不着险；淡水、雨淋险；短量险；混杂、玷污险；渗漏险；碰损、破碎险；串味险；受热、受潮险；钩损险；包装破裂险；锈损险；

② 特别附加险和特殊附加险。特别附加险也属附加险类内，但不属于一切险的范围之内，它与政治、国家行政管理规章所引起的风险相关联。目前，中国人民保险公司承保的特别附加险别有交货不到险、进口关税险、黄曲霉素险、舱面险、拒收险和出口货物到中国香港特区或中国澳门特区存仓火险等责任扩展条款。与特别附加险一样，特殊附加险也不属于一切险责任范畴，主要包括战争险和罢工险等。

步骤四：掌握国际运输方式

在国际运输中，按照运输方式不同，运输可以分为海上运输、陆路运输、航空运输和管道运输等。其中，海上运输又可分为国际海洋运输和内河运输。而在国际海洋运输中，根据其活动范围，又有远洋运输和沿海洋运输之分。陆上运输可分为铁路运输、公路运输。

（一）国际海洋运输

海洋运输是指以船舶为工具，通过海上航道运送旅客、货物的一种运输方式，简称海运。海上货物运输是国际贸易中主要的运输方式。在国际货物运输中，运用最广泛的是海洋运输。国际贸易的迅速发展，促进了海洋运输的发展，油轮的规模已达到 60 万吨，散装船也达到 30 万吨。

目前，海洋运输运量在国际货物运输总量中占 80% 以上。海洋运输之所以被如此广泛运用，是因为它与其他运输方式相比，有以下特点。

1. 通过能力强

海上运输可以利用四通八达的天然航道，不像火车、汽车那样受轨道和道路的限制，故其通过能力很强，因为海洋面积占地球表面积 70% 以上。在政治、经济及自然条件发生变化的时候，可随时改选最有利的航线来完成运输任务。

2. 运量大

海运比其他运输方式有更大的载运量。海上货轮小则能载货几千吨，大则能载货几十万吨，一般杂货船都可载重一两万吨，第六代集装箱船可载重八万吨以上，巨型油轮可载重 60 万吨以上。

3. 运费低

海上运输利用天然航道，不需要大量投资修建航线。加上海上运输船舶的大型化，国际海运的规模经济日趋突出。因为运量大、行程远，分摊于每货运吨的运输成本就少，因此运费相对低廉，一般约为铁路运费的 1/30，公路运费的 1%。

4. 对货物的适应性强

海上货物运输船舶可适应多种货物运输的需要，它可以根据各种不同的货运需要而设计多种船舶，也可以根据某种特殊货运需要设计专业化船舶，如木材船、油船、液化气船等，以适应货物对运输的需要。

(二) 国际陆路运输

国际陆路运输是指通过陆路将货物或旅客从一国境内运送到另外一国境内的运输业务，主要包括国际公路运输和国际铁路运输等。

1. 国际公路运输

国际公路运输是指国际货物借助一定的运载工具，沿着公路做跨及两个或两个以上国家或地区的移动过程。它既是一个独立的运输体系，也是车站、港口和场集散物资的重要手段。

国际公路运输是一种机动灵活、简捷方便的运输方式，在短途货物集散运转上，它比铁路、航空运输具有更大的优越性，尤其在实现"门到门"的运输中，其重要性更显著。尽管其他各种运输方式各有特点和优势，但或多或少都要依赖公路运输来完成两端的运输业务，如铁路车站、水运港口码头和航空机场的货物集疏运输都离不开公路运输。

但公路运输也具有一定的局限性，如载重量小，不适宜装载重件、大件货物，宜走长途运输；车辆运行中振动较大，易造成货损货差事故。同时，运输费用较水运和铁路高。

2. 国际铁路运输

国际铁路运输是指经由地上、地下及架空铁路实现货物从一地到另一地的位移。它是现代运输业的主要运输方式之一。

国际铁路运输是我国对外经济联系的渠道之一，是我国铁路涉外工作的一个部分。它是为发展和巩固我国和其他国家间的政治、经济和文化交流事业服务的，对我国和其他国家经济建设具有重要作用。因此，它既是一项经济工作又是一项政治工作，既是一项业务工作又是一项涉外工作。这种运输方式与其他运输方式相比，具有以下特点。

（1）涉及面广。每运送一批货物都要涉及两个或两个以上国家、多个国境站。

（2）运输条件高。要求每批货物的运输条件，如包装、转载、票据的编制、添附文件及车辆使用都要符合有关国际联运的规章、规定。

（3）单据规定复杂。货物必须在两个或两个以上的国家内运送，在办理国际铁路运输时，其运输票据、货物、车辆及有关单证都必须符合有关规定和一些国家的正当要求。

（4）使用一份铁路联运票据完成货物的跨国运输。

（5）运输责任方面采用统一责任制。

（三）国际航空运输

国际航空运输是指由跨国航空承运人办理两国之间空运的全程运输，并承担运输责任的一种运输方式。国际航空货物运输虽然起步较晚，但发展极为迅速，这与它所具备的许多特点分不开，这种运输方式与其他运输方式相比，具有以下特点。

1. 具有较高的运送速度

与其他方式相比，航空运输具有较高的运送速度，从而提高商品在世界市场上的竞争力。当今国际市场商品的竞争异常激烈，市场行情瞬息万变。为了抢行就市，卖得好价以获得较好的经济效益，必须争取时间把货物运到急需的市场，这就必须依赖航空运输，才有可能形成商品在国际市场上的竞争力。

2. 航空运输最适合鲜活易腐商品和季节性强的商品运送

这些商品由于性质特殊，对时间要求极为敏感，如运送时间过长致使腐烂变质，商品就会失去使用价值或错过季节无法销售，滞存在仓库就要负担仓储费用，积压资金。采用航空运输，为这类商品的运输和销售争取了时间和提供了销售可能，并有利于开辟运输距离较远的市场，这是其他运输方式所无法比拟的。

3. 安全准确

由于航空运输管理制度比较完善，运输时间短而准，货物破损率低，被偷窃机会少，所以是比较安全的运输方式。

4. 可节省包装、保险、利息等费用

一般而言，航空运费要高于其他运输费用，但由于运输速度快，商品在途时间短，库存期可相应缩短，因而可节省仓储费用，资金周转速度加快，同时由于对包装要求相对较低，可节省包装成本，而且航空运输是风险相对最低的运输方式，风险成本有所降低，这样综合成本相比较而言，有所节省。

5. 不受地面条件影响，深入内陆地区

航空运输利用天空这一自然通道，不受地理条件的限制。对于地面条件恶劣、交通不便的内陆地区非常合适，有利于当地资源的出口，促进当地经济的发展。航空运输使本地与世界相连，对外的辐射面广，而且与公路运输与铁路运输相比，航空运输占用土地少，对寸土寸金、地域狭小的地区发展对外交通无疑是十分适合的。

（四）管道运输

国际管道运输是随着石油的生产而产生、发展的。它是一种特殊的运输方式，与普通的货物运输的形态完全不同，具有独特的特点。普通货物运输是货物随着运输工具的移动，把货物运送到目的地，而管道运输的运输工具本身就是管道，是固定不动的，只是货物在管道内移动。它是运输通道和运输工具合而为一的一种专门运输方式。这种运输方式与其他运输方式相比，具有以下特点。

（1）高度专业化，适用于运输气体和液体货物；
（2）不受地面气候影响并可以连续作业；
（3）货物在管道内移动，货损货差小；
（4）费用低，成本小；
（5）经营路线比较简单。

步骤五：了解国际多式联运

（一）国际多式联运的条件

《货运物流实用手册》解释：国际多式联运是一种以实现货物整体运输的最优化效益为目标的联运组织形式。它通常是以集装箱为运输单元，将不同的运输方式有机地组合在一起，构成连续的、综合性的一体化货物运输。

一般来讲，构成多式联运应具备下面几个主要条件：
（1）必须具有一个多式联运合同。
（2）必须使用一份全程的多式联运单据（多式联运提单、多式联运运单等）。
（3）全程运输过程中必须至少使用两种不同的运输方式，而且是两种或两种以上运输方式的连续运输。
（4）必须使用全程单一费率。
（5）必须有一个多式联运经营人对货物的运输全程负责。
（6）如果是国际多式联运，则多式联运经营人接受货物的地点与交付货物的地点必须属于两个国家或地区。

（二）多式联运的特点

（1）根据多式联运的合同进行操作，运输全程中至少使用两种运输方式，而且是不同方式的连续运输。
（2）多式联运的货物主要是集装箱货物，具有集装箱运输的特点。
（3）多式联运是一票到底，实行单一费率的运输。发货人只要订立一份合同一次付费，一次保险，通过一张单证即可完成全程运输。
（4）多式联运是不同方式的综合组织，全程运输均是由多式联运经营人组织完成的。无论涉及几种运输方式，分为几个运输区段，多式联运经营人都要对全程负责。
（5）货物全程运输是通过多式联运经营人与各种运输方式、各区段的实际承运人订立分运或分包合同来完成的，各区段承运人仅对自己承担区段的货物运输负责。
（6）在起运地接管货物，在最终目的地交付货物及全程运输中各区段的衔接工作，由多式联运经营人的分支机构（代表）或委托的代理人完成。这些代理人及承担各项业务的第三者对自己承担的业务负责。
（7）多式联运经营人可以在全世界运输网中选择适当的运输路线、运输方式和各区段的实际承运人，以降低运输成本，提高运输速度，实现合理运输。

（三）多式联运的优点

国际多式联运的产生和发展是国际间货物运输组织的革命性变化。随着集装箱运输的发展，以多式联运形式运输的货物越来越多。到目前为止，发达国家大部分国际贸易的货物运输已采用多式联运的形式，各发展中国家采用多式联运的形式运输货物的比例也在以较大的速度增长，可以说集装箱货物多式联运已成为国际货物运输的主要方式。这是因为它与传统运输相比较具有许多优点。

(1) 统一化，简单化；
(2) 减少中间环节，提高运输质量；
(3) 降低运输成本，节约运杂费用；
(4) 扩大运输经营人业务范围，提高运输组织水平，实现合理运输。

【岗位实践】

实践目的：通过在货代公司的短期实训，对国际物流的流程、运输方式、运输保险和海关业务有一定的认知。

实践方式：相关企业短期实践。

实践内容：
(1) 国际物流的流程；
(2) 国际物流运输方式；
(3) 国际物流运输保险；
(4) 海关业务。

实践步骤：
(1) 学生分组；
(2) 短期实训；
(3) 分组完成实习报告。

任务三　电子商务物流

【知识目标】
1. 了解电子商务环境下物流的特点；
2. 掌握电子商务企业的物流运作模式；
3. 熟悉电子商务环境下的物流过程。

【能力目标】
1. 能区分自营模式、传统流通渠道模式、联盟模式及第三方物流模式；
2. 在电子商务环境下能简单应用条形码技术、数据库技术、电子订货系统、电子数据交换技术开展物流活动。

【任务描述】

中国电子商务研究中心报告显示，2009年年底我国已成规模的电子商务网站总量达1.75万家，国内使用第三方电子商务平台的中小企业用户已经突破1250万家，中国网购用户已经突破了1.3亿人。中国物流与采购联合会统计，全国社会物流总额达到96.65万亿元，同比增长7.4%。全国社会物流总费用达到6.08万亿元，同比增长

7.2%。全国物流业增加值为 2.31 万亿元,同比增长 7.3%。目前,两个行业都处在上升期,并且随着电子商务交易规模越来越大,二者的相互依赖关系也会越来越紧密。通过上述描述,电子商务与物流的快速发展与结合将会给社会带来怎样的影响?为企业带来怎样的机遇?

【任务分析】

电子商务物流的发展为电子商务带来了全新的格局,不但要求打破原来物流行业的传统格局,建立电子商务物流体系,而且电子商务物流还是一整套的电子物流解决方案。那么,电子商务与物流的快速发展与结合,将会给社会带来怎样的影响?为企业带来怎样的机遇?

【任务实施】

步骤一:认知电子商务与现代物流

电子商务的迅速发展引发了交易方式的创新,更重要的是流通模式的变革。在电子商务的发展过程中,作为支持有形商品网上商务活动的物流,已经成为有形商品网上交易活动能否顺利进行的一个关键因素。没有一个有效的、合理的、畅通的物流体系,电子商务所具有的优势就难以发挥,同时电子商务也难以得到有效开展。电子商务在促进我国物流业由传统模式向现代模式的转变中,发挥着不可替代的作用。

1. 电子商务对物流发展的影响

(1) 电子商务要求物流实现信息化、自动化和智能化

电子商务的发展要求物流实现信息化,因为电子商务的一个优点是能够保证企业与各级客户间的即时互动,企业能够与客户一起就产品的设计、质量、包装、交付条件、售后服务等进行交流。这些要求物流系统每个功能环节中提供即时信息支持,在信息化的基础上,物流才能实现自动化,从而提高物流的效率。电子商务要求物流实现智能化,以提高物流的现代化水平,物流的智能化已成为电子商务下物流发展的一种新趋势。

 知识链接

尤尼西斯公司的配送改进

尤尼西斯公司在采用了 EDI 的 MRP 系统后,将其欧洲区的 5 个配送中心和 14 个辅助仓库缩减为 1 个配送中心。在企业保留若干地区性仓库以后,更多的仓库改造为配送中心。由于存货的控制能力变强,物流系统中仓库的总数减少。随着运管政策的逐步放宽,更多的独立承运人将为企业提供更加专业化的配送服务。配送的服务半径也将加大。

(2) 电子商务提高物流的运作效率

电子商务使企业可寻求物流的合理化,使商品实体在实际的运动过程中达到效率最高、费用最省、距离最短、时间最少。电子商务对物流的最大影响就是,提高运输速度以缩短客户在网络中产生的产品虚拟可得性与实际产品可得性之间的差距。

知识链接

耐克公司通过电子数据交换与供应商联系

著名的耐克公司,从 1999 年开始改用电子数据交换(EDI)方式与其供应商联系,直接将成衣的款式、颜色和数量等条件以 EDI 方式下单,并将交货期缩短至 3~4 个月。它同时要求供应布料的织布厂先到美国总公司上报新开发的布样,由设计师选择合适的布料设计为成衣款式后,再下单给成衣厂商生产,而且成衣厂商所使用的布料也必须是耐克公司认可的织布厂生产的。这样一来,织布厂必须提早规划新产品供耐克公司选购。但由于布料是买主指定,买主给予成衣厂商订布的时间缩短,成衣厂商的交货期也就越来越短,从以往的 180 天缩短为 120 天甚至 90 天。显然,耐克公司的库存压力减轻了,但成衣厂商为了提高产品的可得性就必须对织布厂提出快速交货的要求。这时织布厂将面临要么增加基本原材料的存货,要么投资扩大其新产品的开发能力。

(3)电子商务改变物流企业的竞争状态

在传统经济活动中,物流企业之间的竞争往往是依靠本企业提供优质服务、降低物流费用等方面来进行的。在电子商务时代,这些竞争内容虽然依然存在,但有效性却大大降低,原因在于电子商务需要一个全球性的物流系统来保证商品实体的合理流动,而单个企业难以达到这一要求,这就要求物流企业在竞争中形成一种协同竞争的状态,在相互协同实现物流高效化、合理化、系统化的前提下相互竞争。

(4)电子商务将促进物流基础设施的改善,物流技术与物流管理水平的提高

电子商务高效率和全球性的特点要求物流相应改善基础设施,同时也要求物流提高技术水平,以提高物流的效率。此外,物流管理水平的高低直接决定和影响着物流效率的高低,也影响着电子商务高效率优势的实现。只有提高物流的管理水平,建立科学合理的管理制度,将科学的管理手段和方法应用于物流管理当中,才能确保物流的畅通进行,实现物流的合理化和高效化,促进电子商务物流的发展。

(5)电子商务对物流人才提出了更高的要求

电子商务要求物流管理人员不仅要具有较高的物流管理水平,而且要具备较高的电子商务知识,并且在实际的运作过程中,将二者进行有机结合。

2. 现代物流助推电子商务的发展

电子商务的发展需要现代物流的支撑。与传统交易模式相同,电子商务是商流、信息流、物流、资金流的统一。在电子商务模式下,商流、资金流、信息流都可以通过网络虚拟化实现。而最终的资源配置,还是需要通过商品的实体转移来实现,这就离不开物流服务的支撑。现代物流业是融合运输业、仓储业、货代业和信息业等的复合型服务产业。与电子商务类似,都是通过对原有资源的重组整合形成的新兴业态模式。2009 年,国务院发布了《物流业调整和振兴规划》,把促进物流业发展纳入应对国际金融危机的"一揽子"计划,上升到国家战略层面,提升了物流业在国民经济全局发展中的地位。

(1)专业化服务要求提升

电子商务对现代物流提出了更高的要求。电子商务中商流、信息流、资金流实现方式,较易形成同质化竞争,物流服务成为电子商务打造差异化优势的突破点。随着电子商

务市场的发展和成熟，物流服务的要求从简单收发货向更具专业化的综合服务延伸。物流企业加快开发标准化、个性化、一体化的物流服务，提高服务整体满意度。服务内容从简单的仓储和运输服务，逐步向上下游延伸，提供与电子商务产业链相关的采购、集货、配载、配送、代收货款等各种增值服务，形成多功能、专业化的电子商务物流服务模式，有效提升了电子商务整体服务满意度。例如，申通快递为从 C2C 转变为 B2C 的网商提供"仓储服务＋配送服务"的整体电子商务物流供应链服务产品，全面介入企业物流管理，提升企业物流效率，协助企业成功实现转型。

（2）物流服务体系加快建设

物流服务体系的战略地位日益重要。为更好地控制物流质量，提升客户体验水平，企业开始重视自身物流体系建设。其中，大型平台企业自建物流配送中心的趋势越来越明显，而大部分中小企业将更多地依赖专业化的第三方物流服务。物流体系的构建取决于企业自身战略的制定，自营和外包物流的区别在于是拥有还是控制物流资源，两种方式都可以实现供应链的协调发展，关键是要与自身核心竞争力相匹配。达到一定业务规模的电子商务企业可以选择自营物流业务，打造物流网络平台，保证网购物流的快速、稳定和客户满意，将自身核心竞争力构筑在物流优势上。而外包物流业务的企业，借助第三方物流专业化服务，通过科学规划、规范管理、绩效考核和反馈调整，能够实现对物流资源的有效控制，并实现物流服务的灵活、便捷和低成本，同样能够形成自身的竞争优势。

（3）联盟合作走向深入

电子商务与现代物流产业融合联动趋势日趋明显。与价格博弈相比，两者在业务创新和模式对接方面的机会更加突出，是一种"你中有我，我中有你"的关系。以物流为切入点，电子商务企业加快对自身业务流程的梳理和整合，挖掘降低成本和提高效率的措施，从根本上改变电子商务供应链服务模式。阿里巴巴公司与天天快递、韵达快递、申通快递、圆通快递四家物流企业实现了平台对接，网商可直接在阿里巴巴网站选择物流企业下订单，实现下订单、分拨、配送、查询等一条龙服务，形成了联系紧密、资源共享的联盟合作体系。2010 年年初，阿里巴巴又入股星晨急便快递公司，加强在电子商务配送服务方面的合作，努力营造健康的电子商务生态链。

（4）网络布局向均衡发展

物流网络的均衡布局提高了物流服务效率。为配合电子商务市场的发展，快递和物流企业加快网络调整，通过多种手段编织了覆盖面广、快捷高效的物流网络。中邮速递对中国邮政的物流资源进行重组和改造，并积极整合社会物流资源，构建由运输、仓储、配送平台组成的全国一体化物流配送网络，形成各大区域 24 小时、48 小时、72 小时配送服务圈。当前，中国正在兴起的新兴消费市场潜力巨大，二三线城市和农村市场消费品零售额的迅速增长，持续带动了电子商务的繁荣。物流网络建设顺应市场需求，加快网点下沉，在二三线城市布局。目前，网商和网购最为集中的是江、浙、沪等地，物流网点几乎覆盖到乡镇，助推了电子商务的市场全覆盖。

（5）系统对接助力联动融合

电子商务信息系统与物流系统的集成与对接尤为必要：在电子商务模式下，要提供最佳的服务，电子商务和现代物流企业必须要有良好的信息处理和传输系统。企业与企业间要打破传统思想，推进系统整合和对接，充分发挥整合资源、优化配置的优势，大幅提升电子商务的服务质量。淘宝网与推荐物流公司之间的信息平台对接已初步完成。用户在淘宝网上达成交易后，可直接在线发送订单，买家和卖家还可以随时跟踪订单—全国邮政电子商务速递业务系统正式上线运行，实现了分派订单、回执录入、信息监控、订单查询、数据记录等功能，可有效保障信息共享和实时传输，同时实现了与淘宝网网商的实时对接。信息系统对接支撑电子商务快速响应客户需求，保证物流服务更加快速、高效、便捷，开拓了行业未来的发展空间。

3. 电子商务下物流的特点

（1）信息化

物流信息化是电子商务的必然要求。物流信息化表现为物流信息的商品化、物流信息收集的数据库化和代码化、物流信息处理的电子化和计算机化、物流信息传递的标准化和实时化、物流信息存储的数字化等。因此，条形码技术（Bar Code）、数据库技术（Database）、电子订货系统（Electronic Ordering System，EOS）、电子数据交换（Electronic Data Interchange，EDI）及企业资源计划（Enterprise Resource Planning，ERP）等技术在物流行业中将会得到广泛应用。

（2）自动化

物流自动化的技术和设施非常多，如条码技术、射频识别系统、自动分拣系统、自动导向车及货物自动跟踪系统等。

（3）智能化

智能化是物流自动化、信息化的一种高层次应用，物流作业大量的运筹和决策，如库存水平的确定、运输（搬运）路径的选择、自动导向车的运行轨迹和作业控制、自动分拣机的运行及物流配送中心经营管理的决策支持等都需要借助于大量的知识才能解决。在物流自动化的过程中，物流智能化已成为电子商务物流发展的一种新趋势，需要通过专家系统、机器人等相关技术支持。

（4）网络化

物流有基础设施平台和基础信息平台两大平台，现代物流的网络化同样是围绕它们形成的。一方面，信息平台构建了物流的信息网络；另一方面，庞大的物流基础设计平台中的物流中心、配送中心、物流节点及物流的交通运输网络又构成了一个连通各个地区、各个企业、各个部门的实体网络。

（5）虚拟化

随着全球卫星定位系统（GPS）的应用，社会大型物流系统的动态调度、动态储存和动态运输将逐渐代替企业的静态固定仓库。由于物流系统的优化目的是减少库存直到零库存，而这种动态仓储运输体系借助于全球卫星定位系统，充分体现了未来宏观物流系统的发展趋势。

（6）柔性化

柔性化本来是为实现"以顾客为中心"的理念而在生产领域提出的，但要真正达到柔性化，即能真正根据消费者需求的变化来灵活调节生产工艺，如果没有配套的柔性化物流系统是不可能达到目的的。弹性制造系统（FMS）、计算机集成制造系统（CIMS）、制造资源系统（MRP）、企业资源计划（ERP）及供应链管理系统（SCM）的概念的提出和技术的实现，将生产和流通集成起来，根据需求组织生产，分派物流活动。柔性化的物流正是适应生产、流通与消费需求而发展起来的一种新型物流模式，要求物流配送中心根据消费者需求"多品种、小批量、多批次、短周期"的特色，灵活组织和实施物流运作。

（7）一体化

物流一体化是以物流系统为核心的，由生产企业经过物流企业、销售企业直至消费者的供应链整体化和系统化。物流一体化是物流产业化的发展形势，它必须以第三方物流充分发展和完善为基础。物流一体化的实质是物流管理的问题，即专业化物流管理人员，充分利用专业化物流设备、设施，发挥专业化物流运作的管理经验，以取得最佳效果。

（8）国际化

物流国际化，即物流设施国际化、物流技术全球化、物流服务全球化、货物运输国际化、包装国际化和流通加工国际化等。物流国际化的实质是按照国际分工协作的原则，依照国际惯例，利用国际化的物流网络、物流设施和物流技术，实现货物在国际的流动和交换，以促进区域经济的发展和世界资源的优化配置。国际化物流正随着国际贸易和跨国经营的发展而飞速发展。

步骤二：掌握电子商务环境下的物流模式

（一）电子商务企业的物流运作模式

从现阶段来看，电子商务企业采取的物流模式一般有：自营模式、传统流通渠道模式、联盟模式及第三方物流模式。

1. 自营模式

电子商务企业自身经营物流称为自营物流。电子商务企业自身组织商品配送，能掌握交易的最后环节，有利于控制交易时间。特别是在市内的配送上，电子商务企业自行组织配送队伍可以减少向其他配送公司下达配送任务的手续，在网上接受订购后，可以立即进行简单的分区处理，然后立即配送。这样往往使得当日配送、限时配送成为可能。

对于任何一个企业而言，拥有一支自己的配送队伍都将是一笔庞大的开支，不是所有的电子商务企业都有必要、有能力自行组织商品配送的。

2. 传统流通渠道模式

已经开展传统商务的企业可以建立基于网络的电子商务销售系统，同时，也可以利用原有的流通渠道承担电子商务的物流业务。传统流通渠道在电子商务环境下依然有其不可替代的优势。目前，从事传统销售业务的企业主要包括供应商、批发商、零售商等，但是这些企业在信息交换、反应速度上与电子商务的要求还有一定差距，要么借助电子商务改造信息处理系统，要么就要忍受一些效率上的不足。

3. 联盟模式

物流企业联盟模式是指电子商务企业与物流企业通过签署合同形成优势互补、要素双向或多向流动、相互信任、共担风险、共享收益的物流合作伙伴关系。一般来说，组成物流联盟的企业直接具有很强的依赖性。物流联盟的各个组成企业明确自身在整个物流联盟中的优势及担当的角色，各自发挥自己的优势，明确分工，使供应商把注意力集中在提供客户定制的服务上，最终提高企业的竞争力，满足跨地区、全方位物流服务的要求。

4. 第三方物流模式

常见的第三方物流内容包括：开发物流系统、货物集运、选择承运人、货运代理、海关代理、进行运费谈判和支付、仓储管理、物流信息管理和咨询等。第三方物流服务内容大都集中于传统意义上的运输和仓储范畴内。因此，运输、仓储企业向第三方物流企业转变比较容易，关键是要突破以往单项业务的思维方式，将多项服务内容有机地组合起来，提供物流运输的整体方案。随着物流技术不断地发展，第三方物流作为提高物流速度、节省物流费用、提高物流服务质量的有效手段，将在物流领域和社会经济生活中发挥越来越大的作用。与传统的物流模式相比，第三方物流整合了多项物流功能，能使被服务的企业集中精力专注于生产和经营，减少人力耗费并节省物流开支。

（二）电子商务物流模式与传统物流模式的区别

电子商务物流模式与传统物流模式有着显著的不同，主要表现在以下几个方面。

1. 实行供应链管理

实行供应链管理可以使供应链中的各成员企业之间的业务关系得到强化，可以显著提高物流的效率，降低物流成本。

2. 实现零库存生产

零库存生产是指将所需要的零部件和原材料以所需要的数量在所需要的时间送到特定的生产线。零库存生产是电子商务环境下对生产阶段物流的新要求。

3. 物流信息化

物流信息化表现为物流信息的商品化、物流信息收集的数据化和代码化、物流信息处理的电子化和计算机化、物流信息传递的标准化和实时化、物流信息储存的数字化等。

4. 物流配送的全球化

电子商务在将众多企业的市场推向全球的同时，对企业的物流配送提出了全球化服务的要求。

5. 物流服务的多功能化与社会化

电子商务物流要求为企业提供全方位的服务，既包括仓储、运输服务，还包括配货、分发和各种用户需要的配套服务，使物流成为连接生产企业与最终客户的重要环节。同时，在电子商务环境下，物流服务也将更多地依靠专业的物流公司来提供，物流服务的社会化趋势将越来越明显。

（三）电子商务环境下物流业务流程的重组与再造

1. 业务流程重组（BRP）

业务流程重组是指企业通过对现有流程的重新分析、改进和设计业务流程，使这些流程的增值内容最大化，其他非增值内容最小化，从而有效地改善企业的绩效，以相对更低的成本实行或增加产品的价值。

实施业务流程重组模式将使企业发生根本性的变革，增强企业活力，降低生产成本，提高产品质量和服务质量，使企业更贴近市场。这种物流管理模式将给企业带来巨大的经济效益。在目前的电子商务环境下，物流业务流程重组的基本力量来自网络革命，来自电子商务。

在电子商务环境下，企业可以对现有资源的组合方式实施变革，以提高市场竞争力和客户满意度，这就是重组。对于企业来说，重组的表现是多方面的。企业形态日新月异，企业的分立、兼并、结盟事件频频发生，企业"外包业务"快速普及，供应链、价值链、定制生产、消费者主权等概念正为人们所熟悉和接受，企业内部组织结构、业务流程正在变革，基于网络的"广义企业"、"虚拟企业"迅速发展，企业边界开始模糊。

2. 物流系统的再造

在我国物流系统的再造中，主要有以下几种不同的类型。

(1) 专业化构造

将目前分别隶属于中央各个部委和地方的物流企业按照提高物流效率的目的进行转化，依据各企业的现实状况，可以按照所提供的物流功能来划分，如仓储企业、货代企业等，也可以按照所提供的商品类型来划分，如小商品、纺织品等，还可以按照所提供物流服务的区域进行划分，如华东、华北等。

(2) 社会化构造

物流的专业化必然要求物流的社会化。在我国物流系统的社会化构造过程中，核心的问题就是要彻底打破现有的行政隶属关系，使物流企业树立为全社会提供物流服务的思想，这样才能够充分利用社会资源，提高物流效率。同时，原来专为所属企业提供物流服务的物流机构，也应树立社会化的服务思想，可以利用余力为其他企业服务，在自身获得更多收益的同时，提高整个社会的资源利用率。

(3) 信息化构造

Internet 的迅速发展和应用为全社会物流信息系统的建设提供了坚实的基础。但是，如何更好地利用 Internet 来发展物流服务网络是目前我国物流信息化构造过程中面临的难题。在我国物流的信息化构造过程中，存在两个误区：一是物流企业只重视硬件设备，而忽视软件技术的应用；二是物流企业只重视企业内部信息化建设，而忽视对 Internet 的应用。

(4) 标准化构造

标准化是现代物流发展的一个重要方面。在物流标准化构造中，一是要规范物流用语；二是要建立健全物流模数（集装基础模式尺寸）体系；三是要制定科学合理的物流设施标准。在推进物流标准化进程的同时，物流企业要注意环境对物流标准化的制约以及物流标准化对环境的影响。否则，再高的标准化水平如果不被社会所接受，也很难发挥作用。

(5) 个性化构造

电子商务创造了一个个性化的商务时代。在网络营销过程中，它可以根据各个用户的不同需要来提供不同的产品和服务。在这一背景下，支持电子商务活动的物流，也应当根据用户的不同需要提供个性化的物流服务。这就要求物流企业在构造物流系统时，打破原有的批量配送的模式，重视物流配送和流通加工方面的个性化服务。

(6) 一体化构造

构造电子商务物流系统是以全社会物流这一整体物流为核心和出发点的，这就要求在构造物流系统时，应当把物流的各项功能和环节作为一个总体来进行综合研究和筹划，以建立一个功能相对健全、层次相对清晰、环节相对配套的一体化物流系统。在进行物流的一体化构造时，物流中心的合理布局与分工，以及有效的链接，都是实现物流系统一体化的关键。

3. 经营模式的再造

目前，物流企业的经营模式大多是以企业为中心，为固定的客户提供物流服务的，而在电子商务环境下，物流企业要为全社会提供高质量的物流服务。对于我国物流企业经营模式的再造，应从以下两个方面来进行。

（1）竞争方式的再造

在传统的情况下，物流企业之间是一种竞争的关系，各个物流企业相互争夺市场，但是在电子商务环境下，这种竞争模式将不再适用。为了更好地适应电子商务的发展，物流企业不仅要以较低的费用提供高质量的物流服务，而且要从全社会的角度提供物流服务。这就对我国的物流企业提出了更高的要求，物流企业之间必须将原有的竞争关系转变成为一种合作共赢的关系，通过联合来满足电子商务环境下物流发展的需要。在这一联合体的内部，各物流企业之间既有竞争，又有合作，形成一种全新的格局。

（2）经营方式的再造

电子商务不仅改变了物流企业的竞争方式，也改变了物流企业的经营方式。电子商务环境下的物流企业所提供的应该是多样化、综合性的物流服务，而不应再是原来单一、分散的物流服务。

步骤三：熟悉电子商务环境下的物流过程

（一）电子商务环境下的商品包装

在传统商务环境下，社会生产与再生产的实现（或者称为商品价值与使用价值的实现）的关键在于销售渠道。而在电子商务环境下，这一关键环节则从销售渠道转移到物流渠道。由于电子商务使商务活动表现出电子化、信息化、网络化、虚拟化等特点，商品生产者可以直接在网络上发布商品销售信息，消费者则可以直接在网络上查询自己需要的商品信息。这就轻而易举地绕过了中间销售环节，从而使销售渠道实现"扁平化"。物流环节虽然需要借助高度发达的信息化和网络化的手段，但必然借助网络之外的实际操作过程，同时还要适应电子商务环境下的高度标准化和高效率的特点。因此，物流环节的通畅就成为在电子商务环境下商品价值和使用价值实现的关键。电子商务环境下商品的包装特点具体表现在以下几方面。

（1）在电子商务环境中，由于销售渠道的重要性让位于物流渠道，使商务环境对包装环境的要求向包装的基本功能回归：容纳、保护等功能显得相对重要。对于这种变化的理解，仅需要通过简单的网上购物的例子就能说明。在电子商务环境中，商品生产者在网络上发布商品销售信息，消费者在网络上查询自己需要的商品信息，从而销售中介及促销的功能被淡化了，包装无须再承担"无声推销员"的角色。因此，消费者也就不会再被光怪陆离的包装弄得晕头转向，而是直接比较不同商品的优劣即可。当消费者选中满意的商品时，可与生产商通过网络签订买卖合同，进而通过网络支付，进行网下派送，最终完成商品价值与使用价值的转移，接下来就是网络上或通过网络控制而进行的售后服务。

（2）在理想的电子商务环境下，由于商务活动的信息流、商流、货币流完全可以通过网络来实现，物流也可以借助网络的优势提高效率并可实现实时控制。但商品的验收环节值得注意，这就对包装提出了新的功能要求。在传统商务环境下，消费者在实际的购物环境中（如商场）亲自挑选商品，商流过程与商品验收过程是统一的，即商品价值与使用价值的转移是一致的。而在电子商务环境下，这两个过程在一定程度上是分离的，即买卖双方是在网络这一虚拟的环境中完成了商流的过程（商品价值的转移），而商品验收过程（商品使用价值的转移）则相对滞后。

(3) 商务环境的变化对商品包装的功能也提出了新的要求，即商品包装要有利于商品的验收，这一点尤其具有实际意义，因为目前国内的电子商务尚处在发展初期，各种要素的配合较差，体现在支付方式上则是多种多样，其中货到付款的形式占有很大比重，从而使商品包装便于买方验收这一要求就显得更加重要。对此，广大的生产商和物流商可以做各种尝试。例如，有些网上书店对其商品（即书籍）的包装采用透明塑料袋，使消费者很容易对商品进行验收。

(二) 电子商务环境下的运输特点

近年来，随着互联网的普及，运输管理在电子商务环境下也呈现出一些新的特点。

1. 运输环节的实时监控

(1) 管理道路信息

道路信息包括数字道路地图数据、道路数据、动态道路交通数据、交通气象信息等实时信息。通过对道路信息的收集和分析，可以完成对车辆运输计划的制订和及时修改，为运输作业提供最直接的决策信息。

(2) 高级导航

高级导航是根据变化的交通状况为物流业提供到达目的地的最佳路线信息。在地理信息系统（GIS）和全球定位系统（GPS）的基础上，通过无线移动数据通信、车载导航系统和车辆跟踪信息系统等能够迅速、可靠地为驾驶员提供各种查询信息，灵活、方便地选择车辆道路交通网上任何起讫间的最佳行车路线和行程时间，并且在物流管理中心站对监控车辆进行实时跟踪、调度管理。货主也可以通过监控中心的信息了解货物的动态情况，以进行跟踪、调度管理。

(3) 车辆运营管理

车辆运营管理是现代物流系统中货运车辆运营管理的重要组成部分。它包含了货运车队运营管理、货物运输管理、货运车辆电子通关、运营货运车辆运政管理、动态承重、车载安全监控、车辆车载安全保障、货车车辆维护、危险货物运输管理等多方面的功能。这些功能可以简化，如注册情况、车辆技术性能、尺寸等检查的手续，优化提供货物配送、回程载货信息，提高集散作业的可靠性及效率，极大地提高运输生产效率，减少延误。由于运用了现代化的检测和监控管理手段，这使货运车辆的运输得到最大限度的安全保障。

(4) 紧急车辆运行增援

紧急车辆运行增援是处理货物运输中日常性突发事件的重要方法。货物在运输中发生突发性事故和灾害时，该系统传送事故和受灾情况，派遣紧急救援车辆，提供紧急修复车辆的路线引导，同时协调各事故救援单位的工作。

2. 运输管理的网络化

运输是一项重要的物流环节，同时又是一项涉及不同领域的物流活动，因此对运输作业进行管理需要借助于共享网络，进行协作管理。运输管理的网络化主要是指在不同的运输手段和领域之间进行的运输企业共同建立一个网络，该网络既包括实际的联运网络，又包括一个相互进行信息交流的平台网络。这样才可能实现"一体化运输"。借助于现在普及程度比较高的互联网，各种运输管理体系所属的企业可以进行协同式作业。原来的 EDI 网络对投入和标准化都有比较高的要求，使很多想要建立这样网络的企业都无法承担和实现。但伴随着 E-mail、XML 等网络技术的出现，使企业建立管理网络的成本大大降低，从而推动了管理网络的建立。

3. 运输调度的智能化

在电子商务的环境下，运输会更加呈现"多品种、小批量"的特点。这些特点对于运输系统的能力要求更高。为了在现有的运力水平上更上一个台阶，使运输资源在不进行大投入情况下尽可能地提高运输能力，借助于先进的调度技术进行车辆运输调度是一种非常行之有效的方法。在车辆的装载和路线的选择方面更好地使用运筹学和搜索算法等调度技术，借助电子计算机强大的计算能力，可以使现有的运输工具和运输网络利用率得到大幅提升。尤其可以通过结合运输环节的实时监控要求，对运输计划执行过程中的突发性事件进行及时的处理，对运输计划实行动态控制和实施。运输调度的智能化程度直接影响了电子商务的实现程度，充分实现了对电子商务的支持。

（三）电子商务环境下仓储的特点

在电子商务环境下，仓储管理呈现以下几个特点。

1. 管理手段的电子化

在仓储管理环节采用电子化的手段，在各个作业之间进行有效的信息传递，是仓储环节合理化的重要内容。随着仓储货物品种增加和出库入库作业频度的加快，对仓储管理有了更高的要求，不但是效率上的要求，而且是对整个组织运作的反应速度上的要求。通过电子化的管理手段，可以使整个组织在运作过程中表现出良好的衔接能力和协调能力，使整个企业或组织更加呈现出高效、整体的特点，更适应现代生产和消费者的要求。

2. 作业过程的机械化

对于现在的仓储作业而言，无论是入库、在库管理还是出库的环节，对于速度的要求都越来越高。随着这种要求的提高，原有的手工或以手工为主的作业方式显然已经不能适应现代仓储的要求。在仓储作业过程中采用必要的先进机械是提高作业效率和响应能力的必然选择。机械化是物流发展的趋势，随着机械化的普及，在作业过程中采用的机械设备会越来越趋于自动化和智能化，从而全面地将人从整个过程中替代出来，降低劳动强度，提高工作效率。

3. 决策环节的智能化

在仓储环节中，决策是一个不可或缺的部分，在仓库选址、储位选择及在整个工作过程中的各个步骤都需要对各种方案进行判断和选择。在决策过程中借助于人工智能和相应的方法，已经是现阶段的常用手段。随着电子商务的发展，在决策环节对时间和速度的要求将会越来越高，因此在决策环节依靠智能化手段是毋庸置疑的必然选择。

4. 管理人才的专业化

在传统的仓储环节中，人们往往对管理人员的要求流于形式，认为该环节是简单劳动，不需要专业化人才。实际上，在仓储环节日益现代化的今天，对该环节的人才需求已经提到了一个相当的高度。传统的仓储环节对存储持有一种静态的观念，仓储的重点集中于物资的管理和维护上面，这是一个与现代仓储观念背道而驰的认识。管理者必须在具备基础知识的基础上，能够对设备和技术实现准确和充分的使用，从而完全发挥设备的功效，在日常工作中的作用是显而易见的。离开人才的专业化去谈整个仓储环节的现代化是不可想象的。

(四) 电子商务环境下的商品装卸搬运

装卸搬运环节是在物流各环节的连接点上进行的，因此，合理地设计连接的时间地点，尽量避免不必要的装卸，才能避免在搬运中浪费时间，减少因装卸而造成的物品破坏、损坏等。为此，装卸搬运作业应追求合理化。装卸搬运合理化的途径主要有以下几种。

1. 防止无效装卸

无效装卸的含义是指货物必要装卸劳动之外的多余装卸劳动。无效装卸会阻缓物流速度，耗费劳动，增加物流费用，因此要防止无效装卸（包括过多的装卸次数、过大的包装装卸、无效的货物装卸）。

2. 利用重力作用，减少能量消耗

在装卸时，考虑重力因素，利用货物本身的重量，进行一定落差的装卸，以减轻劳动力和其他能量消耗。例如，在对火车、汽车货物进行装卸时，利用力学斜面原理，使用滑板、滑槽等，使货物从高处降至低处，完成货物的卸车作业。这种方法不需要复杂的设备，不耗能源，可大大减轻人员的劳动强度。

3. 提高货物装卸搬运活性及运输活性

在装卸搬运作业中，对待运输物品，应尽量使之处于易于移动的状态，将货物整理成堆或放置在托盘上、车上或放在传送带上，以提高搬运灵活性，缩短搬运时间，提供搬运效率。

4. 合理选择装卸搬运方式，节省体力消耗

在装卸搬运的过程中，要根据货物的种类、性质、重量及形状来确定其装卸搬运方式，从而降低员工劳动消耗率，提高劳动效益。

 知识链接

联华便利物流中心装卸搬运系统

联华公司创建于 1991 年 5 月，是上海首家发展连锁经营的商业公司。经过 11 年的发展，已成为中国最大的连锁商业企业。2001 年销售额突破 140 亿元，连续 3 年位居全国零售业第一。联华公司的快速发展，离不开高效便捷的物流配送中心的大力支持。目前，联华共有 4 个配送中心，分别是 2 个常温配送中心、1 个便利物流中心、1 个生鲜加工配送中心，总面积 7 万余平方米。

联华便利物流中心总面积 8 000 平方米，由 4 层楼的复式结构组成。为了实现货物的装卸搬运，配置的主要装卸搬运机械设备为：电动叉车 8 辆、手动托盘搬运车 20 辆、垂直升降机 2 台、笼车 1 000 辆、辊道输送机 5 条、数字拣选设备 2 400 套。在装卸搬运时，操作过程如下：对来货卸下后，把其装在托盘上，由手动叉车将货物搬运至入库运载处，入库运载装置上升，将货物送上入库输送带。当接到向第一层搬送指示的托盘在经过升降机平台时，不再需要上下搬运，将直接从当前位置经过一层的入库输送带自动分配到一层入库区等待入库；接到向二至四层搬送指示的托盘，将由托盘垂直升降机自动传输到所需楼层。当升降机到达指定楼层时，由各层的入库输送带自动搬送货物至入库区。货物下平台时，由叉车从输送带上取下托盘入库。出库时，根据订单进行拣选配货，拣选后的出库货物用笼车装载，由各层平台通过笼车垂直输送机送至一层的出货区，

装入相应的运输车上。

先进实用的装卸搬运系统，为联华便利店的发展提供了强大的支持，使联华便利物流中心的运作能力和效率大大提高。

【岗位实践】

实践目的：了解电子商务对传统物流模式的冲击以及电子商务环境下企业的物流运作模式。

实践方式：网络调研。

实践内容：上网收集若干个著名企业从事电子商务物流管理的资料，比较其物流运作模式的差异，分析其中的原因，并提交电子商务物流运作模式分析报告；或针对某种特定类型的企业如何从事电子商务物流管理工作，提交××企业电子商务物流运作模式策划方案。

实践步骤：

（1）要求学生独立完成任务；

（2）提交分析报告；

（3）实训报告内容包括企业资料简述、物流运作模式差异及原因分析、物流运作模式的选择因素以及实训操作心得体会。

任务四　冷链物流

【知识目标】

1. 明确冷链物流的含义；
2. 了解冷链物流的特性；
3. 掌握冷链物流的主要环节；
4. 了解发展冷链物流服务的措施。

【能力目标】

1. 能区分冷链物流中的初级农产品、加工食品和特殊商品；
2. 会简单使用冷链物流各个环节所配备的装置。

【任务描述】

近年来，随着人们物质生活水平的提高，人们对冷链食品的消费需求也逐年提高，初级农产品、各类水产品、速冻食品、包装熟食、奶制品、花卉等物品的仓储和配送过程中需要冷藏或冷冻，相关的冷链物流运作也越来越受到关注。发达国家已经建立起一整套完备的食品、农产品、药品冷链物流保障体系。作为食品安全问题越来越重要的今天，你了解冷链物流吗？我国该如何发展冷链物流呢？

【任务分析】

冷链物流的运行需要进行全程温度、湿度控制，以确保食品的安全。目前随着社会经济的发展，人们对物质服务的要求不断提高，各方面的社会需求也不断增多，冷链物流在我国近年来得到大幅度的发展。目前正值中国冷链物流行业大变革、大发展的时代，食品的保鲜、安全越发受到消费者、供应商、零售商的重视，冷链物流的发展涉及社会的发展，也涉及消费者需求的长远利益。

【任务实施】

步骤一：认知冷链物流

（一）冷链物流

冷链物流（Cold Chain Logistics）是一种特殊的物流形式，是以冷冻工艺学为基础、以人工制冷技术为手段，对易腐或易变质食品在生产、运输、贮藏、销售等各个环节始终处于规定的低温环境下，以达到保证食品质量完好与安全的一项系统工程。它是随着科学技术的进步、制冷技术的发展、人民生活水平日益提高而建立起来的。

（二）冷链物流适用范围

冷链物流适用范围一般分为三类：一是初级农产品，生鲜蔬菜、水果、鲜肉、禽、蛋、水产品、花卉产品；二是加工食品，速冻食品，禽、肉、水产等包装熟食，冰淇淋和奶制品等；三是特殊商品，即药品。

 知识链接

冷链物流温度要求

1. 冷藏食品

适于在0~7℃保存。如生鲜蔬菜（叶菜类、截切生鲜蔬菜），果汁，牛乳，乳饮料，禽蛋类等。

2. 冰温食品

适于在-2~+2℃保存。如畜肉品（牛、猪、羊肉），禽肉品（鸡、鸭肉），水产品（鲜鱼、贝）等。

3. 冷冻食品、冰品

适于在-18℃以下保存。如冷冻蔬果、冷冻农产品（速冻玉米）等。

4. 超冷链食品

适于在-50℃以下保存。如生鱼片等。

步骤二：理解冷链物流的特性

（一）货物的易腐性

易腐性货物主要是指初级农产品，即生鲜蔬菜、水果、鲜肉、禽、蛋、水产品、花卉等产品，在配送、储藏等过程中由于天气、环境等原因使货物质量下降。初级农产品在配送、储藏等过程中保存环境的温度越适宜，其质量越能保持长久，温度一般要求在0~7℃。

（二）货物的时效性

生鲜蔬菜、水果等初级农产品的生命周期较短，在配送、储藏等过程中如果时间过长，会造成其质量下降。因此，生鲜产品的销售商为了避免其质量下降而影响销售，会事先约定时间，要求冷链物流的配送商在规定的时间范围内完成配送任务。

（三）配送装备的特殊性

一年四季的温度会交替变换，一天的气温也会随时间而改变，要想使产品在不同气温中始终处于低温环境下，就需要采用特定的低温运输设备或保鲜设备等组织冷链物流，因此，必须配备冷藏和冷冻双功能库才能保证生鲜产品的质量。在有冷库的同时，也要配备冷藏运输车和保温集装箱等。

步骤三：掌握冷链物流的主要环节

（一）冷冻加工

冷冻加工包括禽类、鱼类、蛋类的冷却和冷冻，并在低温环境下进行加工的过程，当然也包括生鲜蔬菜、水果的预冷，各种速冻食品、奶制品的低温加工等。在这个环节中需要配备冷却、冻结和速冻等装置。

（二）冷冻储藏

即把食品或具有易腐性的产品储藏在低温环境中的一种保存方法。在这个环节中需要配备冷藏库、冷藏柜、冷冻柜及冷冻冰箱等装置。

（三）冷藏运输

即把易腐、易变质食品在低温环境下进行中、长途运输和短途配送的一种专门技术。在冷藏运输中，温度波动会直接影响食品质量。因此，在这个环节中需要配备铁路冷藏车、冷藏汽车、冷藏船、冷藏集装箱等低温运输装置。

（四）冷冻销售

即需要冷藏冷冻的产品进入批发零售环节的销售过程。在这个环节中需要配备冷冻冷藏陈列柜（含冷藏柜）、家用冷柜、电冰箱等装置。

步骤四：发展冷链物流服务的措施

（一）争取国家政府部门的政策支持

冷链物流同其他行业一样，要想在我国市场经济环境下获得良性健康发展，离不开国家宏观政策的支持。因此国家有关部门要制定有利于冷链物流产业发展的相关法规和制度，包括税收政策、对易腐食品因非冷链造成的垃圾收取高额环保费用等，来消除政策壁垒，满足冷链物流不断发展的需求。

（二）软硬结合，统筹规划

对于冷链物流的管理，硬件规划与软件规划同样重要。好的硬件设备若没有好的软件和好的人员培训，则物流作业的品质必定不好且成本很高；若没有好的硬件设备，则耗时费工，事倍功半。因此在规划冷链物流系统时，要依照本身的需求与运作特性，软硬结合，统筹规划，严格做好温度的管理。硬件规划主要是对厂房、仓储设备、运输设备等进行规划。软件规划主要是从库存控制、运输管理、仓储管理、顾客服务等方面进行规划。此外，还必须培训冷链物流作业的相关人员，培养他们对温度的敏感性、对紧急事故的处理能力以及良好的工作计划和习惯等。

（三）充分发挥第三方物流的作用

冷链物流作为物流业务中基础设施、技术含量和操作要求都很高的高端物流，往往是企业的薄弱环节。作为非核心业务，如果生产商自营冷链物流，投入很高的基础设施和设备、网络及庞大的人力成本只服务于自身项目，并不是生产商的明智选择，越来越多的生产商愿意选择能提供完整冷链的第三方物流来外包自身冷链物流业务，这种市场需求必将催生第三方冷链物流企业的快速发展。根据实际情况，第三方物流企业可考虑选择整合现有资源，成立独立的冷链物流运作部门；在重点地区，开展冷链物品区域内配送；与生产商联合，按条块开展冷链运输服务等模式来开展冷链物流业务。

（四）建立低温冷链物流系统

要发展冷冻冷藏品流通业主要是建立产品的冷冻冷藏供应链，让易腐、生鲜食品从产地收购、加工、储藏、运输、销售，直到消费的各个环节都处于适当的低温环境之中，配套发展储藏、运输、销售不中断的"冷链化"物流，以向社会开放、市场化经营、增加配销功能为指导原则，加速冷库的技术改造、经营管理和全方位服务工作，提高冷库利用率和社会服务面，大力倡导冷藏集装箱运输和按规定温度展示销售产品的新形式。通过建立企业低温冷链物流系统，有效地降低企业物流成本。

【岗位实践】

实践目的：通过一家或几家规模较大的超级市场、花卉市场及药店的调研，对冷链物流应配备的冷藏、冷冻装备，以及产品所处环境、所需温度等有一定的认知。

实践方式：实地调研。

实践内容：

（1）超级市场；

（2）花卉市场；

（3）药店。

实践步骤：

（1）学生分组；

（2）设计调查问卷；

（3）分组实施调研；

（4）小组讨论；

（5）分组完成调研报告。

任务五 城市物流

【知识目标】

1. 明确城市物流的含义；
2. 熟悉城市物流的要素；
3. 掌握城市物流的基本框架。

【能力目标】

1. 能辨别城市物流的基本要素；

2. 能区分物流园区、物流中心。

【任务描述】

位于日本东京南部的和平岛流通基地是能同时停靠433辆送货卡车，同时装卸作业的22万平方米公路货物集散中心；商品年处理量700万吨；流通中心商品年处理量200万吨。楼层仓库底层呈高站台式，卡车停靠站台边，可直接装货；两侧均建有悬吊式雨棚，可全天候作业。和平岛公路货物集散中心是联结东京和全日本的中转基地。他们利用长途运输卡车来回双程运输，与市内短途运输、铁路、港口和空运衔接，形成了一个高效率的全国运输体系。集散中心具备停车场、修理车间、加油站、配送中心、站台仓库，综合管理楼内有宿舍、浴室、司机休息室等服务设施和中央控制室。那么，和平岛公路货物集散中心的发展对城市发展有什么影响？以城市为中心发展物流，又会给城市经济发展带来什么样的机遇与挑战？

【任务分析】

通过城市经济与以城市为中心发展物流二者相结合的形式发展城市物流。城市物流主要是服务于城市经济发展，在模式、体系以及存在形态都与其他形式的物流有一定区别。实现城市物流需要综合、全面的分析，整体的规划，并建立城市物流的观念。也就是说，城市物流的形成是城市经济发展的必然产物，而城市物流的飞速发展是促进城市经济发展的重要手段，彼此相辅相成。通过对案例的分析，初步了解城市物流的概况，注意城市物流的特点。

【任务实施】

步骤一：认知城市物流

（一）城市物流

城市物流（Urban Logistics）是指以城市为中心，为城市经济的发展提供物流服务，既包括货物在城市内的流动，又包括货物在城市与城市之间的移动以及城市废弃物处理的过程。

从物流形式上看，城市物流是一种形式比较特殊的物流，既宏观又微观。在宏观方面，城市物流研究的项目很多，涉及与城市息息相关的交通运输、制造业、流通业、加工业；在微观方面，城市物流主要研究了配送、仓储、装卸、包装及信息传递等。事实上，城市物流已成为城市发展规划和城市管理的重要内容之一，是城市资源合理配置的前提基础。

（二）城市物流的特点

（1）城市物流介于宏观物流和微观物流之间，属于中观物流领域；

（2）城市物流中包括制造业及加工业产生的生产资料、供城市居民使用的生活资料以及城市废弃物；

（3）城市物流的流量、规模比企业物流大；

（4）城市物流涉及的面甚广。

步骤二：了解城市物流要素

城市物流是一个十分庞大且复杂的结构，要想对其进行合理规划，不仅要从宏观角度把城市物流融入社会物流中，还要从微观角度入手，着力分析其组成要素：基础设施要素、信息平台要素和政策要素。

1. 基础设施要素

随着经济规模效益理念的不断加深，城市物流也突出了其主要功能，即货物的集散。要想使城市物流发挥其强大的集散功能，一种新型的、集约化的、大规模的物流基地应运而生。

（1）物流基地

物流基地是各种物流设施设备的集中地，是综合协调和指挥物质资料集散地，是多种交通线路的交汇地。它具有以下功能：① 综合功能，在物流基地可以全面、集中货物的包装、存储、装卸、搬运、调度等工作；② 集约功能，物流基地集中了各种物流设施和有关信息、商贸等设施，规模强大、集中程度高，是具有经济规模效益的流通设施；③ 转运功能，可以有效集中各种运输方式，即公路、铁路、水运、空运等实现多式联运的最有效转化；④ 集中库存功能，在物流基地可以通过集中库存，降低库存持有量总量，有效地实现库存的总调度；⑤ 指挥功能，物流基地是整个城市物流规划的信息集中地和指挥地。

（2）货运通道

城市物流为货运提供了连接端点。连接端点是指货物运输的起始点和结束点。一个颇具规模的城市物流应具备交通发达的货运干线。也就是说，城市物流的货运通道应具备快速路、主干路、次干路及支路。

 知识链接

快速路、主干路、次干路及支路

快速路是城市中能以较高车速为长距离交通服务的重要道路。主要联系市区各主要地区、主要近郊区、卫星城镇、主要对外公路。主干路是城市道路网的骨架，是连接城市各主要分区的交通干道，是城市内部的主要大动脉。次干路是城市中数量较多的一般交通道路，配合主干路组成城市干道网，起联系各部分和集散交通的作用，并兼有服务的功能。支路是次干路与街坊路的连接线，解决局部交通问题，以服务功能为主。部分主要支路可以补充干道网的不足，可以设置公共交通线路，也可以作为非机动车专用道。支路上不宜通行过境车辆，只允许通行为地方服务的车辆。

2. 信息平台要素

城市物流信息平台主要是为供应链管理过程中不同企业提供信息交换枢纽支持、交通状态信息、城市商贸信息及城市地理信息等。城市物流信息平台提供的信息越充分，越可以减少信息交换不准确而产生的货物交接不及时等情况的发生。

3. 政策要素

从我国目前物流发展状况来看，城市物流还属于刚刚起步阶段，要想发展城市物流必须有政府的引导和扶持。

（1）尽快出台全国物流发展规划

目前，许多省市区都在制定适合自己区域经济发展的规划，其中也包括物流的发展。

但是随着规模经济效益的日益深化，物流的发展也趋于一体化的运作。按照这种发展形势，未来在全国范围内必然会出现很多相互矛盾及重复的地方，并带来不必要的浪费。因此，面对未来的物流发展，必须从全国经济发展总体规划的角度出发，对物流发展规划做出整体布局，以避免重复和浪费。

（2）实施积极的投融资政策

城市物流目前处于刚起步阶段，不仅政策方面需要大力扶持，在资金的投入方面也需要政府的积极配合。只有资金投入到位了，城市物流的基础设施、信息平台才能有效地发挥作用。

（3）一些基础设施的建设，还需要国家加大投入

如快速路、主干路、次干路及支路的建设；铁路、空运的建设及其相应的信息网络平台等基础性公益性的物流基础设施，国家应通过多种方式增加投入。

步骤三：了解城市物流基本框架

在"十一五"乃至"十二五"发展规划中，都将物流业的发展作为重要的战略部署之一。因此，城市物流的发展在未来的物流业发展中将发挥重要作用。城市物流的基本框架分为：在城市外围布置大型的物流园区，城市中心则以区域配送运行为主，在二者之间布置符合二者发展的物流中心和配送中心。

1. 物流园区

物流园区是指在物流作业集中的地区，以多种运输方式衔接，将各种物流设施和不同专业化的物流企业在空间集中布局的场所。也是一个集规模化、功能化为一体的物流组织区域。将众多物流企业集中在物流园区，实行合理规划、整体布局，发挥其整体优势，共享相关设施，提高经济规模效益，降低运营成本。

2. 物流中心

根据国家标准《物流术语》，将物流中心定义为："从事物流活动的场所或组织，应基本符合以下要求：主要面向社会服务；物流功能健全；完善的信息网络；辐射范围大；少品种、大批量；存储吞吐能力强；物流业务统一经营管理。"

从此定义中不难看出，物流中心主要有以下功能：① 集货功能：将分散的、小批量的货物集中成大批量货物，便于集中处理；② 储存功能：为了应对市场需求的及时性和不确定性，将货物进行存储保管作业；③ 加工功能：将运抵的货物根据客户需要，进行简单加工后运送到用户或使用地点；④ 配送功能：根据客户需要，将运抵的大批量货物换装成小批量货物并送至客户手中。

3. 配送中心

配送中心（Distribution Center）是指根据客户的订货信息对客户所需的货物进行集货、加工、分拣、组配等作业，并以令人满意的服务水平进行配送的设施和机构。

配送中心的种类繁多，大体可以分为以下几类。

（1）按内部特性分类：① 储存型配送中心：即有很强的存储功能。一般来讲，不管是在买方市场还是卖方市场，提供配送功能的机构都需要有较大的库存支持。我国目前的配送中心库存量都较大，大部分为储存型配送中心。② 流通型配送中心：即以短暂储存或随进随出的方式进行组配、送货，基本没有长期储存的功能。这种配送中心的配送方式是，进货时

把大批量货物间运至分货机传送带，分送到各用户或直接组配到配送汽车上，货物只在配送中心少许停滞；③ 加工配送中心：根据用户需要，在配送中心内对货物进行简单加工、分装、包装、组配等。虽然配送中心有加工职能，但这样的加工配送中心并不多见。

知识链接

瑞士GIBA—GEIGY公司的配送中心

瑞士GIBA—GEIGY公司的配送中心拥有世界上规模居于前列的储存库，可储存4万个托盘；美国赫马克配送中心拥有一个有163 000个货位的储存区，可见存储能力之大。

（2）按流通职能分类：① 供应配送中心：专门为某个或某些用户提供供应的配送中心。例如，为大型超级市场提供供应的配送中心；② 销售配送中心：是具有销售功能的配送中心，以销售商品为目的，以配送为手段而建立的配送中心。

（3）按配送区域的范围分类：① 城市配送中心：以城市为界进行配送。由于城市范围内以公路运输为主，这种配送方式可以直接为用户提供"门到门"的服务，因此这种配送中心常常与零售企业展开深度合作。《物流手册》中介绍的"仙台批发商共同配送中心"便属于这种类型。我国已建的"北京食品配送中心"也属于这种类型；② 区域配送中心：以较强的辐射能力和库存准备，向城市与城市之间、省与省之间、全国乃至国际范围的用户提供配送服务的配送中心。这种配送中心规模较大，一般情况下，用户也较多，配送量也较多。一般为商店、批发商和企业进行配送，有时候也为零售业进行配送，但不是主体形式。《国外物资管理》杂志曾介绍过的阪神配送中心、美国马特公司的配送中心、蒙克斯帕配送中心等。

（4）按配送的专业程度分类：① 专业配送中心：一般有两种情况，一是配送对象、配送技术是某一专业范畴，但在这一范畴内又有一定的综合性，即对这一专业范畴进行综合配送；二是以配送为专业化职能。如《国外物资管理》杂志介绍的蒙克斯帕配送中心。② 柔性配送中心：与专业配送中心的第二种情况相反，柔性配送中心面对不断变化的市场需求和用户要求，向不固定化、非专业化方向发展。

【项目考核】

一、单项选择题

1. 第三方物流的英文称谓是（　　）。
A. MRP　　　　　　　　　　B. CLM
C. TPL　　　　　　　　　　D. IL
2. 物流企业在市场的竞争中取得并扩大优势的决定力量是（　　）。
A. 核心竞争力　　　　　　　B. 差异化服务
C. 低成本服务　　　　　　　D. 灵活化运作模式
3. 下列关于国际物流的概念描述不正确的是（　　）。
A. 国际物流是指货物经停的地点不在同一个独立关税区内的物流
B. 国际物流是指发生在三个或三个以上国家网络间的货物流通活动

C. 国际物流是指组织货物在国际间的合理流动

D. 国际物流是发生在不同国家和地区之间的物流

4. 不属于国际多式联运特征的是（　　）。

A. 不一定要使用全程提单

B. 联运经营人对货主承担全程的运输责任

C. 联运经营人以单一费率向货主收取全程运费

D. 必须是国际间的货物运输

5. 国际物流的特点不包括（　　）。

A. 跨越国家或地区界限

B. 涉及多种不同的运输工具

C. 面临的语言、法律环境等完全不同

D. 国际物流的风险仅仅是指自然风险

6. 对电子商务网络正确的说法是（　　）。

A. 电子商务网络只包括商流和信息流网络

B. 配送网络是电子商务网络的组成部分

C. 电子商务网络由局域网和配送网两部分组成

D. 电子商务网络中不包括配送网络

7. 电子商务的物流服务内容分为（　　）。

A. 传统物流服务、现代物流服务

B. 一般物流服务、特殊物流服务

C. 基本物流服务、基础物流服务

D. 传统物流服务、增值性物流服务

8. 企业确定物流服务水平，正确的选择是（　　）。

A. 在成本与服务之间选择最高水平服务

B. 在成本与服务之间选择最低成本

C. 在成本与销售额之间选择最大利润

D. 在成本与销售额之间选择最低成本

9. 电子商务的物流外包是指（　　）。

A. 委托专业物流企业提供物流服务

B. 与普通商务共用物流系统

C. 第三方物流企业开展电子商务

D. 电子商务企业经营物流业务

10. 由专业物流组织进行的物流被称为（　　）。

A. 第一方物流　　　　　　　　B. 第二方物流

C. 第三方物流　　　　　　　　D. 第四方物流

11. 电子商务企业实施 DRP 技术的核心是确定每种商品的订货数量和（　　）。

A. 订货地点　　B. 订货时间　　C. 订货方式　　D. 订货金额

二、多项选择题

1. 下列属于企业核心竞争力因素的是（　　）。

A. 核心技术　　B. 企业声誉　　C. 企业文化　　D. 企业的人力资源

2. 物流业务外包对企业的作用有（　　　　）。
   A. 优化企业内部资源配置，强化企业核心能力
   B. 提高企业整体效益
   C. 充分利用企业外部资源，提升企业形象
   D. 分散企业经营风险
3. 第三方物流的特征有（　　　　）。
   A. 关系契约化　　　B. 服务个性化　　　C. 功能专业化
   D. 管理系统化　　　E. 信息网络化
4. 第四方物流的特征有（　　　　）。
   A. 第四方物流是一个集成商
   B. 第四方物流提供一整套完善的供应链解决方案
   C. 第四方物流强调技术外包
   D. 第四方物流对员工的素质要求很高

三、判断题

1. 第三方物流是由供方与需方以外的第三方物流企业提供专业物流服务的业务模式。（　　）
2. 业务外包是指企业将自己的核心业务外包出去，交给其他企业来完成。（　　）
3. 核心竞争力可解释为企业的一般竞争优势，如价格优势。（　　）
4. 企业物流指的是专业物流企业提供的物流服务。（　　）
5. 企业选择第三方物流供应商时应考虑其提供物流服务的能力。（　　）
6. 国际物流是跨越不同国家（地区）之间的物流活动。（　　）
7. 国际物流就是指不同国家之间的物流活动。（　　）
8. 由于物流环境的差异迫使一个国际物流系统需要在几个不同法律、人文、习俗、语言、科技、设施的环境下运行，会大大增加物流的难度和系统的复杂性。（　　）
9. 一般最常用的国际运输方式是航空运输。（　　）
10. 国际物流商品检验子系统是国际物流系统的核心。（　　）
11. 自动化仓库与传统仓库最根本的区别在于观念上的变化，原来那种固定货架、人工管理、以储存为主的仓储作业改变为自由选择货位、机械化、自动化仓储作业。（　　）
12. 由供方与需方以外的物流企业提供物流服务的业务模式，称委托物流。（　　）
13. 物流对企业的重要程度相对较低，同时企业处理物流的能力也低，此时宜选择自营物流方式来处理物流。（　　）
14. 实践证明，先进的物流技术和先进的物流管理是提高物流能力，推动现代物流迅猛发展的两个车轮，二者缺一不可。（　　）

参 考 文 献

[1] 孙春华. 物流管理基础[M]. 天津：天津大学出版社，2007.
[2] 陈岩，姜波. 物流基础[M]. 北京：北京理工大学出版社，2007.
[3] 初良勇. 现代物流学[M]. 上海：上海交通大学出版社，2008.
[4] 刘渝，张健雄. 物流师[M]. 北京：中国劳动社会保障出版社，2006.
[5] 华细玲，杨国荣，刘运芹. 物流管理基础[M]. 北京：北京理工大学出版社，2010.
[6] 李艳. 物流管理综合实训[M]. 北京：北京交通大学出版社，2011.
[7] 丁永琦. 物流学[M]. 北京：冶金工业出版社，2008.
[8] 李艳. 现代物流管理[M]. 北京：北京交通大学出版社，2010.
[9] 申纲领. 物流管理案例引导教程[M]. 北京：人民邮电出版社，2009.
[10] 申纲领. 现代物流学[M]. 北京：电子工业出版社，2010.
[11] 张梅，唐臣. 物流管理基础[M]. 广州：华南理工大学出版社，2009.
[12] 马跃月，艾比江. 物流管理与实训[M]. 北京：清华大学出版社，2008.
[13] 李卫东. 物流管理实训[M]. 北京：北京交通大学出版社，2010.
[14] 付淑文. 物流成本管理[M]. 北京：人民邮电出版社，2011.
[15] 王欣兰. 物流成本管理[M]. 北京：清华大学出版社，北京交通大学出版社，2009.
[16] 王红艳，光昕. 物流基础[M]. 北京：北京理工大学出版社，2010.
[17] 邓丽明. 新编企业物流管理[M]. 北京：北京理工大学出版社，2009.
[18] 鲁楠，张继肖. 新编企业物流管理[M]. 大连：大连理工大学出版社，2008.
[19] 付宏华，赵园园. 现代物流管理[M]. 北京：人民邮电出版社，2011.
[20] 杨明，曲建科. 物流管理理论与实物[M]. 北京：中国人民大学出版社，2009.
[21] 刘助忠，冯国苓. 现代物流管理概论[M]. 北京：对外经济贸易大学出版社，2009.
[22] 劳动和社会保障部中国就业培训技术指导中心组织编写. 物流师基础[M]. 北京：中国劳动社会保障出版社，2004.
[23] 李永升，郑文岭. 仓储与配送管理[M]. 北京：机械工业出版社，2009.
[24] 唐秀丽. 物流仓储管理[M]. 上海：上海交通大学出版社，2009.
[25] 缪兴锋，李超锋. 现代物流装备与技术[M]. 北京：中国人民大学出版社，2010.
[26] 刘艳霞，杨丽. 物流运输管理[M]. 北京：机械工业出版社，2007.
[27] 严霄蕙，李怀湘. 运输与配送管理[M]. 大连：大连理工大学出版社，2010.
[28] 温卫娟. 物流配送管理[M]. 上海：上海交通大学出版社，2008.
[29] 郑文岭，赵阳. 仓储管理[M]. 北京：机械工业出版社，2008.
[30] 丁小龙. 现代物流管理学[M]. 北京：北京大学出版社，2010.
[31] 周云霞，王智利，蔡业颖. 北京：电子商务物流[M]. 北京：电子工业出版社，2010.

[32] 王晓平. 电子商务物流 [M]. 上海：上海交通大学出版社，2009.
[33] 刘磊，梁娟娟，郑绮萍. 电子商务物流 [M]. 北京：电子工业出版社，2011.
[34] 龙江，朱海燕. 城市物流系统规划与建设 [M]. 北京：中国物资出版社，2004.
[35] 刘华，叶靖，岑慧仪. 物流管理基础 [M]. 北京：清华大学出版社，2008.
[36] 徐沫扬，雷玲，陆雁萍. 电子商务物流技术 [M]. 北京：中国人民大学出版社，2006.
[37] 谢雪梅，张彦，晏祎. 物流管理基础 [M]. 长春：吉林大学出版社，2009.
[38] 中国国家标准化管理委员会. 中华人民共和国国家标准物流术语（GB/T 18354—2006）.